スペイン語の語源

岡本信照 著

白水社

装丁：森デザイン室

は じ め に

　語源探求には独特の魅力がある。たとえば、日本語の「明ける」と「暮れる」をローマ字表記してみると "akeru"、"kureru" となり、それぞれが色彩名の「赤 = aka」と「黒 = kuro」という同一の語根によって結ばれていることがよくわかる。漢字表記が異なるがゆえに、「明ける」は「赤」と、「暮れる」は「黒」と関連する事実が見えにくくなっているのである。しかし、語源という観点で改めて見直すと、背後に隠れた体系性が鮮明に浮かび上がってくるであろう。

　これはスペイン語でも同じである。ある語と別の語が実際は語源を同じくしながら、現代人はもはやその関連性に気づいていないことが少なくない。こうしたスペイン語の語彙間に存在する関連性を語源に立ち返って解き明かそうとしたのが本書である。取り上げた 2,200 語以上のスペイン語語彙を、語源の観点から 166 種類の語根にまとめた。膨大な数に映るスペイン語語彙を語根別に分けてみると、意外と限られた数のグループに収まる。もしかしたら、このことが読者のスペイン語語彙に対する新たな発見につながるかもしれない。

　内容の性質上、何度も使用せざるを得ない専門用語がいくつかある。そこで、読者の便宜をはかるため、巻頭に専門用語集を掲載した。さらに巻末には本書で扱った語根一覧を付すことにした。それぞれ必要に応じて参照していただきたい。

　語源探求の醍醐味は、言語の成り立ちがよくわかることは言うに及ばず、言語の背後にある文化史の一側面にも触れられることではないだろうか。そうしたことを本書を通じて読者に伝えることができたら、筆者にとっては望外の喜びである。

2021 年 6 月　筆者

目　　次

7

9　数・分量・価値・抽象概念に関する語彙 ··· *225*

【語構成について】

語（俗にいう単語）は単純語と合成語に大別される。

①単純語：それ以上分解が不可能な自律的語彙のこと。
　例）gusto「好み」; mar「海」

②合成語：意味を持った二つ以上の要素（＝形態素）から成る語彙のこと。さらに派生語と複合語に下位分類される。

(A) 派生語：既存の自律的な語と何らかの接辞（意味はあるが語彙としては自律できない要素）とを組み合わせたもの。同一概念の語彙を品詞転換したもの。
　例）接頭辞 con-「共に」＋ tener「持つ」→ contener「含む」
　　　接頭辞 dis-「反対」＋ gusto「好み」→ disgusto「不快」
　　　名詞 mar「海」＋接尾辞 -ino → marino「海の」
　　　接頭辞 sub-「下に」＋ marino「海の」→ submarino「海中の、潜水艦」

(B) 複合語：既存の自律的な語を二つ以上組み合わせたもの。
　例）balón「ボール」＋ cesto「かご」→ baloncesto「バスケットボール」
　　　media「半分の」＋ noche「夜」→ medianoche「夜半」
　　　agrio「酸っぱい」＋ dulce「甘い」→ agridulce「甘酸っぱい」

【語根と語幹】

①語根（raíz）は接頭辞や接尾辞に対する要素で、概念を同じくする一連の語彙において、その中核を担う形態素（＝意味を持った最小の言語単位）のこと。

②語幹（tema）は語（＝単語）から派生接尾辞や動詞活用語尾（＝屈折語尾）を取り除いた単位のこと。

ob- + ten + -er「得る」　；　ob- + ten + -ción「獲得」
接頭辞　語根　接尾辞　　　　　　接頭辞　語根　接尾辞
　　　　語幹　　　　　　　　　　　　　　語幹

【頻度の高いラテン語由来の接頭辞】

　基本的に、ロマンス諸語で頻出する接頭辞の多くはラテン語の前置詞に由来する。ここではスペイン語によく用いられるラテン語起源の接頭辞とその語源を挙げておこう。

ab-/abs-「分離、離脱」＜ラ *ab*「～から（離れて）」

a-/ad-「接近、近接、結合」＜ラ *ad*「～へ、～に向かって、～まで」

con-「同伴、共存、共通」＜ラ *cum*「～と一緒に、～を用いて、～しながら」

contra-「逆、反対、敵対」＜ラ *contrā*「～に面して、～に反して」

de-/des-/dis-「分離、反対」＜ラ *dē*「～から（下へ）」

ex-/e-「外」＜ラ *ex*「～から（外へ）」

extra-「外部」＜ラ *extrā*「～の外に」

in-^{1}/im-^{1}/en-/em-「中」＜ラ *in*「～の中に」

in-^{2}/im-^{2}「否定、欠乏」＜ラ接頭辞 *in-*

inter-/entre-「相互、中間」＜ラ *inter*「～の間に」

ob-/o-「前、対置、阻害」＜ラ *ob*「前に、向かって、～のために」

post-/pos-「後、事後」＜ラ *post*「～の後ろに、～した後で」

pre-「前、先、事前」＜ラ *prae*「～の前に」

pro-「前、代理」＜ラ *prō*「～の前に、～のために、代わりに、～の割に」

re-「反復、強調、反対」＜ラ接頭辞 *re-*

retro-「後方」＜ラ *retrō*「～の後方へ」

se-「切断、分離」＜ラ接頭辞 *sē-*

sub-/su-/so-「下」＜ラ *sub*「～の下に」

super-/sobre-/sor-「上」＜ラ *super*「～の上に」

trans-/tras-「超越」＜ラ *trans*「～を越えて、超えて」

【本書に頻出する用語について】

　本書は内容の必要性から、言語学や言語史特有の専門用語が頻繁に使用される。ここに主なものを五十音順に拾い出し、解説を加えておきたい。

暗喩 [＝隠喩] (metáfora)：比喩の一種で、意味変化の原因の一つ。類似性に基づく比喩のことをいう。たとえば、"Esta isla es el paraíso de veraneantes." 「この島は避暑客の楽園だ」といった場合、paraíso「天国」は「楽しい場所、素晴らしい場所」の暗喩として機能している。

異化 (disimilación)：一つの語内で同一もしくは類似した二つの音が隣接ないしは近接している場合、一方が他方と異なった音に変わる現象。例、ラ *arbor[em]* > ス árbol「木」；ラ *formōsus* > 中ス formoso > ス hermoso「美しい」など。

異形態 (alomorfo) → 形態素

インド・ヨーロッパ祖語 (indoeuropeo)：ヨーロッパ諸語の大半（フィンランド語、ハンガリー語、バスク語などを除く）と、サンスクリット語、ヒンディー語、ウルドゥー語、ベンガル語、ペルシャ語など南アジアの諸言語が類似の文法構造を共有し、共通語彙も多数に及ぶことから、これらは同一の起源となる一つの親言語から派生したという仮説が19世紀の比較言語学によって提唱された。これらインド・ヨーロッパ語族の生みの親として再建された理論上の言語がインド・ヨーロッパ祖語である。すべて想定形であるため、インド・ヨーロッパ祖語の語根には必ずアステリスク（*）が付される。略称 IE。

音位転換 (metátesis)：一つの語内である音の位置が別の音の位置と入れ替わる現象。例、ラ *prō* > ス por「〜によって」；ラ *perīculum* > ス peligro「危険」；[日] さんざか（山茶花）> さざんか

音素 (fonema)：言語音の最小単位のこと。ただし、その言語において、

ある最小音を別の最小音に置換すると意味が変わるものでなければ音素と呼べない。たとえば、スペインにおける /r/ と /rr/ は caro「高価な」- carro「荷車」のように置換すると別語になることからそれぞれ音素と認定される。しかし、llama「呼ぶ [3 単]」の発音は [ʒama]でも [yama] でもよく、スペイン語における [ʒ] と [y] は音素ではなく異音（alófono）であるという。一方、日本語なら、[ʒama]（邪魔）と[yama]（山）は別語であるため、/ʒ/ と /y/ は別々の音素になる。

格変化（declinación）：ラテン語やギリシア語を含むインド・ヨーロッパ語族の多くは、名詞が文中で主語となるか目的語となるか、あるいは所有格となるか状況補語として用いられるかなどに応じて語形を変化させる。これが格変化である。ラテン語の場合、主格（〜が）、呼格（〜よ）、属格（〜の）、与格（〜に）、対格（〜を）、奪格（〜から）の 6 通りに変化した（ただし、主格と呼格が同形になることが多かった）。たとえば、*liber*「本」という男性名詞単数の場合は、*liber*（主格・呼格）、*librī*（属格）、*librō*（与格）、*librum*（対格）、*librō*（奪格）となる。ラテン語起源の現代スペイン語の名詞は単数も複数もすべて対格に由来する。スペイン語 libro「本」の出所は主格の *liber* ではなく対格の*librum* である。そのため、本書では頻繁に直接の語源としてのラテン語対格形が現れる。なお、主格のことを**正格**ともいい、それ以外の格を**斜格**ともいう。

換喩（metonimia）：比喩の一種で、意味変化の原因の一つ。近接性に基づく比喩のことをいう。たとえば、"Ella tiene un buen ojo para la moda."「彼女はファッションに目が利く」といった場合、buen ojoは身体部位としての目ではなく「観察力、洞察力」の換喩として機能している。「目」にとって「見る」という機能は常に近接しているためである。

起動相（aspecto incoativo）：行為の開始時を表すアスペクト（＝相）のこと。たとえば、"Empiezo a estudiar."「勉強し始める」という迂

言法（＝2語以上で一つの意味を表す固定化した言い回し）は起動相を表している。また、語彙レベルにおいても起動相を表すことがよくある。たとえば、florecer「花が咲く」は、つぼみから開花し始める状態を表すため、語彙の意味自体に起動相が含まれていることになる。その他、enriquecer「裕福にする」、empobrecer「貧困化させる」、aparecer「現れる」、ofrecer「提供する」など -ecer という接尾辞の付いた動詞は起動相を表す。

教養語［＝学者語］(cultismo)：ラテン語からスペイン語へ入った語彙の中で、口頭によらず文献上の書きことばから借用された語。別名学者語ともいい、民衆語の反対である。そのため音韻変化については、たとえば名詞の語尾の《ラ -tiōnem > ス -ción》のような最小限の変化しか経ておらず、基本的にはラテン語本来の姿が保持されていることが多い。

形式受動動詞［＝形式所相動詞］(verbo deponente)：ラテン語で、活用形は受動態だが意味は能動を表す動詞のこと。たとえば、*sequor* という受動態現在形1人称単数の語形は「私は追う」の意味であり、「私は追いかけられる」ではない。同類として、*loquor*「話す」、*nascor*「生まれる」、*mīror*「驚く」、*morior*「死ぬ」、*operor*「行う」、*gradior*「歩く」、*jocor*「冗談を言う」など多数。

形態素 (morfema)：意味を持つ最小単位。たとえば、año「年」を意味の観点からこれ以上分解することができないため、これは語であると同時に形態素でもある。しかし、cumpleaños「誕生日」の場合、意味を担う最小単位は cumple-「満たす」と -año-「年」と -s（複数表示）の3要素であり、これら要素のそれぞれが形態素である。そして、語形に若干の違いは見られるものの、同一の意味を表す形態素（現在分詞語尾の -ando と -iendo や複数表示の -s と -es など）のことを異形態という。

後期ラテン語 (latín tardío)：ローマ帝国内でキリスト教が公認され、や

がて国教化された4世紀頃から6世紀半ば頃にかけてのラテン語。アウグスティヌスによるキリスト教関係の著作や『ウルガータ聖書』の確立に代表されるように、この時代のラテン語はキリスト教と深く結びついたことが特徴である。

口蓋音化 [＝硬口蓋音化]（palatalización）：前舌面が硬口蓋に向かってもち上がり、調音点が本来の位置から硬口蓋へと移動する現象。多くの場合、前舌母音 [i][e] やヨッドの影響で本来口蓋音でなかった音が口蓋音化する。たとえば、日本語のタ行音で、[i] が後続したときにかぎり [ti]（ティ）ではなく [tʃi]（チ）になる場合である。

語源形（forma etimológica）→類推

混淆（contaminación / cruce）：本来は別の2語が形態的・意味的に近い関係にあるとき、両者が混同され、それぞれの語が部分的に入り混じって新たな語が生まれる現象。文レベルでの混淆もあり得る。例、americano（ラテン）アメリカの + indio 先住民 > amerindio「アメリカ先住民」；helicóptero ヘリコプター + aeropuerto 空港 > helipuerto「ヘリポート」

斜格（caso oblicuo）→格変化

正格（caso recto）→格変化

俗ラテン語（latín vulgar）：一般にいう「ラテン語」とはウェルギリウス、オウィディウス、タキトゥスといった、古代ローマ時代の黄金期や白銀時代に書かれた文献上のラテン語（＝古典ラテン語）を指す。ローマ時代から一般庶民は一流の作家が書いた難解なラテン語とは異なる、単純化されたラテン語を話していた。つまり、文章語としては使用されない当時の口語ラテン語が俗ラテン語である。俗ラテン語は地方により方言差があり、それが今日のロマンス諸語の分裂を生み出した。

中世ラテン語（latín medieval）：6世紀半ば以降の中世において、学術や公的な記録の媒体として知識人の間で用いられたラテン語。ローマ時代には存在しなかった語彙も少なからず創作されている。スペイン語にも中世のラテン語に起源を発する語がいくつも見出される。

同化（asimilación）：一つの語や文中のある音が、隣接または近接する他の音の影響を受けて、それと同じ音あるいは同類の音に変わる現象。たとえばスペイン語 salvaje「野生の」の語源はラテン語の *silvāticus*「森の」で、第一音節の母音は《ラテン語短母音 /ĭ/ ＞ スペイン語 /e/》という音韻法則に違反している。これは第一音節が強勢母音 /a/ に同化したことが原因である。

動形容詞［＝動詞状形容詞］（gerundivo）：ラテン語で動詞から派生する分詞の一種で、「〜されるべき」という「受動」と「必要」の意味を兼ね備え、形容詞に品詞転換したもの。動詞語尾を *-andus* / *-endus* / *-iendus* という語尾（男性単数主格）に替えて作られる。例、*amāre* → *amandus*「愛されるべき」、*habēre* → *habendus*「持たれるべき」、*facere* → *faciendus*「作られるべき」。修飾される名詞の性数格で語尾は変化する。

二重語（doblete）：同一の起源に遡るにもかかわらず、互いに異なる音形と意味を持つ二つの語が一つの言語に共存するとき、これらを二重語という。スペイン語の場合、俗ラテン語から代々口頭で伝わってきた**民衆語**と、中近世（あるいはそれ以降）においてラテン語文献から文語として借用した**教養語**とが二重語を形成することが多い。例、ラ *vigilāre*「寝ずの番をする」＞ ス velar「徹夜する」/ vigilar「監視する」；ラ *dēlicātus*「優美な、軟弱な」＞ ス delgado「痩せた」/ delicado「繊細な」。ただし、一方は直接ラテン語からの進化形で、他方は別のロマンス語を経て外来語として借用されたものが結果的に二重語を形成することもある。たとえば、ラテン語 *facienda*「行われるべきこと」はスペイン語には hacienda「農場、財産」を、カタルーニャ語には

faena「仕事」（現代は feina）を提供した。その後、後者はスペイン語にカタルーニャ語借用語として入った結果、hacienda と faena は二重語を形成することとなった。なお、語源を同じくする語が3語共存すれば三重語、4語なら四重語という。

半教養語（semicultismo）：本来、一般庶民には無縁の難解なはずのラテン語語彙が、ローマ帝国末期から中世初期にかけて広まったキリスト教の影響で、一般人が日常的に口にするようになったものがある。それらは高度な意味を有するという点では**教養語**だが、音韻変化については完了することなく、ある程度の進化過程で止まったままになっている。これが半教養語である。たとえば、siglo「世紀」、iglesia「教会」、regla「規則」、ángel「天使」など、その大半はキリスト教用語である。

半子音（semiconsonante）→ヨッド

半母音（semivocal）→ヨッド

無声音（sorda）：声帯振動を伴わない音。/p//t//k//f//θ//s//tʃ//x/ など。

無声（音）化（ensordecimiento）：もともとの有声音が無声音に変わる現象。16世紀のスペイン語で、中世においてはもともと有声音だった音素 /z/(s), /ʒ/(g, j), /dʒ/(z) が無声化し、/s/(s, ss), /ʃ/(g, j), /ts/(ç) になった。

民衆語（vulgarismo）：口語として世代から世代へと必ずしも文字を介さずに受け継がれてきた語彙。**教養語**の反対。どの語彙もラテン語からスペイン語へと変遷する過程で一定の音韻法則を被っている。

有声音（sonora）：声帯振動を伴う音。/b//d//g//z//ʒ/ などの他、流音（/r//rr//l/）や鼻音（/m//n//ɲ/）、そしてすべての母音が有声音である。

有声（音）化（sonorización）：もともとの無声音が有声音に変わる現象。ラテン語からロマンス語に変化する際、母音間の（または母音と -r- に

挟まれた）/p//t//k/ は一律有声音の /b//d//g/ に変化した。

ヨッド（yod）：二重母音 ai, ei, oi または ia, ie, io などにおける [i] の音。母音の /i/ とは異なる。強母音の a, e, o と隣接したときのみに、唇や舌が一定の位置を保つことがないために、一瞬しか発することができない。このヨッドが原因で各種の口蓋音化がしばしば引き起こされる。なお、ai, ei, oi における場合を半母音ヨッド、ia, ie, io における場合を半子音ヨッドという。

流音（líquida）：子音のうち、側音 /l/ と顫動音 /r//rr/ の総称。

類推（analogía）：言語形式が、ある模範に倣って同質的に変化する現象。たとえば、ラテン語で *currere*「走る」、*vivere*「生きる」、*vincere*「勝つ」の直説法完了形 1 単はそれぞれ *cucurrī*、*vīxī*、*vīcī* だったが、対応するスペイン語の corer は corrí、vivir は viví、vencer は vencí と規則変化である。これは -er/-ir 型動詞の規則活用からの類推によりそのように規範化された結果である。反対に dar → di、querer → quise、hacer → hice のような強変化は、ラテン語本来の *dare → dedī*、*quaerere → quaesīvī*、*facere → fēcī* という変化を受け継いだからであり、これらを語源形という。

1 基本動作を表す自動詞に由来する語彙

estar の原義は「立っている」

　スペイン語の繁辞動詞（英語の be 動詞）には **ser** と **estar** の 2 種類がある。ところが、ラテン語には繁辞動詞が *esse* の 1 種類しかなかった。主語と補語との永続的・本質的な関係は ser、一時的・一過的な関係は estar と明確に区別するようになったのは 16 世紀頃からのことである。まず、estar およびその活用形はどこから来たのか。出発点はラテン語の *stāre* で、意味は「立っている」だった。この -sta- という語根から英語の stand「立っている」を簡単に連想できるであろう。ラテン語と英語の語形の類似は偶然ではなく、いずれもインド・ヨーロッパ祖語 *stā- にまで遡ることができる太古から存在した語根だからだ。ちなみに、ラテン語の *stāre* を直接の起源とする英語動詞が stay「滞在する」である。歴史的観点から見れば、スペイン語の estar と英語の stay は兄弟語である。

　現代の繁辞動詞としてではなく、ラテン語 *stāre* の継承としての estar、つまり -sta- を語根として「立つ」に関係する派生語を拾い出してみると、**estado**「状態、州、国家」、**estación**「駅、部局、季節、滞在場所」、**estancia**「滞在」、**estatura**「背丈」など枚挙に暇がない。他にも、可能性を表す形容詞語尾 -able を付すと **estable**（<ラ *stabilis*）ができ上がり、「立つことができる」ことから「安定した」の意味になる。ここから名詞形の **estabilidad**「安定性」などが派生する。さらに、ラテン語形容詞 *stabilis* は *stabilīre*「固定する、強固にする」という動詞を生み出した。これが俗ラテン語で *stabiliscere* となり（-sc- という動詞語根は起動相「～し始める」を表す）、スペイン語の **establecer**「設立する、確立する、規定する」になった。この語に含まれる -sta- の正体もまた

stāre である。

　-sta- を語根としながら各種の接頭辞と結びついてできた動詞の合成語は数多い。しかし、たいていは「立つ」の意味が薄れてしまっているため、*stāre*（すなわち estar）との関連性が見えづらい。たとえば、con- と組み合わさると **constar**「明らかである、構成されている」や**constancia**「恒常性、堅固さ、根気」になり、「立ったまま持ちこたえる耐久性」を表している。「対抗、方向」などを表す ob- と結びつくと、**obstar**「妨げる」や **obstáculo**「障害物」になる。譲歩表現でよく用いられる "no obstante"「にもかかわらず」という言い回しは、「〜の妨げとはならずに」が元の意味である。次は「分離」を表す dis- を足してみよう。そうすると、「離れて立つ」ことから **distar**「距離がある」や **distancia**「距離」ができ上がる。今日の意味からは連想しにくいが、**prestar**「貸す」の中にも -sta- が潜んでおり、この語も *stāre*（estar）の仲間である。語源となるラテン語 *praestāre* は字義通り「前に立つ」を第一義としながら、「優位に立つ、勝る」の意味で用いられた。他者に対して優位に立つ者は「責任を負う」者であり、他者に必要なものを「人前に立って供給し、授ける」者でもあった。これがスペイン語で「貸す」の意味になった経緯だ。**circunstancia**「事情」にも -sta- が含まれる。しかし、このように長い語でも形態素に分解すれば容易に成り立ちを把握することができる。すなわち、前半部が circun- で、ラテン語前置詞 *circā*「〜の周りに」の異形態であり〔→ 243 頁〕、後半部の -stancia は *stāre* の現在分詞 *stāns* の中性複数 *stāntia* である。ラテン語名詞 *circumstantia* とは「周囲に立つもの」が原義だったことから、「状況、事情」になり、スペイン語の circunstancia へと受け継がれた。

　今度は re-「再び」と組み合わせてみよう。スペイン語の **restar** は自動詞なら「残っている」、他動詞なら「引き算をする」の意味である（英語に入ると rest「休む」になる）。その名詞形 **resto**「残り」は "el resto de" という言い回しがしばしば otro「他の」の同義として用いられる。ラテン語にも *restāre* という動詞があり、「じっとしている、残存している」という意味だった。この restar に基づく派生動詞 **arrestar**「逮捕

する」は、中世になってから創作されたラテン語動詞 arrestāre から来たもので、当時は「保持する」を意味した。stāre に接頭辞 in-「中に」を付すと instar「懇願する、緊急である」や instante「瞬間、即時」、instantáneo「即席の」になる。「中に（in-）立つ（stāre）」を出発点としていることから、ラテン語では「しつこく要求する、（期日が）差し迫っている」などの意味で用いられた。これら一連の語に「即時性」の意味が共通して見られるのはそのためだ。さらに、sub-「下に」と組み合わさった名詞 sustancia「物質、実質、抽出物」がある。語源はラテン語 substāre で、「下に（sub-）立つ（stāre）」ことから「物事がある状況下にある」ことを意味し、このラテン語動詞の名詞形 substantia「実在、実体」がスペイン語の sustancia になった。

-sist-/-stit-/-stin-：いずれの語根も「立つ」

　ラテン語動詞には語形と意味がきわめて類似した二つの動詞が姉妹語のペアを成すことがよくある。中には、特定の活用形についてはまったく同形になることもある。stāre には sistere という姉妹語があり、不定詞や現在時制の活用形こそ異なるものの、完了形は（1人称単数なら）どちらも stetī と変化し（sistere には stitī という異形態もあった）、過去分詞は双方とも status になる。この動詞は自他両用で、「立つ」と「立たせる」の意味があった。こちらも究極の語源はインド・ヨーロッパ祖語 *stā- に遡ることから、stāre の中の子音群 -st- と sistere の語中の -st- は同一の要素である。したがって、スペイン語に -sist- という語根を含む語も「立つ」を共通項とした同族語ということになる。たとえば、「近接」を表す接頭辞 a[d]- と結びついた asistir「出席する、付き添う」が挙げられる。ラテン語の assistere は「そばに立つ、援助する」という自動詞で、スペイン語の asistir では「出席する」や「参列する」の意味になり、英語には assist となって「助ける」の意味になった。接頭辞 ex-「外に」と組み合わさると existir「存在する」になり、in-「中に」と組

み合わさると **insistir**「固執する」になる。接頭辞として re-「再び」を足せば **resistir**「耐える、抵抗する」ができ上がり、「何度も立ち上る」ことが「抵抗」の意味に発展したことが見て取れる。「共に」を表す con- と組み合わせた **consistir** は「（〜から）成り立つ」や「（本質は）〜にある」の意味を持ち、名詞形 **consistencia** になると「堅固さ、粘り強さ、耐久性、内容」といった意味になる。ラテン語に遡ってみると、*consistere* とは「（居場所に）身を置く」が第一義で、そこから「（〜から）成る、一致する、貫く」などの意味へと発展した。さらに、sub-「下に」と結びつくと **subsistir**「生存する、存続する」になり、「下に（*sub-*）立つ（*sistere*）」を原義として「見えないところにいる、潜在的に生きている」という比喩的意味に転じた。つまり「（困難な状況下で）生存する」だとわかる。

　ラテン語の派生動詞によくあるパターンとして、ある基本動詞の過去分詞語幹を利用するというものがある。たとえば、*canere*「歌う」の過去分詞 *cantus* から *cantāre*「歌う、呪文を唱える」が創り出された場合である（過去分詞語幹から二次的に創られた動詞は、元の動詞の意味と同じ行為の反復を表す場合が多い）。*stāre*/*sistere* も同様で、両語が共有する過去分詞 *status* から創られた *statuere*「立てる、建てる、据える」という動詞がラテン語に存在した。この動詞が何か接頭辞と組み合わさると、第1音節の母音が -a- から -i- へと変化して、-stit- という語根になる。たとえば con- と組めば *constituere*「配置する、創設する、設定する、規定する」になり、in- となら *instituere*「設置する、建設する」になる。前者はスペイン語に動詞 **constituir**「構成する、設置する」を、後者は動詞 **instituir**「設立する」を供給した。また、re- と組めばラテン語の *restituere*「再建する、回復させる」ができ、スペイン語の **restituir**「返還する、復元する」になる。さらには、**sustituir**「取って代わる」も接頭辞の su[b]-「下に」と組み合わさってできた関連語である。語源となるラテン語は *substituere* といい、字義的に読み解くと「下に据える」だが、これが「代わりに置く」の意味で用いられ、「代理、代替」の意味へと発展した。他に、-stit- を語根とする興味深い例がある。

prostitución「売春」がそれだ。この場合の接頭辞 pro- は「前方」を表し、原義は「公衆の面前に (*prō-*) 身をさらして立つ (*statuere*)」であった。

destinar「割り当てる、宛てる、配属する」や **obstinarse**「強情を張る」に共通する語根 -stin- もまたインド・ヨーロッパ祖語 *stā- に遡り、「立ちはだかること＝強く決心すること」を意味する（ラテン語の *destināre* は「固定する、定める、決める」と、少し意味が違っていた）。インド・ヨーロッパ祖語の語根 *stā- に -no という接尾辞がついたのが始まりのようだ。

こうして「立つ」に関連する同族語を見渡してみると、-sta-/-sist-/-stit-/-stin- という4通りの語根がすべてインド・ヨーロッパ祖語の *stā- という同一の源から出発し、「立つ」を共通項とする語彙群の大家族を形成していることがわかる。そして、これらの語根を含んだ語彙群には「立ちはだかり」、「設立」、「抵抗」、「主張」といった、あたかも存在感を強く示すような意味合いの語が多いことに気づく。

ser の原義は「座っている」

もう一つのスペイン語繋辞動詞 **ser** はどこから来たのか。たしかに、直説法現在の soy, eres, es...、点過去の fui, fuiste, fue...、そして線過去の era, eras, era... という活用形はラテン語の繋辞動詞 *esse* の活用形を継承したものである（ただし、eres だけは未来形2単 *eris* の転用である）。しかし、不定詞の ser は語源がまったく別で、*sedēre*「座っている」に由来する。ちょうど *stāre*「立っている」を語源とする estar と反義の関係にあった。座ることは立つことと違い、不動性という特徴がある。現代スペイン語の ser が「永続性」を示すのは、ここから来ている。

「立っている」を意味するラテン語 *stāre* と英語 stand がインド・ヨーロッパ語族という次元でみれば同一の語根を共有する遠戚関係にあったように、「座っている」を意味するラテン語の *sedēre* と英語の sit「座っている」の関係もまた同じだ。両者に共通のインド・ヨーロッパ祖語の

語根は *sed- という。語源的観点からは、スペイン語不定詞の ser と英語の sit が遠戚筋ということになる。

　ラテン語の「座っている」が *sedēre* であることから、-sed- が「着座」に関係する語根ということになる。たとえば、**sedentario**「座っている、ほとんど動かない、定住性の」や **sedimento**「沈殿、堆積物」といった「不動」のイメージをもつ一連の語はいずれも *sedēre* の仲間である。「本部」を意味する **sede** も同類だ。語源となるラテン語の *sēdēs*（対格 *sēdēm*）は「座席」の意味でしかなかったが、中世にキリスト教会が台頭するようになると、「司教座」を意味するようになった。現代スペイン語でも大文字で Santa Sede と書けば「ローマ教皇庁」すなわち「バチカン」のことである。

　それでは、スペイン語の **sentar**「座らせる」（「座る」は **sentarse**）はどこから来たのだろうか。古典ラテン語に直接の語源となる動詞は存在せず、*sedēre* の現在分詞 *sedens*（属格 *sedentis*）の斜格の語幹を基に創り出された俗ラテン語 *sedentāre* が直接の語源である。母音間の -d- が消失したために sentar となった。派生動詞の **asentar**「設置する、着席させる、任命する」も同様に俗ラテン語 *adsedentāre*（< *ad-* ～へ + *sedentāre* 座らせる）から来ている。名詞形の **asiento**「座席」は、ロマンス語になって以降に動詞 asentar から派生した新しい語だ。

　語根 -sed- の異形態が -sid- である。この語根を内部に持つ語の例として **presidente**「大統領、首相、社長、会長、議長」がある。その元となる動詞は **presidir** で、「主宰する、議長となる、支配する」を意味する。語源をたどるとラテン語 *praesidēre* にたどり着き、第一義が「前に（*prae-*）座る（*sedēre*）」であることから、「監視する、指揮する」の意味で使用された。ちなみに、presidente の直接的な語源である古典ラテン語の *praesidens*（対格 *praesidentem*）は「属州監督」のことだった。接頭辞 re-「再び」を付した **residir**「居住する、存在する」も同族語だということがわかるであろう。語源となる *residēre*（< *re-* 再び + *sedēre* 座る）には「滞在する」と「残っている」の意味があり、前者からはスペイン語の **residencia**「住居、寮、養護施設」が、後者からは **residuo**「残余、

残留物」が派生した。

　ラテン語には「近接」の接頭辞 a[d]- を付した *assidēre* という動詞も存在する。「そばに座る」が原義で「世話をする」や「見張る」の意味で用いられた。そこから *assiduus* というラテン語形容詞が派生し、「絶えず居合わせる、根気強い」の意味を表した。これがスペイン語 **asiduo**「常連」の語源で、たしかに語中に -sid- が潜んでいる。

　一見しただけでは意味の関連を捉えにくいかもしれないが、**subsidio**「助成金」にも -sid- が含まれるので同族語である。ラテン語に *subsīdere*（< *sub-* 下に ＋ *sedēre* 座る）という動詞があり、「うずくまる、待ち伏せする」を意味した。とりわけ、「要撃する（＝待ち伏せて攻撃する）」といった軍事的文脈で使用されることが多く、その名詞形 *subsidium* といえば「予備軍、援軍、避難所」のことだった。したがって、スペイン語の subsidio は、「援助」というイメージの暗喩から今日の「助成金」の意味になった。

　「座る」ためには「椅子」が必要だ。スペイン語の **silla**「椅子」が s- で始まっていることにも理由がある。語源のラテン語は *sella*（対格 *sellam*）といい、これは動詞 *sedēre* の語根 sed- に縮小辞 -la を付けてできた名詞である（*sedla という段階があったと想定される）。これが古スペイン語の siella を経て silla になった。ここに増大辞 -ón を付けた **sillón**「肘掛椅子」は 17 世紀、縮小辞 -ín を付けた **sillín**「サドル」は 19 世紀になってから現れる。

　ラテン語 *sedēre* には *sessiō*「着席」（対格 *sessiōnem*）という名詞形があった。これがスペイン語の **sesión** になる。「人々が一堂に会し、着席すること」から「会合、集会、セッション」の意味へと発展した。この sesión という語形を含む語に **obsesión**「脅迫観念」と **posesión**「所有」があり、これらも同族語だ。「対向、阻害」などを表す接頭辞 ob- と組み合わせたラテン語 *obsidēre* は「前に（*ob-*）居座る（*sedēre*）」ことから「占拠する」の意味で用いられた。これの名詞形 *obsessiō*（対格 *obsessiōnem*）は「封鎖、差し迫る危機」を意味していたが、スペイン語に入った obsesión はもっぱら精神病理学的な意味で用いられている。

他方、posesión の接頭辞 po- とはラテン語 *potis*「可能な」のことで、poder「できる」の pod- と同じ語根である。「居座ることが（*sedēre*）できる（*pot-*）」ことから、ラテン語動詞 *possidēre* は「所有する、占有する」を意味するようになり、語中の -d- が消失してスペイン語の **poseer**「所有する」になった。その名詞形が posesión「所有、占有」である。

　全体的に見て、-sed- や -sid- を含む語彙の多くは、「着座」のイメージを出発点として「居座り」、「不動」、「占拠」というニュアンスが加わり、あるときは肯定的な意味で、あるときは否定的な意味で使用されていると言えよう。

「行く」と「来る」

　いかなる言語においても移動や運動を表す最も基本的な語彙といえば **ir**「行く」と **venir**「来る」であろう。それぞれの語源はラテン語の *ire* と *venīre* で、不定詞に限ってはラテン語をほぼそのままの形で踏襲しているかに見える。しかし、他の語形、たとえば過去分詞はどうだろうか。*ire* の過去分詞 *itus* は ido として継承されたが、*venīre* の過去分詞は *ventus* といった。スペイン語の venido はロマンス語になってからの類推形であり、ラテン語の継承ではない。そこで語根に -vent- を含む語彙を探してみると、**evento**「出来事、イベント」（< *e*[*x*]- 外へ + *ventus* 来た［過去分詞］）、**aventura**「冒険」（< *ad-* 〜へ + *ventūra* 来るであろう［未来分詞］）、**inventar**「発明する」（< ラ *inventum* 発見 < *in-* 中に + *venīre* 来る＝偶然見つける）などが見つかる。これらの例から、語根 -vent- の共通項は「偶然の到来」であることが明らかであり、evento の形容詞形 **eventual** が「偶発的な」の意味であることに納得がいく。

　venir とさまざまな接頭辞とを組み合わせた動詞もいくつか存在する。たとえば **convenir**「都合がよい」の直接の語源である *convenīre* は《*con-* 共に + *venīre* 来る》が転じて「同意する、適合する」の意味で使用された。ここから派生した **conveniencia**「便利」や **convenio**「協定」、

convención「協定、慣例」といった名詞に本来の意味の名残が見られる。他に、**provenir**「由来する」（< *prō-* 前に + *venīre* 来る）、**prevenir**「予防する」（< *prae-* 先んじて + *venīre* 来る）、**intervenir**「介入する、発表する」（< *inter-* 間に + *venīre* 来る）などがある。前述の aventura の元となるラテン語動詞は *advenīre* といい、「到着する、起こる」というごく日常的な意味だった。これがスペイン語に入ると **avenir** となり、「同意させる、和解させる」と意味の抽象化が起こった。ただし、**avenida**「大通り」という語にかつての意味を留めている。これはもともと「〜へ至る道」のことだった。

　一方、**ir**（< ラ *ire*）を語根とする動詞の合成語も存在するのだが、こちらは venir と違い、文字数が少なくて短いため、《接頭辞 + ir》による合成語だというのを一目で判別するのが難しい。たとえば、**subir** が《sub- 下に + ir 行く》という合成語だという認識を持っている人がどれほどいるであろうか。語源となるラテン語 *subīre* は「下に行く」と「下から行く＝上る」の両方の意味があった。スペイン語にはもっぱら後者の意味が受け継がれたわけだ。**tránsito**「通行、通過」や **éxito**「成功」はそれぞれ *transīre*「通過する」（< *trans-* 超えて + *īre* 行く）の過去分詞 *transitus* と、*exīre*「出る」（< *ex-* 外へ + *īre* 行く）の過去分詞 *exitus* が名詞化したものである。これらに共通の語尾 -ito もまた *īre*「行く」の過去分詞に由来する自律的な形態素だったのである。ラテン語 *īre* の現在分詞は主格を *iens*「行くところの、行く人」、対格を *euntem* といった。ここから、スペイン語で「通行人」のことをなぜ **transeúnte** というのかが理解できる。分析すると、《trans- 超えて + eunte 行く人》という合成語であることが判明する。

　スペイン語の **éxito** が英語の exit「出口」と同一語源であるのは明らかだが、あまりにも意味が違っているように映る。現代でこそスペイン語では「出る」の意味で salir を用いているものの、中世において「出る」を表すためにはラテン語直系の exir を用いるのが普通だった。後述するように、salir をラテン語 *salīre* に遡ると「跳ぶ」の意味であり、中世のスペインでもしばらくはこの意味、すなわち saltar の意味でも用

いられていた（他方で「内部から外部へと移動する」という意味の用例も多数見られる）。やがて古風な exir が salir に取って代わると、その名詞形 éxito は「世に出ること」を原義として「成功」へと比喩的かつ抽象的な意味に転じた。そのため、運動動詞 ir との関連性が不透明になってしまったのである。

　ところが、これよりさらに関連性が見えにくい ir の同族語がある。**iniciar**「始める」である。直接の語源はラテン語の *initiāre*「始まる」だが、この動詞は *initium*「始まり」という名詞から派生した語で、もともと *inīre*「入る」（< *in-* 中に + *īre* 行く）という動詞の過去分詞が名詞化したものである。形容詞形の **inicial**「初めの」はすでに中世の文献に現れているが、**iniciativa**「主導権、率先」といった近代的意味の派生語が文献に初めて出てくるのは 19 世紀になってからである。なお、「始める / 始まる」を意味する同義語 **comenzar** は俗ラテン語の **cominitiāre* から出ている。これは接頭辞 con-「共に」と iniciar を組み合わせた合成語である。興味深いことに、中世スペイン語では、この comenzar（中世は començar）と同義語の empezar（< en + pieza 欠片；中世は empeçar）とが混同され、compeçar という語が流布していた。

　もう一つ、意外な ir（*ire*）の複合語について言及しておこう。**ambiente**「環境」、**ámbito**「範囲」、**ambición**「野心」という一見意味のつながりのない三つの名詞が実は同一の源から発していると言われたら驚くのではないだろうか。いずれもラテン語 *ambīre*「巡回する、囲む」の派生形態である。接頭辞の amb- は **ambos**「両方の」や **ambiguo**「二義的な、曖昧な」に見られるとおり、「両側」または「周囲」を意味した（語源はそれぞれラテン語の *ambō* と *ambiguus*）。そのため、*ambīre* とは《*amb-* 周辺 + *īre* 行く》と分析でき、「歩き回る、巡回する」となった。スペイン語 ambiente はラテン語の現在分詞対格形 *ambientem*（< *amb-* 周辺 + *iens* 行きつつある）から、ámbito は過去分詞 *ambitus*（< *amb-* 周辺 + *itus* 行った）から来ている。さて、問題は ambición の意味である。ラテン語で *ambire* は「選挙のために支持を求めて各地を回る＝選挙運動をする」という特化した意味でしばしば用いられた。

ambición の直接的な語源である *ambitiō*（対格 *ambitiōnem*）の第一義は「選挙運動」であり、ここから「野心、人気取り、誇示」といった換喩的意味が派生した。こちらが現代語に ambición「野心」となって連綿と伝わっていることになる。

「歩く」と「走る」

　前述の接頭辞 amb- が「両側、周辺」を意味するとなると、amb- で始まる語彙はすべて ambos の関連語だということがわかる。すると、**ambulancia**「救急車」とのつながりもたちまち明らかとなる。この語は *ambulāre*「歩き回る」に由来し、「町中をあちこち駆け巡る車両」のことである。この *ambulāre* がスペイン語に入ると、**andar** になった。その結果、**andanza**「放浪、冒険」や **andante**「遍歴の」のように -and- という語根を持つ民衆語の派生語と、ambulancia や **ambulante**「形移動する」のように -ambul- という語根を含む派生語で、それぞれ互いに二重語を形成することになった。ドン・キホーテのことを「遍歴の騎士」ともいい、原語は caballero andante である。一方、教養語の ambulante は、たとえば「移動図書館」を指して biblioteca ambulante のように用いる。

　-ambul- という語根は、**preámbulo**「序文」（< *prae-* 前を + *ambulāre* 歩く）、**so(m)námbulo**「夢遊病者」（< *somnus* 睡眠 + *ambulāre* 歩く）といった語彙にも見られ［→ 149 頁］、いずれも「歩き回ること、徘徊」を共通項としているのは明らかである。andar が「（方向性を見失って）うろうろ歩き回る」の意味であったことの名残は、現代スペイン語の《andar + 現在分詞》という口語表現に確認できる。この言い回しは「～して回る、～してばかりである」とやや皮肉を込めた進行状態を表すときに用いられる（例：¿Qué andas buscando?「さっきから何を探し回っているのだい？」）。

　さて、同じ「歩く」でも「徘徊」ではなく、一歩ずつ前進して行く歩き方はラテン語で *gradī* といった（この語は形式受動動詞）。その過去分

詞は *gressus* という。したがって、-grad- や -gres- という語根を含む語はいずれも「歩み、前進、進歩」という意味を共有することになる。最も基本となる語は **grado**「段階、度合い、等級」で、その派生語として **gradación**「グラデーション、段階的移行」、**graduar**「(度合いを) 調整する、卒業させる」(再帰形 **graduarse** は「卒業する」)、**graduación**「目盛り、卒業」などが出た。過去分詞語幹 -gres- と接頭辞を組み合わせた語は「進むこと、前進」に関係がある。**progreso**「進歩」(< *prō-* 前へ + *gressus* 歩み)、**regreso**「帰還」(< *re-* 再び + *gressus* 歩み)、**ingreso**「入会、入学 (式)、収入」(< *in-* 中に + *gressus* 歩み)、**congreso**「会議、大会、国会」(< *con-* 共に + *gressus* 歩み < *congredī*「出会う、衝突する」)、**agresión**「攻撃」(< *a[d]-* 〜へ + *gressus* 歩み)、**agresivo**「攻撃的な」、**digresión**「(話の) 脱線、余談」(< *di[s]-* 分離 + *gressus* 歩み) などである。

「走る」にまつわる語彙群も豊富である。スペイン語の **correr**「走る」からは、**corriente**「名流れ;形ありきたりの」や **correo**「郵便」といった直接的な派生語が出ている一方、**recorrer**「駆け巡る」(< *re-* 再び + *currere* 走る) や **socorrer**「救助する」(*sub-* 下へ + *currere* 走る) のように語源が見えやすい合成語がある。そもそもの語源となるラテン語動詞は *currere* で、過去分詞は *cursus* と変化した。したがって、教養語の語根は -curr- になり、過去分詞語幹に基づく語は -curs- を含むことになる。ラテン語 *currere* の基本的意味は「走る」だが、船の帆走や川の流れのように「物事が容赦なく速く進む」様子を広く表した。

現代スペイン語で **curso** といえば「講座、学年」のことだが、ラテン語において名詞の *cursus* の第一義は「競走」である。ここから「進行、流れ、進路、経過」などの比喩的意味が発生し、スペイン語では curso となって受け継がれた。他に、語根 -curs- を含む語といえば、コンピューターの「カーソル」すなわち **cursor** があり、元は「走る人/もの」のことだった。そのため、これに接頭辞 pre-(前へ)を付けた **precursor** は「前を (*prae-*) 走る人 (*cursor*)」であることから「先駆者」の意味になるわけだ。また、多くの人々や物が一緒になって (*con-*) 流れ込んで (*currere*) 来れば **concurrir** になり、意味は「(大勢の人・物が)

集中する、集まる」になる。ここから **concurso**「コンクール」が派生した。

　ocurrir「起こる」（**ocurrirse** は「思いつく」）は《*o[b]*- ～の方へ + *currere* 走る》と分析でき、語源となるラテン語 *occurrere* は「到来する、襲いかかる」を意味した。**incurrir** が「陥る」を表すのは「中に（*in-*）走る（*currere*）」が原義だからであり、**recurrir** が「訴える、頼る」なのは「再び（*re-*）走る（*currere*）」、すなわち「走って戻ってくる」ことだからである。これが比喩化して「回帰する」や「訴える」になった。「方策、資源」を意味する名詞 **recurso** は、もとはといえばラテン語動詞 *recurrere*「急いで戻る」の過去分詞であった。また、**transcurrir**「経過する」と **transcurso**「経過」も同類である。これらを形態素に分けると《*trans*- 超えて + *currere* 流れる》になり、ここから連想されるイメージは「時の経過」そのものである。

　「遠足、小旅行」を表す **excursión** や「支店」を意味する **sucursal** にも -curs- が含まれる。前者 excursión はラテン語 *excurrere*「走り出る、流れ出す、遠出する」（< *ex*- 外へ + *currere* 走る）に由来する。この *excurrere* 自体はスペイン語で **escurrir** となり、「水を切る」という意味に変化して存続している。後者の **sucursal** はラテン語 *succurrere*「救助に駆けつける」（< *sub*- 下へ + *currere* 走る→すなわち **socorrer**「救助する」）の過去分詞語幹から出ており、やはり correr の関連語に当たる。スペイン語の sucursal という語はフランス語 succursale からの借用語で、これは教会用語で「補助的役割の（教会）」が原義だった。

　「演説、スピーチ」の意味で用いられる **discurso** も明らかに curso の同族語にちがいないが、こちらは原義を連想するのが少々困難ではないだろうか。元来はラテン語 *discurrere*「走り回る、四方へ散らばる」（< *dis*- 分離 + *currere* 走る）の過去分詞だったが、後期ラテン語になると「会話」の意味に変化し、最終的に「演説」になった。ただし、スペイン語の動詞形 **discurrir** は「歩き回る」で元の意味を留めている。

-fug- は「逃亡」、-salt-/-sult- は「跳躍」

　「難民」のことをスペイン語で **refugiado** といい、その動詞形は **refugiarse**「避難する」という。これらが **huir**「逃げる」の同族語であることが、今となってはかなりわかりづらくなっている。re- が「再び」を表す接頭辞であり、-fug- が語根ということになる。これはラテン語 *fugere*「逃げる」のことである。語頭子音 f- は f->h->[無音] という音韻変化により、そして語中にあった母音間の -g- が消失したことにより、スペイン語では huir になった。もはやラテン語と似ても似つかぬ語形だ。しかし、教養語の **fugaz**「はかない」や **fugitivo**「逃亡中の」という形容詞を見れば、本来の語根 -fug- を留めているのがわかる。

　現代スペイン語で「出る」を意味する最も一般的な動詞は **salir** である。しかし、中世においては exir が普通であったことはすでに述べたとおりだ。salir 自体は中世でも用いられていたが、意味はラテン語 *salīre* を踏襲し、「跳び出す」であった。スペイン語の **salida**「出口、出ること」、**saliente**「突出した」などは現代スペイン語の salir「出る」からの派生語である。salir は意味が「跳ぶ」から「出る」に移行したため、現代スペイン語で「跳ぶ」を表す別の語が新たに必要となる。そこで過去分詞の *saltus* を基盤とした **saltar** がその意味を担うようになった。ところが、ラテン語で *saltāre* といえば「踊る」だった。なお、saltar からは **salto**「跳躍」や **asaltar**「襲撃する」が創られた。

　ラテン語で、過去分詞 *saltus* と *re-* を組み合わせ、*resultāre*「跳ね返る、反響する」という動詞ができた。これがスペイン語の **resultar**「生じる、結果として～になる」になり、さらに名詞形 **resultado**「結果」が派生した。この語の -sult- という語根は -salt- の変異形である。同一の語根を含む語としては他に **insultar**「侮辱する」がある。この場合の接頭辞 in- は「中に」のみならず、「上に」あるいは「～に向かって」といった方向性を広く表した。ラテン語の *insultāre* は「～に向かって（in-）跳びかかる（saltāre）」ことから、「跳び乗る、跳び込む」を第一義とし、「侮辱する」へと意味が転じた。結果として、salir、saltar、 resultar、そして insultar という一見無関係に見える語群が実は同族語だということになる。

「登る」を表す -scend-/-scens-、「落ちる」に関わる -cad-/-cid-/-cas-

　「登る」を表す **ascender** はラテン語 *ascendere* そのものである。名詞形が **ascenso**「上昇、昇進」であるのは、ラテン語過去分詞 *ascensus* に基づいているからだ。反義語は動詞が **descender**「降りる、下がる」、名詞が **descenso**「下降」である。本来ラテン語には *scandere* という動詞があり、これが「登る」だった。ascender は *scandere* に「近接」の接頭辞 a[d]- を付したものであり、descender は「分離、下降」の接頭辞 *dē*- と組み合わせた合成語である。ラテン語には別の接頭辞 *trans*-「超えて」と組み合わせた *transcendere*「登り越える」という語もあった。これがスペイン語で **trascender**「超越する、(情報が) 漏洩する」に、そして派生語 **trascendencia**「重要性」や **trascendental**「きわめて重要な」になる。形態素の -scend-/-scens- とは「登る」に関係する語根だったのである。

　それでは、「落ちる、倒れる」つまり **caer** はどうであろうか。直接的な名詞形の **caída**「落下」や、複合語 **paracaídas**「パラシュート」(<parar 止める + caída 落下)、あるいは **decaer**「衰退する」のような語の成り立ちは明らかであろう。しかし、**caso**「場合」が caer と同根だという事実を見極めるためには、ラテン語にまで遡らなければならない。語源をたどると、動詞 caer は *cadere* の母音間の -d- が消失した結果であり、名詞の caso は過去分詞の *cāsus* が名詞化したものであることがわかる。物がどこに落ちるかは予測不可能である。**casual** が「偶然の」、その名詞形 **casualidad** が「偶然」の意味になるのはそのためだ。「落ちること」という意味を残した caso が接頭辞 o[b]- と結びつくと **ocaso**「日没」になる。この語は同時に、「偶然落ちてくる時」すなわち「好機」という捉え方もされた。これが **ocasión**「機会」(< *occāsiōnem* < *o[b]*-

〜の方向へ+ *cāsus* 折よく降ってくること）の語源である。

　ラテン語の *cadere* に何らかの接頭辞が付されると、-cid- という語根に変化した。たとえば、《*o*[*b*]- 方向 + *cadere* 落ちる》から *occidere* 「倒れる、（天体が）沈む」が派生している。スペイン語の **occidente** 「西、西洋＝日の沈む方向」はここから来た。語根 -cid- といえば、**accidente** 「事故」、**accidental** 「偶然の、付随的な」、**incidente** 「名 出来事；形 偶発的な」、**incidir** 「陥る」、**coincidir** 「一致する」（< *co*[*n*]- 共に + *-in-* 中に + *cadere* 落ちる）などがあり、いずれも「落ちること、偶然性」に関係する。さらに、本来の語根 -cad- の形を踏襲しつつ、倒れることに関係する語がある。それは **cadáver** 「死体」である。語源は明らかで、ラテン語の *cadāver* 「死体」（対格 *cadāverem*）から語形・意味ともほとんど変化しないまま、スペイン語に受け継がれた。

　ラテン語には *cadere* の姉妹語として *caedere* という動詞もあった。意味は「（余分なものを）切り落とす」で、他動詞である。この語を直接受け継ぐスペイン語は存在しない。しかし、**decidir** 「決める」の語根 -cid- はまさにこの *caedere* に由来する。直接の語源であるラテン語 *dēcīdere* は《*dē*- 分離 + *caedere* 切り落とす》であり、「不要な選択肢を切り落とす」ことから「決める」となった。この動詞の過去分詞は *dēcīsus* といった。スペイン語の過去分詞が形容詞化した **decidido** 「毅然とした」は類推形であるため本来の姿を見出すことはできないが、反義語 **indeciso** 「優柔不断な」にかつてのラテン語過去分詞の名残を見出すことができる。

　suicidio 「自殺」や **homicidio** 「殺人」という語にも共通語根 -cid- が見出される。これも *caedere* のことで、この場合は「殺す」の意味だ。ラテン語で「彼（女）自身の」は *suus* といい、その属格 *suī* と *caedere* を組み合わせて名詞化したものが *suīcīdium*、*homō* 「人間」と組み合わせたものが *homicīdium* である。この造語法を利用して、19 世紀になってから創られたのが **insecticida** 「殺虫剤」であり、20 世紀になってからナチスによるユダヤ人虐殺を指して最初に用いられたのが **genocidio** 「民族大虐殺、ジェノサイド」である。

さて、*caedere* を基盤とする複合動詞の過去分詞が *-cisus* だとすると、スペイン語で -ciso という形態素をもつ形容詞はすべてそこから出たことになる。たとえば、**preciso**「正確な、必要な」と **conciso**「簡明な」がそうである。前者はもともと *praecīdere*「切り離す、短縮する」の過去分詞 *praecīsus* であり、「前もって (*prae-*) 余分なものを切り離した (*-cīsus*)」という状態を表すことから「正確な、必要な」になった。後者は *concīdere*「切り刻む」の過去分詞 *concīsus*「細かく刻まれた、簡潔な」が形容詞として自立したものである。

-ced-/-ces- も元は「行く」

　スペイン語で **ceder** は「譲る」、その名詞形 **cesión** は「譲渡」のことである。一見「移動」と何の関係もないかのように見えるが、-ced- や -ces- を語根に含んだ語は実に多く、何らかの形で「移動」や「動き」に関係している。「前もって」を表す ante- あるいは pre- と組み合わさった **anteceder**「先行する」、**antecedente**「経緯、前歴」、**preceder**「先行する」、**precedente**「囲前の；図先例」、pro-「前に」と組み合わさった **proceder**「行動する、発する、由来する」、**procedencia**「出身」、**proceso**「過程」、ex-「外に」と組み合わさった **exceder**「勝る、（限度を）超える」、**exceso**「過度」、retro-「後方へ」と組み合わさった **retroceder**「後退する」、**retroceso**「後退」、そして a[d]-「～へ」と組み合わさった **acceder**「同意する、（ある地位に）達する、（職に）就く、接近する」、**acceso**「出入り、接近、アクセス」などがある。語源となるラテン語動詞 *cēdere*（過去分詞 *cessus*）の本来の意味は「行く、進む」である。しかし、この語には「未練はあるが諦めて行ってしまう」といったニュアンスがあるため、「立ち去る、退く」という譲歩的な移動を表すために用いられた。スペイン語の ceder、あるいは **conceder** が「譲る」の意味であるのはそのためだ。

　「下に」を表す接頭辞 su[b]- と組み合わさると **suceder**「起こる、継

承する」になる。直接の語源である *succēdere* は文字通り「下に行く」だった。つまり、地位や財産が下の代へと行くことから「受け継ぐ、継承する」へと意味が抽象化した。一方、*succēdere* には「下から行く」すなわち「登る」、あるいは「近づく」の意味もあった。スペイン語の suceder に「起こる」の意味があるのはこちらを受け継いでいるためである。名詞形は **sucesión** と **suceso** の二つがあり、前者が「継承」、後者が「出来事」と意味の棲み分けをしている。付け加えると、ラテン語 *succēdere* には「うまく行く」の意味もあり、名詞の *successus* には「接近」と「成功」の意味があった。英語の success「成功」はラテン語本来の意味を受け継いでいるのである。

生と死

「生きる、住む」を表すスペイン語 vivir に対応するラテン語は *vīvere* で、語形・意味ともスペイン語と大差ない。ただし、ラテン語の完了形は *vīxī, vīxistī...* と変化したことから、現代スペイン語の viví, viviste... という点過去の変化はスペイン語になってから改変された類推形である。vivir を基盤とする合成語に目を向けてみると、**convivir**「共生する」(< *con-* 共に + *vīvere* 生きる)、**revivir**「生き返る」(< *re-* 再び + *vīvere* 生きる)、**sobrevivir**「生き長らえる、残存する」(< *super-* 上に/超えて + *vīvere* 生きる) などが挙げられ、いずれも合成語の形成過程は明らかである。派生語として、形容詞形の **vivo**「生きている、生き生きした、鮮やかな」(< ラ *vīvus*「生きている、活発な」) をはじめとして、**vívido**「生き生きした」、**vivificar**「蘇生させる」(< *vīvus* 生き生きした + *facere* 作る)、**vivencia**「生活体験」(< *vīventia* = *vīvere* の現在分詞語幹)、**vivienda**「住居」(< 俗ラ *vīvenda「生存に必要な物」< *vīvere* の動形容詞語幹)、**víveres**「食糧」などがあり、いずれも「生存・生活」を共通項としていることは一目瞭然である。なお、最後の víveres はラテン語不定詞 *vīvere* がフランス語で vivre となり、これが借用語としてスペイン語

に入ったものであり、ラテン語からの直系ではない。現代では頻度が高いとは言えなくなったが、特に「肉料理」を指して **vianda** を用いることもある（中世において、vianda は一般に「食事」の意味で用いられた）。この語もフランス語由来で、その語源は俗ラテン語の **vivenda* である。つまり、vivienda と vianda は二重語ということになる。

　名詞形の **vida**「生命、生活、人生」はラテン語 *vita* の語中子音 -t- が有声化した結果である。派生語の **vital**「生命の、活力のある」や **vitalidad**「生命力、活気」の語根が -vit- であるのは音韻変化を免れた教養語だからである。語根として -vit- を含み、「生命」に関わる語といえば **vitamina**「ビタミン」を想起する人も多いであろう。この語が創られたのは 1912 年だとされる。もちろん、これはスペイン語に限らず国際的に通用する語である。

　「生」とは反対に、「死ぬ」はスペイン語で **morir**、ラテン語は形式受動動詞で *morī* という（直説法現在 1 単は *morior*）。morir の過去分詞が muerto であるのは、ラテン語の過去分詞 *mortuus* という語形を受け継いでいるからだ。スペイン語の名詞形は **muerte**「死」であり、こちらはラテン語 *mors*「死」の対格形 *mortem* から来ている。ラテン語の過去分詞と名詞の語根が -mort- であることから、この形態素を含む語は「死」と関係があることになる。比較的頻度の高い語としては、**mortal**「死すべき、致命的な」とその名詞形 **mortalidad**「死亡率」がある。mortalidad については、中世の mortaldad という語形を経て **mortandad** となった二重語ペアの片割れも存在し、主に疫病や戦争などで発生した「大量死者（数）」を表す。他の関連語として、**mortífero**「致命的な、死に至る」（< *mors* 死 + *ferre* 運ぶ）、**mortificar**「禁欲する、苦しめる」（< *mors* 死 + *facere* 作る）、**moribundo**「瀕死の」などがある。

「宙づり」のイメージは不安定感と天秤量り

　「ペンダントをつける」や「この案件はペンディングにしておく」と

いったカタカナ語はかなり以前より日本語に浸透している。「ペンダント」も「ペンディングの」もスペイン語に訳せば **pendiente** である。この語は男性名詞なら「ペンダント、イアリング、ピアス」になり、女性名詞なら「斜面」を指す。そして、形容詞になると「未解決の、未処理の」といった、いわゆるペンディング状態を表し、さらには "estar pendiente de" で「〜を注視している、見守っている」という慣用表現を成す。一見多義語に映るが、「宙づり」という共通項でいずれの意味も結ばれていることは明らかであろう。語尾の -iente はラテン語の現在分詞であり、基本となる動詞形は **pender**「ぶら下がる、依存する」である。ラテン語も *pendēre* といい、基本的にスペイン語と同じ意味である。この語を基盤とする合成語は **suspender**「中止にする、落第させる」（< *sub-* 下に + *pendēre* ぶら下がる）とその派生語 **suspensión**「中止」および **suspenso**「宙ぶらりんの、不合格」、**depender**「依存する、〜次第である」（< *dē* 〜から下へ + *pendēre* ぶら下がる）とその派生語 **dependencia**「依存」、**dependiente**「依存した」などがあり、いずれも「宙づり、不安定」の意味を想起すれば関連性は見えやすい。もちろん、**péndulo**「振り子」や **apéndice**「補遺、虫垂」といった -pend- を含む名詞も同族語である。

 pendēre の過去分詞は *pensus* という。そしてこの過去分詞は *pendēre*（1単 *pendeō*：第2変化）の姉妹語である *pendere*（1単 *pendō*：第3変化）の過去分詞でもあった。「ぶら下がる」とは天秤にかけて重さを量ることでもあったことから、*pendere*（*pendō*）は「重さを量る」を意味した。こうして、過去分詞語幹の -pens- を基に創られた動詞が *pensāre* だった。ただし、この動詞の意味は「量る」のみならず、「支払う、補償する、報いる、熟考する」でもあった。第一義の「量る」の意味はスペイン語で **pesar** という民衆語の形で受け継がれ、教養語として入った **pensar** はもっぱら「考える」の意味に特化した。pesar と pensar は二重語であり、かつ pender とも同族関係にあるわけだ。ラテン語名詞 *pensum*「重さ」が音韻変化を経ると **peso** になり、周知のように現代のメキシコ、アルゼンチン、フィリピンの通貨として流通している。また、peso は

普通名詞としても用いられ、「重さ、重要性」などを意味する［→ 235 頁］。

　さて、-pens- という語根が pender の仲間だとなると、名詞の **pensión**「年金、下宿代、奨学金」との関係も気になるところだ。語源となるラテン語 pensiō（対格 pensiōnem）は、「量る」の意味の pendere（pendō）の名詞形であり、「重さ」を第一義として、「賃貸料、補償」といった派生的意味もあった。貨幣価値が金属の重さで決まった初期の古代ローマにおいて、「量ること」は金銭取引そのものであった。スペイン語の pensión が「年金」のような金銭の意味に関係するのは、派生的意味の方が継承されたことによる。

「冗談」から「遊び」へ；「遊び」から「奇術」へ

　本章の終りに、「遊ぶ」について取り上げよう。「遊ぶ、（スポーツ、ゲームを）する、賭ける」は **jugar**、名詞形は **juego**「遊び、ゲーム、賭博」である。ところが、語源となるラテン語動詞 jocārī の意味は「ふざける」であり、名詞形 jocus（対格 jocum）の意味は「冗談」だった（これが英語に入り、joke になった）。現代スペイン語の jugar/juego に「冗談」の意味はもはや面影さえない（スペイン語で「冗談」は broma であり、ギリシア語源である）。しかし、**jocoso**「滑稽な」や **jocundo**「快活な」といった -joc- という教養語の語根を含む形容詞にラテン語本来の意味が垣間見られる。

　それでは、ラテン語で「遊ぶ」は何だったのだろうか。それは lūdere といい、名詞形は lūsus といった。このラテン語動詞に発する語根 -lud-を受け継いだスペイン語語彙として **ludibrio**「愚弄」（＜ラ lūdibrium「愚弄」）や **lúdico**「遊戯の」などが挙げられるものの、あまり頻度の高い語とは言えないであろう。それでは、-lud- に何らかの接頭辞を組み合わせた合成語にはどのようなものがあるだろうか。まず、**eludir**「かわす、回避する」がある。ラテン語 lūdere は「遊ぶ」を第一義としながら、「戯れる、もてあそぶ、欺く」など「愚弄」の意味でも用いられた。

そこで「戯れながら（*lūdere*）外へ（*ex-*）逃げる」ことから「巧みな回避、はぐらかし」の意味になった。スペイン語で "eludir su pregunta" といえば「質問をはぐらかす」の意味である。また、接頭辞 a[d]-「〜へ」を足すと **aludir** ができ、現代語においては「言及する」という中立的な意味の動詞である。しかし、ラテン語の *allūdere* は「戯れる、からかう」であり、16世紀頃のスペイン語における aludir は「ふざける」の意味で使用されていた。名詞形は過去分詞語幹に基づいた **alusión**「言及」である。接頭辞 pre-「前に」と組み合わせた **preludio**「前触れ、前奏曲」も同族語だ。ラテン語 *lūdere* には「演じる、踊る」といった意味もあり、公演本番前の「序幕を演じる、前奏する」ことを *praelūdere*（< *prae-* 前に + *lūdere*）といった。その名詞形が *praelūdium*「前奏」で、スペイン語の preludio になる。

　ラテン語 *lūdere* の名詞形には *lūsiō*「遊び」という語形もあった。これに接頭辞 in-「中に」を付してできた語が *illūsiō*（対格 *illūsiōnem*）、すなわちスペイン語の **ilusión** である。現代語の文脈で ilusión は「幻想、幻覚、錯覚」を基本的意味とし、口語表現では "Me hace ilusión viajar."「私は旅行するのが楽しみだ」のようにきわめて肯定的な意味で用いられることが多い。この名詞を基に **ilusionar**「期待を抱かせる」や **desilusionar**「幻滅させる」などの動詞が現れた。今日では、英語の illusion「幻想、奇術の公演」の影響で、大掛かりな舞台装置を組み入れた奇術のパフォーマンスを指す **ilusionismo** という語もある。ところが、ラテン語の *illūsiō* には「揶揄、皮肉、欺瞞」といった否定的なイメージの意味しかなかった。スペイン語の ilusión や ilusionismo に潜む語根 -lus- の部分がラテン語 *lūdere* の遺産であることがわかれば、起源においては「遊ぶ」であった意味が、現代に至るまでに、どれほど大きな変化を被ったかに改めて驚かされる。

コラム1：知っておくと便利なギリシア語起源の接辞・形態素

　ギリシアの有名なパルテノン神殿がある場所は、首都アテネのアクロポリス（**Acrópolis**）の丘である。これとは別に、綱渡りや空中ブランコのような軽業・曲芸のことをアクロバット（**acrobacia**）という。両語には acro- という要素が共通している。これはギリシア語 άκρος（ákros）のことで、元の意味は「最上部の、最先端の」である。ここから「高所」をイメージする形態素としてスペイン語を含むヨーロッパ諸語に広まった。ギリシア語で「アクロポリス」（άκρόπολις/ákrópolis）とは「άκρό 高所 + πολις 城砦、町」、すなわち「山上の砦」という意味だ。

　スペイン語で「外国好き、外国かぶれ」のことを **xenofilia** といい、「外国嫌い」は **xenofobia** という。これらに共通する xeno- とはギリシア語の ξέυος（xénos）のことで、「外国人、客人」を表す。そして、語尾の -filia はギリシア語 φίλιος（phílios）「愛情」に、-fobia は φόβος（phóbos）「恐怖、怖れ」に由来する。こうしたギリシア語起源の要素についての知識があれば、たとえばスペイン語で **acrofobia** という語に出合ったとしても慌てることはない。《acro- 高所 + fobia 恐怖》と分析できれば、自ずと「高所恐怖症」のことだとわかる（「高所恐怖症の人」は **acrófobo** という）。

　古代ローマ時代においてもラテン語と並んでギリシア語は日常的に用いられていた。ローマ人貴族の子弟にとってギリシア語文法を習うのは一つのステータスシンボルでさえあったほどだ。そのため、ギリシア語起源でラテン語に入り、それがスペイン語となって受け継がれた語彙は実に多い。たとえば、**sistema**「組織、体系」（＜ラ *systēma* ＜ギ σύστημα「体系」）、**programa**「計画、番組」（＜ラ *programma* ＜ギ πρόγραμμα「布告、公示」）、**tema**「テーマ」（＜ラ *thema* ＜ギ θέμα「命題」）、**poema**「詩歌」（＜ラ *poēma* ＜ギ ποίημα「作品、詩」）、**enigma**「謎」（＜ラ *aenigma* ＜

ギ ἤνίγμαι「謎」)、**clima**「気候、風潮」(＜ラ *clima* ＜ギ κλίμα「地帯」) と
いった、-ma で終わる男性名詞はきまってギリシア語起源だ（ラテン語
では一律的に中性名詞だった）。もちろん、-ma 以外の語尾の語も枚挙に
暇がない。**carta**「手紙、カード、証書」(＜ラ *charta* ＜ギ χάρτης「パピル
スの巻物」)、**teatro**「演劇、劇場」(＜ラ *theātrum* ＜ギ θέατρον「劇場」)、
escuela「学校、学派」(＜ラ *schola* ＜ギ σχολή「余暇、学術討論、学校」)、
carácter「性格」(＜ラ *charactēr* ＜ギ χαρακτήρ「刻印、特徴」)、**símbolo**
「象徴、シンボル」」(＜ラ *symbolus* ＜ギ σύμβολον「割符」)、**geografía**「地
理学」(＜ラ *geōgraphia* ＜ギ γεωγραφία「地理」)、**lógico**「論理的な、当
然の」(＜ラ *logicus* ＜ギ λογικός「論理的な、理性的な」)、**gramática**「文
法」(＜ラ *grammatica* ＜ギ γραμματική「表記法」)、**método**「方法」
(＜ラ *methodus* ＜ギ μέθοδος「方法」)、**físico**「身体上の、物理的な」(＜ラ
physicus ＜ギ φυσικός「生来の、自然の」) などである。

　前述のとおり、古代ローマではギリシア語も生きた言語として用いら
れていたため、話ことばの次元でギリシア語語彙がラテン語に浸透し、
そのままスペイン語の基本語となった事例も見られる。たとえば、**tío/
tía**「おじ／おば」(＜ラ *thīus*/*thīa* ＜ギ θείος/θεία「おじ／おば」)、**cada**「そ
れぞれの」(＜ラ *cata*「～ごとに」＜ギ κατά「～から下方へ、～に向かって、
～ずつ、～に従って」)、**tipo**「型、タイプ」(＜ラ *typus*「浮き彫り、平面図、
象徴」＜ギ τύπος「型、模範」) などがそうだ。

　スペイン語語彙において、次の接頭辞はギリシア語起源であり、生産
性が比較的高い。

pan-「全体、汎」＜πάς「すべての、全体の」：**pandemia**「世界的流行
　病」、**panhispánico**「汎スペイン語圏の」
mega-「大型、拡大」＜μέγας「大きい」：**megáfono**「拡声器」、
　megaciudad「大都市」

macro-「大規模」<μακρός「長い」：**macroeconomía**「マクロ経済学」、
macroconcierto「大規模コンサート」

micro-「小規模」<μικρός「小さい、短い」：**microbio**「微生物」、
microscopio「顕微鏡」

poli-「多」<πολύς「多くの、大きい」：**polígono**「多角形」、**politeísmo**
「多神教」

mono-「単一」<μόνος「唯一の」：**monólogo**「独り言、独白」、
monoteísmo「一神教」

hiper-「上部、超過」<ὑπέρ「～の上に」：**hipermercado**「大型商業施
設」、**hipertensión**「高血圧症」

hipo-「下部、低下、内側」<ὑπό「～の下に」：**hipótesis**「仮説」、
hipotensión「低血圧症」

sin-/sim-「共存、同時」<σύν「～と一緒に」：**simpatía**「好感、共感」、
síntesis「統合」

anti-「反対」<ἀντί「対向して」：**antibiótico**「抗生物質」、**antipatía**
「反感、嫌悪」

homo-「同質」<ὅμοιος「似ている、匹敵する」：**homogéneo**「同質的
な」、**homosexual**「同性愛者の」

hetero-「異質」<ἕτερος「もう一方の、異なった」：**heterogéneo**「異質
な」、**heterodoxo**「異端者」

neo-「新」<νέος「若い、新しい」：**neoliberalismo**「新自由主義」、
neolítico「新石器時代」

proto-「最初、原始」<πρῶτος「最初の」：**prototipo**「原型、模範」、
protohistoria「原始時代」

peri-「周囲、近郊」<περί「～の周りに、～について」：**periferia**「郊
外、近郊」、**perífrasis**「迂言法、婉曲語法」

tele-「遠隔」<τηλοῦ「遠くに」：**telescopio**「望遠鏡」、**telegrama**「電

報」

dia-「通過」<διά「～を通って、～の間に」：**diagonal**「対角線」、
　diálogo「対話」

　上記の接頭辞を含みながら、そのことに気づきにくい語がある。た
とえば、**hipopótamo**「カバ」がそうだ。これは「川」を意味するギリ
シア語 potamós（ποταμός）に hipo- を足した複合語で、「川の下に（生
息する動物）」のことである。また、「公開討論会」、すなわち「シンポ
ジウム」はスペイン語でも **simposio** という。これもギリシア語系語彙
で、接頭辞 sim- は「共に」を表す。それでは、-posio とは何か。これ
は「飲むこと」を意味する pósis（πόσις）のことで、字義的には「一緒
に飲むこと」、すなわち「饗宴」が本来の意味だった。

2 基本動作を表す他動詞に由来する語彙

「作る」を表す -fac-/-fec-/-fic-：同族語の大家族を成す語根

スペイン語で最頻出動詞の一つである **hacer**「作る、する、させる」の由来はラテン語 *facere*「作る」である。さらに語源をインド・ヨーロッパ祖語にまで遡ると「置く、据える」を表した *dhē- が出発点になっていることが知られており、しかもこの語根は英語の do の語源でもある。つまり巨視的に見ると、スペイン語の hacer と英語の do は同じ語源である。

中世スペイン語では fazer という語形で使用されていたが、語頭子音 f->h->[無音] という音韻変化により現代語の hacer になった。それゆえ、**deshacer**「壊す」のように語根が -hac- となっている合成語はスペイン語になった後に創作された民衆語ということになるが、-fac- または異形態として -fec- や -fic- という語根を含む語はラテン語直系の教養語ということになる。例を挙げると、**factor**「要素」、**factura**「請求書、送り状、出来栄え」、**fácil**「容易な」（原義は「作りやすい」）、**difícil**「困難な」（< *dis-* 分離 + *facilis* 容易な）などがある。そして、「機能、権限、学部」などを表す **facultad** もまた、ラテン語形容詞 *facilis*「容易な」から派生した *facultās*（対格 *facultātem*）「可能性、能力」に由来する同族語だ。

さまざまな要素と結びついた合成語で -fec- や -fic- を含む語は枚挙に暇がない。たとえば、**eficaz**「効果的な、効率的な」や **eficiente**「効果的な」という語はラテン語 *efficere*「産出する」（< *ex-* 外へ + *facere* 作る）の形容詞 *efficax*（対格 *efficacem*）と *efficiens*（対格 *efficientem*）から来ており、語根の -fic- とは hacer（＝ラテン語 *facere*）のことである。**suficiente**「十分な」という語も接頭辞 *sub-*「下に」と *facere* から成る *sufficere*「足りている」の現在分詞に由来する。「ビル」を指す

45

edificio は、ラテン語で「神殿、住居」を表す *aedēs* と *facere* が結合した *aedificium*「建物」が語源であり、「職業」を意味する **oficio** およびその派生語 **oficial**「公式の」や **oficina**「事務所」は、ラテン語で「仕事」を意味した *opus* と *facere* が結合した *officium*「奉仕、務め、儀礼」に由来する。また、**sacrificio**「犠牲」といえば《*sacrum* 聖具、生贄 + *facere* 作る》のことであり、**beneficio**「利益、恩恵」は《*bene* 良く + *facere* 作る》である。そして、**artificio**「仕掛け、技巧」は《*ars* 技術 + *facere* 作る》という複合語に基づいている。その他、**modificar**「修正する」、**unificar**「統一する」、**verificar**「確かめる」などに共通する動詞語尾 -ficar や、**magnífico**「素晴らしい」、**pacífico**「平和な」などに共通する形容詞語尾 -fico が *facere* の異形態であり、それぞれの語源は *modificāre*「調整する」（< *modus* 尺度、方法 + *facere* 作る）、*ūnificāre*「統一する」（< *ūnus* 1 + *facere* 作る）、*vērificere*「真実として提示する」（< *vērus* 真実の + *facere* 作る）、*magnificus*「偉大な、華麗」（< *magnus* 大きい + *facere* 作る）、*pācificus*「平和的な」（< *pax* 平和 + *facere* 作る）である。

　ラテン語 *facere* の過去分詞は *factus* と変化する（これが英語に入り、fact「事実」になる）。ここに音韻変化が加わり、スペイン語は中世の fecho を経て現在の **hecho** になった。この語形は hacer の過去分詞であるとともに、「事実」を意味する名詞にもなる。したがって、**satisfecho**「満足した」（< *satis* 十分に + *factus* 作られた）という形容詞形に見る語尾は民衆語形であるのに対し、**artefacto**「装置」（< *ars* 技術 + *factus* 作られた）、**efecto**「結果、効果」（< *ex-* 外へ + *factus* 作られた）、**perfecto**「完璧な」（< *per-* 完全に + *factus* 作られた）、**infecto**「感染した」（< *in-* 中に + *factus* 作られた）など、-fact- や -fect- という語根はラテン語 *factus* をそのまま引き継いだ教養語形ということになる。もちろん、**efectivo**「効果的な」、**efectuar**「実施する」、**perfección**「完成」、**infectar**「感染させる」といった派生語はいずれも、過去分詞語幹 -fact- を基としている。「製造」を意味する **confección** もまた同族語であることを付け加えておこう。

　ラテン語 *facere* に接頭辞 *ad-* を付した合成語として *afficere*「働きかける」という動詞があり、さらにその過去分詞語幹から出た *affectāre*「つ

かむ、得ようと努める、装う」という動詞もあった。これがスペイン語の **afectar**「影響を及ぼす」になったことは一目瞭然であるが、もう一つ **afeitar**「ひげを剃る」という別の語の供給源にもなった。現代スペイン語の意味はラテン語の「装う」から発展したものであり、語形がafeitarであるのは音韻変化の途中段階で止まった半教養語が採り入れられたためである。ラテン語 *afficere* の名詞形は *affectiō*（対格 *affectiōnem*）といい、「作用、影響」を第一義としながら「心の状態、愛情、愛着」なども意味した。これが教養語形の **afección**「病気、疾病」の語源であると同時に、半教養語の **afición**「趣味」の語源にもなった。一見、両者に意味のつながりが感じられないかもしれないが、前者は「愛着」という心理を否定的に捉えたのに対し、後者は肯定的に捉えたと見なせば納得がいく。

　このように、「作る」を共通項とする語根 -fac-/-fec-/-fic- を含む語彙は現代スペイン語に豊富に存在し、同族語の大家族を形成しているのである。

「置く」を表す -pon- と -pos-：posición は poner の名詞形

　スペイン語の **poner**「置く」を生み出したラテン語は *pōnere*「置く」であり、不定詞について言えば、語形・意味ともにほとんど変化しないまま今日に至っている。ラテン語の過去分詞は *positus* だが、その異形態として語中母音 -i- が脱落した *postus* も用いられた。スペイン語の puesto という語形は後者が元になっている。この過去分詞語幹が名詞 *positiō*「置くこと、位置」（対格 *positiōnem*）を派生させ、スペイン語の **posición**「位置」になった。そして、「姿勢」を意味する **postura** は *pōnere* の未来分詞から来た語だ。

　スペイン語 poner は実に多種多様な接頭辞と結合する。しかも、そのほとんどは語の成立過程が見えやすい。たとえば、**componer** の意味が「組み立てる」になるのは「（さまざまな部品を）一緒に（*con-*）置

く（*pōnere*）」からである。物品を「外へ（*ex-*）置く（*pōnere*）」ことが**exponer**「展示する、表明する」であり、同じ場所に「何度も（*re-*）置く（*pōnere*）」ことが**reponer**「補充する」である。**disponer**「配置する、命令する、自由にし得る」なら《*dis-* 分離して＋置く *pōnere*》、**imponer**「課する」なら《*in-* 中に＋*pōnere* 置く》、**oponer**「対置させる」なら《*o*[*b*]- 向かって、逆らって＋*pōnere* 置く》、そして**transponer**「移転する」なら《*trans-* 超えて＋*pōnere* 置く》と分析することで、その成り立ちが容易にわかる。**proponer** の元の意味は「（考えを）前に（*prō-*）置く（*pōnere*）」であり、これが「意見を提示する」すなわち「提案する」になった。**suponer** の場合、原義は「下に（*su*[*b*]-）置く（*pōnere*）」であり、ラテン語では「従属させる、すり替える」などの意味で用いられた。ここからスペイン語では「仮定する、推察する、意味する」と意味が抽象化した。

　ラテン語過去分詞が *positus* と、母音の -i- が入っていたことの名残は、**propósito**「目的、意図」や **depósito**「預け入れ、保管所」といった語に見られる。前者は *prōpōnere*「提案する」の過去分詞 *prōpositus* から、後者は *dēpōnere*「下に置く、委ねる、捨てる」の過去分詞 *dēpositus* から出ている。

「所有」の -hab-/-hib-、「保持」の -ten-/-tin-

　現代スペイン語で「持つ」を意味する最も基本的な語は **tener** である。英語の have「持っている」の機能を担うのがスペイン語では tener だと言ってよい。しかしながら、中世のスペイン語では **haber**（当時の語形は aver）が英語の have に近い役割を果たしていた。たとえば、現代語なら "tengo hambre"「お腹が減っている」というところを中世においては "he hambre" と表現するのが普通だった。類似の文例は近世に入った 16 世紀まで文献上で確認され、17 世紀頃から廃れ始める。ラテン語に遡ってみると、所有動詞として最も一般的な語は *habēre* で、

tener の語源である *tenēre* はむしろ「つかむ、握る、保つ」といった意味であり、所有というより保持を表した。いわば英語の hold「保つ」の機能に近いものだったと考えればよい。たしかに、現代スペイン語で haber は、完了時制の助動詞と存在動詞としてしか用いられなくなっている（現在形の hay という語形は、3 人称単数の ha に、ラテン語 *ibī*「そこに」に由来する中世の副詞 ý が合体したものである）。ところが、元来はラテン語を継承して所有動詞の機能を果たしていたのは haber だった。

　haber が所有動詞であったことの名残は、-hab- を語根とする関連語の中に見出すことができる。たとえば、形容詞の **hábil**「器用な、熟練した、適した」がそうだ。直接の語源となるラテン語の *habilis* は「持ちやすい」を原義とし、「扱いやすい、手ごろな」を表した。また、名詞の **hábito**「習慣、癖」も語根に -hab- を含むことから haber の関連語である。語源の *habitus* はもともと *habēre* の過去分詞が名詞化したもので、「状態、態度」などの意味があった。この過去分詞を語幹として創られた動詞が **habitar**「居住する」で、「部屋」を意味する **habitación** がその名詞形という関係である。

　ラテン語では *habēre* が各種接頭辞と組み合わさると、語根の母音 -a- が -i- に変化した。つまり、**exhibir**「展示する」（<*ex*- 外に + *habēre* 持つ）や **prohibir**「禁止する」（<*prō*- 前に / 遠くに + *habēre* 持つ）に共通する語幹 -hibir とは haber の変異形だったのである。

　「〜すべきである」と義務を表す動詞 **deber** が、実はラテン語 *habēre* に接頭辞 *dē*-「〜から」を付した合成語だったと聞けば、意外に思われるのでないだろうか。古典ラテン語ではすでに *dēbēre* という語形で定着しており、「負債義務がある」の意味で用いられた。「分離」を表す接頭辞の *dē*- は、この場合、「奪い取られた」という意味に解釈されるようだ。つまり、「ある人から取り上げられた（*dē*-）何かを所持する（*habēre*）」ことから、「他人の所有物もしくは権利から取り上げられた何かを引き留めておく」が原義だったことになる。ここから、「負債を有する、返済義務がある」などの意味になった。ラテン語 *dēbēre* の過去分詞中性形 *dēbitum* が名詞化すると「義務、負債」の意味になる。こ

れが中世スペイン語の debda を経て、現代語の **deuda**「借金」になった。英語の debt「借金」も同じ語源である。

　所有動詞としての tener の用例は中世の早い段階から見られた。しかし、haber を抑えて台頭し始めるのは 15 世紀頃である。語根に -ten- を含むものはたいてい tener の関連語である。直接的な派生語として **tenedor**「フォーク」[→ 214 頁] や **tenaz**「頑固な」などがある。また、tener に各種の接頭辞を付した合成語は数多く存在し、そのほとんどは語の成り立ちが見えやすい。**contener**「含む、抑える」（< *con-* 共に + *tenēre* 保つ）、**obtener**「獲得する」（< *ob-* ～の利益のために + *tenēre* 保つ）、**sostener**「支える、支持する」（< *sub-* 下から + *tenēre* 保つ）、**detener**「止める、逮捕する」（< *dē-* 離れて + *tenēre* 保つ）、**retener**「引き留める、保持する、抑制する、天引きする」（< *re-* 再び + *tenēre* 保つ）、**mantener**「保つ、維持する」（< *manus* 手 + *tenēre* 保つ）、**abstenerse**「控える」（< *ab-* 離れて + *tenēre* 保つ）、**entretener**「楽しませる、引き留める」（< *inter-* 間に + *tenēre* 保つ）などが tener を基盤とする合成語である。最後の entretener の意味については、「人を飽きさせないよう、中で（entre-）引き留めておく（tener）」ことから、「楽しませる」になった。entretener については直接の語源となる動詞がラテン語に見出されず、俗ラテン語の **intertenēre* が由来元とされる。

　ラテン語では先述の *habēre* が合成語になると、-*hibēre* と母音変化を起こしたのと同様に、*tenēre* もまた語幹の母音は -e- から -i- に変化した。たとえば、**contener** の直接の語源は *continēre* という。そして、この動詞の第一義は「つなぐ」であったことから、*continuus*「つながった、連続した」という形容詞が派生した。これがスペイン語の **continuo**「連続した」および **continuar**「続ける、続く」の語源である。ラテン語 *tenēre* の過去分詞は *tentus* と変化した。すると、*continēre* の過去分詞は *contentus* となる。元来は「中に含まれた」という意味であったが、すでにラテン語の段階で *contentus* は「満足した」の意味で用いられていた。これがスペイン語では **contento**「満足した」としてそのまま継承されている。そして、動詞形の **contentar**「満足させる」は中

世ラテン語 *contentāre* に由来する。さらにもう一つ、*continēre* から派生した語がある。「大陸」を意味する **continente** である。この語は現在分詞から分出したもので、「連続している、隣接している」が原義だった。結果として見れば、contener、continuo、contento、そして continente という一見意味のつながりが感じられない語群の発生源が同じということになるわけだ。

「所属する」を意味する **pertenecer** にも -ten- という語根が含まれる以上は同族語である。語源は *pertinēre* で、「完全に（*per-*）保つ（*tenēre*）」ことから「広がる、狙う、関係する、属する」などを意味した。この動詞に起動相を表す語尾 -ecer を追加してできたスペイン語が pertenecer である。さらには、*pertinēre* の現在分詞もまたスペイン語に形容詞を供給している。それが **pertinente**「適切な」である。ここから、-ten- のみならず、-tin- という異形態の語根もまた tener の同族語であることが明らかとなろう。

収容、受容、把握、捕獲：-cab-/-ceb-/-cib-/-cap-/-cep-/-cip-/-cup- はすべて同根

前節で述べたラテン語の *habēre* は、語形・意味ともに英語の have と類似性が高いように見える。しかしながら、*habēre* と have は語源的に無関係である。英語の heart「心臓」、horn「角」、hundred「百」がそれぞれラテン語で *cor/cord-*（＞ス corazón）、*cornū*（＞ス cuerno）、*centum*（＞ス ciento）となるように、英語の h とラテン語の c [k] が一律に対応するのは偶然ではなく、グリムの法則という比較言語学の音韻対応法則に適っているからだ。そうなると、英語の have と語源を同じくするラテン語が *habēre* ではあり得ない。それでは、have と同根のラテン語動詞は何なのか。答えは *capere*「取る、つかむ」である。そして、この語に音韻変化が加わったスペイン語が **caber**「入り得る」である。なお、この動詞の直説法現在 1 人称単数形が quepo と変化するのは、ラテン

語 *capiō* の -p- と -i- が音位転換を起こして *caipo となり、quepo に転じたためだ（接続法現在の活用形が quepa, quepas... であるのも同じ理由による）。結果的には、一見何の関係もなく見える英語の have とスペイン語の caber が実は同じ起源に遡るということになる（ちなみに、ラテン語 *habēre* と語源を共有する英語は give「与える」である）。究極の語源であるインド・ヨーロッパ祖語は *kap-「取る、つかむ」といい、これがラテン語に capere を供給した。したがって、スペイン語語彙に -cap- という語根を見出したら、その語は caber（＝ラテン語 *capere*）と同族関係にあると見なして間違いない。つまり、何らかの形で「収容、受容、把握、捕獲」といった「つかむこと」や「収めること」に関連している。

　たとえば、**capaz**「有能な」、**capacidad**「容量、能力」、**capacitar**「能力、資格を与える」、**captar**「把握する」、**capturar**「捕獲する」などである。スペイン語の captar はラテン語 *capere* の過去分詞 *captus* を、capturar は未来分詞の *captūrus* を語幹としている。ラテン語における *captāre* には「つかもうとする、得ようと努める」というニュアンスがあり、これが俗ラテン語で *captiāre と変化した。この俗ラテン語を直接の語源とするスペイン語が **cazar**「狩りをする」である。さらには、この *captiāre に接頭辞 re- を付した *recaptiāre という語も創られ、「狩りで追跡する、撃退する」を意味した。これが古フランス語の rechacier を経由してスペイン語に入り、今では **rechazar**「拒否する」という語形で使用されている。つまり、cazar と rechazar は兄弟語でありながら、現代スペイン語へと至るルートが異なっていたがために語形に大きな違いが生じたのである。

　「カプセル」を指す **cápsula** もまた -cap- を語根に含み、意味が「収容」と関係しているがために同族語だと言える。ラテン語で「箱」のことを *capsa* といい、そこに縮小辞 -ula を付したものが cápsula だ（ラテン語で *capsula* は「小箱」のことだった）。ちなみに、ラテン語 *capsa* はカタルーニャ語に入って caixa となり、さらにこの語がスペイン語に入った際に音韻変化が加わって **caja**「箱」となった。結果的に caber と caja も同族関係ということになる。

ラテン語の過去分詞 captus は captīvus「捕虜」あるいは captīvāre「捕虜にする」という派生語を生み出した。これらにも音韻変化が生じ、それぞれ中世スペイン語の cabtivo や cabtivar を経て、現在の **cautivo**「捕虜」および **cautivar**「捕虜にする、虜にする」になった。したがって、この場合の語根 -cau- は -cap- の異形態ということになる。同様のことは、**recaudar**「徴収する」にも該当する。この動詞の直接的な語源は俗ラテン語 *recapitāre で、本来の古典ラテン語では receptāre「取り戻す」といった。これは後述する recipere「受け取る」の過去分詞 receptus に基づいて創られた姉妹語であることから、スペイン語 recaudar に潜んでいる語根 -cau- もまた、cautivo の -cau- と同じ要素ということになる。

　ラテン語では capere に接頭辞が加わると語根の母音が -a- から -i- または -e- に変化した。たとえば、re-「再び」と結合すると動詞形は recipere「迎え入れる、受け取る」になり、名詞形は receptiō「受け入れ」（対格 receptiōnem）になった。動詞の方には音韻変化が加わり、スペイン語の **recibir**「受け取る、迎える」ができ上がった（中世の語形は reçebir）。一方、名詞は音韻変化を経ずに **recepción**「受領、受付」として受け継がれた。つまり、前者のように語根に -cib- という有声音を含む方が民衆語であり、後者のように語根 -cep- とラテン語のままになっている方が教養語である。それゆえ、recibir と recepción に見られるのと同じ関係が、**concebir**「抱く、考え出す」（< con- 共に + capere つかむ）と **concepto**「概念」および **concepción**「着想」、あるいは **percibir**「感知する、受給する」（< per- 完全に + capere つかむ）と **percepción**「知覚、受給」についても当てはまる。

　スペイン語で語根に -cep- または -cip- を包摂する教養語は実に多数に上る。たとえば、近接の接頭辞 a[d]- と組み合わせたものが **aceptar**「受け入れる」である。「分離・反対」を表す dē を付した名詞が **decepción**「失望、落胆」で、大元となるラテン語は「欺く、気づかれない」を意味した dēcipere である。スペイン語動詞の **decepcionar**「落胆させる」は名詞から創られた。接頭辞 ex-「外へ」を冠した語が **excepto**「〜を除いて」や **excepción**「例外」であり、prae-「前もって」

を付けた語が **precepto**「戒律」（< *prae-* 前に + *capere* つかむ＝先取りする、先手を打つ、指図する）である。他に、「部分」を意味する parte（< ラ *pars*「部分」）との複合語である **participar**「参加する」、ante「前に」との複合語である **anticipar**「早める」（< ラ *anticipāre*「先取りする」）といった語もある。「始め、原理、原則」を意味する **principio** に含まれる -cip- もまた *capere* のことで、語源となるラテン語 *principium*「始め、原理」は《*prīmus* 先頭の + *capere* つかむ》という形態素に分析できる。その形容詞形が **principal**「主要な」である。

　　-cup- という語根もまた -cap- の異形態である。たとえば、**ocupar** が「占領する」を意味するのは「ライバルに反して（ob-）先んじて場を獲る（*capere*）」からだ。そして、自分の心身を占拠された状態が **ocupado**「忙しい」である。さらに ocupar に接頭辞 pre- を追加すると **preocupar**「心配させる」になる。もともとラテン語で *praeoccupāre* とは「前もって（prae-）占拠する」ことから「機先を制する」の意味であり、「心配する」の意味はなかった。スペイン語に入り意味が「心配する」に変わったのは、「精神を前もって占拠してしまう状態」を preocupar と言い表すようになったためである。

　　recuperar「回復する」にも -cup- が含まれていることから *capere* の同族語である。ラテン語でも *recuperāre* といい、意味も同じ「回復する」だった。ただし、これに音韻変化が加わった民衆語もスペイン語に伝わった。それが **recobrar**「取り戻す」である。つまり、recuperar と recobrar は二重語である。そして、この recobrar から接頭辞の re- を取り除いて新たに創られた語が **cobrar**「（給与・代金を）受け取る」である。ラテン語に cobrar の直接の語源となる語は存在せず、この語は recobrar が《re- + cobrar》という合成語であるという誤認に基づいて生み出された稀有な事例だ。

　　結果として、-cap-/-cep-/-cip-/-cup- という -c ＋母音 + p- から成る語根、および -cab-/-ceb-/-cib- という -c ＋母音 + b- から成る語根が含まれた語はすべて、「収容、受容、把握」などを意味の共通項としながら、*capere* に起源を発する同族語の大家族を構成していることになる。

取る、進める、実行する

　「取る」を意味する基本語は **tomar** である。ところが、tomar はきわめて頻度の高い動詞の一つでありながら語源は不詳である。ラテン語で「取る」を意味する最も一般的な動詞は *sūmere* といった。この語はスペイン語で **sumir**「沈める」となって存続しているとはいえ、意味が原義からあまりにも大きく離れているように見えるであろう。ラテン語 *sūmere* はスペイン語の tomar と同様に「養分を摂取する」という意味でも使用された。つまり、飲食物を飲み込むというイメージから、物を地中や水中に「埋める、沈める」といった意味に転じたのだった。むしろ、「取る」という *sūmere* の本来の意味は、**asumir**「（任務を）引き受ける」（< *a[d]*- 〜へ + *sūmere* 取る）、**consumir**「消費する」（< *con*- 共に + *sūmere* 取る）、**resumir**「要約する」（< *re*- 再び + *sūmere* 取る）といった合成語の中に生き続けている。sumir を語幹とする他の合成語として **presumir**「自惚れる、推測する」がある。語源は *praessūmere* で、「先取りする、先行する、推測する」といった意味の他動詞だった。スペイン語の presumir は前置詞 de を伴った自動詞としても用いられ、「自惚れる、自慢する、気取る」といった意味になるものの、この用法はラテン語になかった。他人に「先んじる」行為は無遠慮で大胆な振る舞いであることから、「自己を大きく見せる、自慢気に振る舞う」という意味を経て「自惚れる」となった。

　ラテン語 *sūmere* の完了形は *sumpsī*（1単）に、過去分詞は *sumptus* に変化した。*sūmere* には「買い求める」あるいは「（何かを得るために）浪費する」といった意味もあった。そのため、過去分詞の *sumptus* は「浪費」を意味する名詞として独立し、ここから（語中の -p- が脱落して）スペイン語の **suntuoso**「豪華な、贅沢な」が派生した。また、ラテン語 *assūmere*「引き受ける」の過去分詞は *assumptus* であり、こちらはスペイン語に **asunto**「出来事、事件」という名詞をもたらした。同様に、**presumir** の形容詞形が **presunto**「推測された」、名詞形が **presunción**「自惚れ、推測」になるのもラテン語の過去分詞語幹に由来するため

だ。ただし、consumir の名詞形 **consumo**「消費」と resumir の名詞形 **resumen**「要約、レジュメ」はそれぞれスペイン語動詞から直接派生した。

英語の do のような広義で「する、行う」を表す動詞はスペイン語の場合なら hacer が担っている。しかし、ラテン語では *agere* という動詞がそれに近かった。この *agere* の過去分詞が *actus* であり、スペイン語には男性名詞として **acto**「行為、行事」、女性名詞として **acta**「議事録」となって引き継がれている。スペイン語で語根に -act-/-acc-/-ag- が混じった語はすべて、ラテン語の *agere* および *actus* のことである。こうした語彙群は枚挙に暇がなく、**acción**「行動」および **reacción**「反応」、**agencia**「代理店」、**agitar**「振る、動揺させる、扇動する」、**ágil**「迅速な」、**activo**「活発な、積極的な」、**actividad**「活動」、**actitud**「態度」、**actual**「現在の」など多数がある。これらの語彙群の意味からも明らかなように、-act-/-acc-/-ag- には単に「行う」という意味のみならず、「推進、活性化」といった行為を積極的に推し進めるようなニュアンスがある。

ラテン語 *agere* に接頭辞が追加されると、語根の母音は -i- に変化した。たとえば、接頭辞 ex-「外へ」と *agere* が組み合わさると *exigere* となり「追い出す、厳しく取り立てる、吟味する、熟考する」などの意味を表した。これがスペイン語 **exigir**「強要する」の語源である。形容詞形の **exigente**「口やかましい」はラテン語の現在分詞であり、*exigere* の過去分詞から生み出された形容詞が **exacto**「正確な」（<ラ *exactus*「入念に調査された、周到な」）である。また、re-「再び」と結びつくと *redigere* となり、「（家畜を）追い立てて戻す」や「（敵を）追い返す」を第一義として、「（元の状態に）戻す」の意味で用いられた。この過去分詞形 *redactus* を基にして、「復元する」という意味がさらに特殊化して現れたスペイン語が **redactar**「編集する、文章化する」である。

ラテン語の *agere* は *castus*「貞潔な」という形容詞とも複合語を形成した。それがスペイン語の **castigar**「罰する」である。ただし、中世において castigar は「しつける、教育する」の意味でも用いられており、

元来は「（外れたものを）貞潔にする、正当化する、矯正する」であったことがわかる。

-prim-/-pres-/-puls- はいずれも「押す」

　スペイン語で、たとえば扉などを「押す」ときの動詞は **empujar** である。語源は後期ラテン語の *impulsāre* で、これに一切音韻変化が生じていない **impulsar** と二重語を形成する。教養語である後者の impulsar は「促進する、推進する、駆り立てる」といった抽象的な意味合いが強い。もっとも、古典期のラテン語に *impulsāre* という語形はまだ存在せず、「押す、促す」のことは *impellere* といった。この過去分詞である *impulsus* が語幹となって後期ラテン語において創作された。キーボードなどを「叩く」という意味での押し方はスペイン語で **pulsar** という。こちらはラテン語 *pulsāre*「叩く、駆り立てる」の直系だが、その大元は *pellere*「押す」という動詞で、その過去分詞を *pulsus* といった。つまり、*pellere* と *pulsāre* は姉妹語である。そこで、語根に -puls- を含む語はいずれも「促進」に関係することになる。たとえば、**pulso** といえば「脈」のことである。**expulsar** は「外へ（*ex-*）駆り立てる（*pulsāre*）」ことから「追い出す」になる。**compulsar**「照合する」の場合は「共に（*con-*）叩く（*pulsāre*）」ことから、ラテン語で *compulsāre* は「激しく打つ、争う」の意味だった。

　スペイン語でスイッチのボタンなどの「押す」には **oprimir** が使用される。この語自体も合成語で、形態素は《*o[b]-* ～に向かって＋ *premere* 押す》と分析でき、基本となる語源のラテン語は *premere*「押す」である。基底の形態素が -primir という形になっている動詞は他に、**imprimir**「印刷する」（< *in-* 中に＋ *premere* 押す）、**reprimir**「（感情などを）抑える、抑圧する」（< *re-* 何度も＋ *premere* 押す）、**suprimir**「廃止する、削除する」（< *su[b]-* 下から＋ *premere* 押し上げる＝圧迫する）などがある。これらの例からわかるように、ラテン語では、同じ「押す」

でも前述の *pellere* は「促進、推進」という背中を押すようなイメージであったのに対し、*premere* のニュアンスは「圧迫」であり、上から押さえつけるようなイメージを基調としている。この *premere* は過去分詞が *pressus* と変化した。oprimir、imprimir、reprimir、suprimir の名詞形がそれぞれ **opresión**「圧迫」、**impresión**「印刷、印象」、**represión**「抑圧」、**supresión**「廃止、削除」であるのは、名詞形が過去分詞を語幹としているからである。したがって、語根 -prim- も -pres- も出所は同じで、いずれも「圧迫」に関係することになる。

ラテン語には接頭辞 *ex-*「外へ」と *premere* が結合した *exprimere* という動詞もあり、「押し出す」を第一義としながら、「生み出す、模造する、表現する」などの転義を持っていた。ここから派生した名詞形 *expressiō*（対格 *expressiōnem*）は「押し出すこと」から「生き生きとした描写」の意味で用いられ、過去分詞 *expressus* は「明確な」という形容詞にもなった。これらがスペイン語の **expresión**「表現」や **expresar**「表現する」へと連なる。

ラテン語の基本動詞 *premere* をそのまま引き継ぐ動詞はスペイン語に存在しないが、名詞形の *pressiō*「圧力」（対格 *pressiōnem*）は **presión**「圧力」として存続している。なお、スペイン語で「圧力をかける」という意味の「押す」は、名詞形から創作した **presionar** である。

ラテン語の過去分詞 *pressus* の中性複数形 *pressa* が名詞化し、中世のスペイン語で priesa という語になった。これが現代語の **prisa**「急ぎ」になる。ここから、prisa の原義は「切迫」であったことが読み取れる。スペイン語で「急ぐ」を表す慣用表現が "darse prisa" となるのは、「自分に切迫感を与える」からである。さらに、ラテン語 *pressa* が元になっている語がある。「印刷物」や「報道機関」を意味する **prensa** である（英語は press「報道機関」）。こちらはラテン語からいったんカタルーニャ語の premsa「圧搾機、印刷機」を経てスペイン語に導入された。そのため、語根がやや異なるとはいえ、「圧迫」を共通項とする同族語であることに変わりはない。

「引く」を表す -tra(c)t- と -duc-：力づくで引っ張るか、軌道に沿って導くか

　反対に、「引く」はどうであろうか。最も一般的な **tirar** は語源不詳である。ラテン語で最も頻度が高い「引く」は *trahere* といった。これがスペイン語 **traer**「持ってくる」の語源である。この動詞の点過去が traje, trajiste... と変化するのは、ラテン語の *traxī, traxistī...* に音韻変化が加わった語源形を受け継いだからである。ラテン語 *trahere* の過去分詞は *tractus* といい、ここに音韻変化が生じてスペイン語に名詞を提供した。それが **trecho**「距離」である。一方で、**tractor**「トラクター、牽引車」のように、-tract- という語根を残す語は過去分詞 *tractus* を基盤とする教養語である。

　この traer（<ラ *trahere*）もまた各種の接頭辞と組み合わさって、多くの同族語を生み出した。具体的には、**atraer**「魅了する」（<*ad-* ～へ + *trahere* 引っ張る）、**contraer**「縮める、（約束を）結ぶ、身につける」（<*con-* 共に + *trahere* 引く）、**distraer**「気をそらす」（<*dis-* 分離 + *trahere* 引く）、**extraer**「抽出する」（<*ex-* 外へ + *trahere* 引き出す）、**sustraer**「取り去る、引き算する」（<*sub-* 下から + *trahere* 引き抜く＝取り去る）などである。それぞれの名詞形や形容詞形は過去分詞語幹が基となっているため、-trac- という語根を含むものが多い。たとえば、**atracción**「引力、魅力」、**contracción**「収縮」、**distracción**「気晴らし、楽しみ」、**extracción**「摘出、抽出」、**extracto**「要約、抜粋」、**sustracción**「除去、引き算」のようになる。また、「抽象的な」を意味する **abstracto** も同類で、接頭辞 *abs-*「離れて」と *trahere* から成る *abstrahere*「引き離す」というラテン語動詞の過去分詞 *abstractus*「引き離された」に由来する。

　ラテン語 *trahere* にも、過去分詞を基にした *tractāre* という姉妹語があった。原義は「引きずる、引き回す」で、これが転じて「（手で）操作する、手当てをする、（人を）扱う、処置をする」といった多様な意味を帯びるようになった。この *tractāre* がスペイン語 **tratar**「待遇する、交際する、処置をする、（題材を）取り上げる」の語源である。また、

接頭辞 con- と結合したラテン語 contractus は「縮めること」を第一義としながら、すでに「契約」の意味があった。スペイン語の **contrato**「契約」はこれを継承したものである。

ラテン語 trahere を出発点とする語として、他のロマンス語を経てスペイン語に入った語について述べておこう。一つは **tren**「列車」である。直接の語源はフランス語の train「列」だが、元は俗ラテン語の *traginare（<ラ trahere）を基とする traîner「引っ張る」という動詞がフランス語にあり、train はこれの名詞形として用いられた。それゆえ、究極的には tren も traer と関連があることになる。二つ目は **retrato**「肖像画」である。こちらはイタリア語 ritratto からの借用語で、ラテン語 retrahere「後ろに引く、後退させる」から変化した ritrarre「引っこめる、描写する」の過去分詞が名詞化したものである。元々「線を引く」が転じて「（肖像を）描く」へと発展した。結果として、語根に -trac-/-tract-/-trat- を含む語は「引く、引き出す」を共通項として、「抽出、痕跡、牽引、描写」などに関する意味を持つことになった。

今や日常生活に欠かせない **ducha**「シャワー」はイタリア語 doccia からの借用語である。そのイタリア語 doccia の語源はラテン語の ductiō「水を引くこと」（対格 ductiōnem）で、さらには、この名詞の元となった動詞 dūcere「引く、引き出す、導く」にたどり着く。同じ「引く」でも trahere には「牽引」や「引きずり」というイメージがあったのに対し、dūcere の方は「軌道に沿って導く」という意味合いが強い。そこで、この動詞の過去分詞が ductus だと知れば、「水道橋」のことをなぜスペイン語で **acueducto** というのかを説明するのは容易い。「水（aqua）を引いてきた線（ductus）」という合成語だからである。

ラテン語 dūcere もまた合成語の一部としてスペイン語のさまざまな動詞に組み込まれている。たとえば、**introducir**「導入する」（< intro- 中へ + dūcere 導く）や **traducir**「翻訳する」（< trans- 超えて + dūcere 導く＝連行する、場所を移す）、あるいは **deducir**「推論する、控除する」（< dē- 分離 + dūcere 導く＝引き下ろす）といった語がそうである。現代でこそ「運転する、導く」を表す **conducir** の語源はラテン語 condūcere（< con-

共に + *dūcere* 導く）だが、当時は「集める」の意味だった。**producir**「生産する」の語源 *prōdūcere*（< *prō-* 前に + *dūcere* 導く）の第一義は「連れ出す」であり、re-「再び」と *dūcere* から成る **reducir**「減らす」は「連れ戻す、後へ引き込む、撤退させる」などの意味で用いられていた。「そそのかす、誘惑する」のことである **seducir** も同類で、接頭辞の *sē* は「切断」を表すことから、語源の *sēdūcere* とは「引き離す、正道を踏み外させる」を原義として「誘惑する」になった。「教育する、しつける」に見る **educar** の語幹も同様である。ただし他と違って、この動詞だけは -ar 型である。直接の語源はラテン語 *ēducāre*「養育する」で、この動詞はもともと存在した *ēdūcere*「引き出す、進軍させる」（< *e[x]-* 外へ + *dūcere* 引き出す）を基に創られた姉妹語である。

「譲渡」に関する語彙：意外に多い dar の複合動詞

　次の 3 つの動詞 **vender**「売る」、**perder**「失う」、**rendir**「屈服させる、捧げる、（成果を）生み出す」の共通点を問われたら、どのように答えるであろうか。共通点など何一つないように思われたとしても無理はない。これらが実は同根であることを見抜くのは至難の業であろう。実はいずれも dar を基盤とした複合動詞である。それぞれをラテン語に遡ると、vender の語源 *vendere* は《*vēnus* 売却 + *dare* 与える＝売却する》、perder の語源 *perdere* は《*per-* 完全に + *dare* 与える＝与え切る、失う》、そして rendir の語源 *reddere* は《*re-* 再び + *dare* 与える＝身柄を引き渡す、返却する、相手に服する、再生する、生産する》と分析できる。なお、**mandar** も dar を基にした複合語《*manus* 手 + *dare* 与える》である［→ 137 頁］。

　そこで、基本動詞の dar そのものについてまずは触れておく必要がある。語源はラテン語 *dare* である。スペイン語 dar の点過去が di, diste, dio... という特殊な変化をするのは、ラテン語 *dare* の完了時制 *dedī, dedistī, dedit...* という変化を踏襲しているためである。したがって、dar

の点過去を現代文法の枠組みから眺めればたしかに不規則変化だが、歴史的観点からみれば音韻変化法則に適っていることになるわけだ。ラテン語の過去分詞中性形 *datum*「与えられたもの、贈り物」は **dado**「さいころ」という民衆語と **dato**「データ」という教養語をスペイン語に供給した。つまり両語は二重語である。dar と関連する名詞形はまだある。「天賦の才能」を示す男性名詞の **don**、それから男性名詞で「持参金」、女性名詞で「素質」を表す **dote** である。前者はラテン語 *dōnum*「贈り物」に、後者は *dōs*（対格 *dōtem*）「持参金、天賦の才能」に由来し、遡ればいずれも *dare* を基盤とする名詞であったことが知られている。

　dar が意外なところに隠れている語は他にいくつも存在する。**súbdito**「臣下」（< *subdere* 服従させる < *sub-* 下に + *dare* 与える）、**añadir**「付け加える」（< 中ス eñadir < **in* 中に + *ad-* ～へ + *dare* 与える）、**edición**「発行、版、回数」（< *ēdere* 出版する < *e[x]-* 外へ + *dare* 与える）、**tradición**「伝統」（< *trādere* 引き渡す、後世に伝える < *trans-* 超えて + *dare* 与える）などである。最後に挙げた tradición の語源である *trāditiō[nem]* には「知識の伝承」という意味もあったが、むしろ「降伏時の身柄の引き渡し」といった意味で用いられた。このラテン語が半教養語としてスペイン語になった語が **traición**「裏切り」である。意味の関連性を全く感じさせない tradición と traición が実は二重語であったという事実は興味深い。

　ラテン語 *dare* には *dōnāre* という姉妹語があり、「贈る」を意味した。ちょうど英語の to give と to gift の関係に近いと言えよう。現代スペイン語で「贈呈する、プレゼントする」の意味には **regalar** というフランス語借用語が一般的だが、**donar** というラテン語直系語も「寄贈する」というやや特化した意味で併用されている。**donación**「寄贈」、**donativo**「寄付」、**donante**「寄贈者、ドナー」などは donar の派生語である。

　この donar の前に接頭辞 per-「～を通して」を追加すると **perdonar** ができ上がる。直接の語源は後期ラテン語の *perdōnāre* で、「完全に寄贈する、すべてを与えてしまう」が転じて「許す」になった。スペイン語で謝罪の意を表す最も一般的な語である **perdón** は、この動詞ありき

で生まれた派生語だ。

misión「使節」と misil「ミサイル」の共通点？：「発射、派遣」を表す -met-/-mit-/-mis-

スペイン語には **permitir**「許す」、**remitir**「発送する」、**transmitir**「伝達する」など、-mitir で終わる動詞がいくつもある。基本となる形態素 -mitir は **meter**「入れる」と同じ語源で、ラテン語の *mittere* のことである。-mitir が教養語、meter が音韻変化を経た民衆語だ。*mittere* の原義は「投げる」だった。ここから、「発する、放つ、発射する、投げ捨てる」といった「発射・発散」にかかわる意味で用いられ、なおかつ「送る、派遣する」の意味もあった。なお、ラテン語 *mittere* の過去分詞は *missus* という。この最後の意味を最もよく今日に伝えている語が **misión**「使節、伝道、使命」（＜ラ *missiō*[nem]「派遣」）や **misionero**「宣教師」である。一方、「投げる、放つ」といった物理的な意味を受け継いだのが民衆語の meter で、今日の「入れる」になった。

　-meter という形態素に基づく合成語に **prometer**「約束する」がある。語源となるラテン語 *prōmittere*「約束する」とは「あらかじめ（*prō-*）発して告げておく（*mittere*)」ことだった。スペイン語で名詞形の「約束」が **promesa** になるのは、ラテン語過去分詞 *prōmissus* の中性複数 *prōmissa* に由来するからである。この prometer に接頭辞 con- をさらに足すと **comprometer** になる。意味は「約束」を超えて、「責任を負わせる、委ねる、危険にさらす」（再帰動詞 **comprometerse** で「引き受ける」）とやや重い意味になる。ところが語源となるラテン語 *comprōmittere* は「妥協する、示談する」で、若干スペイン語と用法がずれていた（英語の compromise がこの意味を踏襲している）。

　スペイン語 **someter**「服従させる」や **cometer**「犯す」も同系の語である。前者 someter の接頭辞 so- とは sub-「下に」のことで、ラテン語 *submittere* は「下に投げ込む」が転じて「服従させる」になった。

対して、後者 cometer の方は原義からの意味変化が甚だしい。ラテン語 *committere*（< *con*- 共に + *mittere* 投げる、送る）とは「競争させる、対比させる」ことを意味した。これが「悪事を行う」へとつながった。中世のスペイン語では cometer にさらに「接近」を表す接頭辞 a[d]- を追加した **acometer**「襲撃する」が創られている。一方、ラテン語 *committere* は「委託する」の意味でも使用されており、現代スペイン語の cometer も商業用語としては「委託する」で用いられることがある。このことから、名詞形の **comisión** がなぜ「委員会、委託」を表すのかが理解できる（「手数料」という意味での使用例も多い）。ちなみに **comité**「委員会」という語も関連語にちがいないが、こちらは英語の committee が出発点であり、18 世紀になってからフランス語の comité を経由して外来語として採り入れられた新語だ。

　次に、-mitir という教養語の語形を留めた同族語を見てみよう。まず、**admitir** がある。この語は「接近」の ad- を接頭辞としていることから、「〜へ入ることを許す」すなわち「入学・入場を許可する」の意味で用いられる。ラテン語 *admittere* も「入ることを許す」が第一義だった。スペイン語で「許可」を表す最も一般的な動詞は **permitir**「許す、許可する」である。語源となるラテン語 *permittere* は「完全に（*per-*）投げ込む（*mittere*）」ことから、「引き渡す、譲る、好きにさせる」の意味へと転じた。これが今日の permitir へとつながる。その他、**emitir**「放送する、発行する、放射する」（< *e[x]*- 外へ + *mittere* 発する、送る）、**remitir**「発送する」（< *re*- 再び + *mittere* 発する、送る）、**transmitir**「伝達する、中継する」（< *trans*- 超えて + *mittere* 発する、送る）、**omitir**「省略する」（< *o[b]*- 妨げ + *mittere* 発する、送る＝放棄する、撤退する、無視する）などがある。

　もう一つ関連語がある。**misil**「ミサイル」である。もっとも、この語は英語 missile からの借用語であり、軍事用語として 20 世紀以降に使用され始めた新語である。しかし、語源はラテン語にまで遡り、*mittere* の形容詞形 *missilis*「投げられる」もしくは中性形を名詞化した *missile*「飛び道具」がその供給源である（古代ローマ皇帝が民衆に投げ与える祝儀

も *missile* といった）。結果的に、misil の語根 mis- は misión の mis- と同一の要素ということになる。

多彩な語彙を提供した語根 -fer-：「運ぶ」に始まる多様な意味

　スペイン語には **preferir**「～より…を好む」、**referir**「語る、参照させる」（**referirse** で「言及する」）、**diferir**「延期する、異なる」、**conferir**「授与する」、**transferir**「移す、送金する」など -ferir という形態素を基本とする動詞が多数存在する。この -ferir という要素はラテン語動詞 *ferre*（直説法現在 1 単 *ferō*）のことで、「運ぶ」を意味する最も一般的な動詞だった。この動詞の起源はインド・ヨーロッパ祖語 *bher-「運ぶ」にまで遡り、英語の bear「耐える、運ぶ」と同根である。とはいえ、ラテン語の *ferre* そのものを受け継ぐスペイン語動詞は存在しない。もはや現代スペイン語においては自律的な語彙としてではなく、何らかの複合動詞の一部を構成する要素としてのみ存続する。

　上述の 5 つのスペイン語動詞の意味を見るかぎりでは共通項を捉えにくいかもしれない。しかし、共通の語根 -fer- を含む以上は、いずれの動詞も何らかの形で「運ぶ」と関係するはずである。語源に遡って分析してみよう。preferir はラテン語 *praeferre* から来ており、「前に（*prae*）持ってくる（*ferre*）」ことから「A より B の方を優先する、好む」になった。派生語の **preferencia**「優先権」、**preferente**「優先的な」、**preferible**「望ましい」といった語は 17 世紀以降に登場する。referir は *referre* からであり、「再び（*re-*）持ってくる（*ferre*）」ことから、「（特に情報を）持ち帰る」すなわち「報告する」になった。ここから、「語る、参照させる、言及する」といった意味に移行した。派生語の **referencia**「言及、参照」や **referente**「～に関する」が使用され始めるのは 18 世紀以降で、比較的歴史は浅い。さらに、referir との関連語として **referéndum**「国民投票」があり、これはラテン語の動形容詞で、「報告されるべきこと」が原義であった。**diferir** はラテン語 *differre* に由来し、

「分離して（*dis-*）運ぶ（*ferre*）」ことから、「広げる、延期する」になった。さらに、何かを広げていけばいくほど、そこに差異が生じる。つまり、「拡張・延長すること」は「異ならせること」でもある。これがdiferir の第二の意味「異なる」の始まりであり、名詞形 **diferencia**「差異」や形容詞形 **diferente**「違った」へと連なる。**conferir** の語源であるラテン語 *conferre* は「共に（*con-*）運ぶ（*ferre*）」ことから「寄せ集める」が第一義だった。ここから「衝突させる、討議する、授ける」などの意味に転じた。この意味がさらに発展し、今日のスペイン語では名詞形の **conferencia** が「講演、会議、長距離通話」の意味で用いられている。そして、**transferir** は「超えて（*trans-*）運ぶ（*ferre*）」ことから、「移送、移植、移譲」など「場所・所有権などを移し替える」ことを意味し、ラテン語 *transferre* からほとんど意味を変えずにスペイン語に伝わっている。名詞形は **transferencia**「移動、移送、振込」である。これら以外に **interferir**「干渉する、妨げる」もあるが、これは英語 interfere を借用したもので、語源となる語がラテン語には存在しない。

　形態素 -ferir には -frir という変異形も見られる。その典型が **sufrir**「苦しむ、被る、患う」である。語源のラテン語 *sufferre* は *sub-*「下に」と *ferre* の合成語であり、「下から運ぶ、差し出す」が元の意味だった。この意味が抽象化し、「耐える、持ちこたえる」に転じた。この用法が現代スペイン語の sufrir を生み出した。

　ofrecer「提供する」も *ferre* の同族語だ。中世のスペイン語は ofrir で、ラテン語 *offerre* から発している。「〜に向けて（*ob-*）運ぶ（*ferre*）」ことから、「提示する、差し出す、提供する」などを表すようになった。現代語の語尾 -ecer は起動相を表す語尾で、後に追加されたものである。

　ラテン語 *ferre* の過去分詞は *lātus* という特殊な語形に変化する。そこで、ラテン語 *referre*「報告する」の過去分詞は *relātus* になる。この過去分詞語幹を基として創られたのが **relato**「話、物語」や **relación**「関係、報告」である。動詞の **relacionar**「関連づける」はロマンス語になってから派生した語形だ。16 世紀のドミニコ会宣教師ラス・カサスが新大陸における先住民の惨状を訴えた『インディアスの破壊に

ついての簡潔な報告』と訳される書物の原題は *Brevísima relación de la destrucción de las Indias* という。ここに relación の本来の意味が表れている。現代のような通信技術が未発達の時代、異郷を訪れた人物の「報告」は貴重きわまりない資料だった。「報告」とは「持ち帰るもの」であり、「語り」であり、後々繰り返し「参照される」ものでもある。referir と relato や relación は一見何の関係もない語に映るかもしれないが、実は同一の語（*referre*）から発した不定詞と過去分詞の関係だった。

　一目で「運ぶ」との関連がわかりづらいかもしれないが、形容詞 **fértil**「肥沃な」に見る fér- の部分もその正体は *ferre* である。直接の語源 *fertilis* とは「多くをもたらすことができる」を原義とした。ここから「多産な、肥沃な」の意味になった。

　ラテン語 *ferre* には *fors* という名詞形があり（対格 *fortem*）、「もたらすもの＝運、偶然」の意味で用いられた。この名詞に基づいてできたラテン語が *fortūna*「幸運」、すなわちスペイン語の **fortuna**「幸運」である。形容詞形の **afortunado**「幸運な」は中世のスペイン語で創られた。したがって、fortuna の語頭の f- は -ferir の -f- と起源が同じということになる。

gesto「ジェスチャー」、gesta「武勲詩」、gestión「処置」：語根 -gest- とは？

　「運ぶ」を意味するラテン語は *ferre* だけではない。*gerere* も似たような意味で用いられた。そして *gerere* には「行動する、処理する、管理する、生み出す」などの意味もあった。この中で、「管理」の意味を最もよく受け継いでいるスペイン語が「マネージャー」や「支配人、取締役」など組織の重役を指示する **gerente** である。ラテン語 *gerere* の過去分詞は *gestus* といった。これの男性形がスペイン語に入ると **gesto**「身振り、ジェスチャー」になり、女性形 *gesta* の方は **gesta**「功績、武勲詩」になった。つまり、gesto と gesta は二重語であり、いずれも「行

動、振る舞い」という意味が発展したものである。「管理」の意味を今日に伝える名詞が **gestión**「処置、手続き、管理」で、現代において事務用語には欠かせない語となっている。

　ラテン語 *gerere* をそのまま受け継ぐスペイン語動詞は存在しないが、さまざまな接頭辞と組み合わせた合成語なら見られる。たとえば **sugerir**「提案する、示唆する」がその好例だ。語源となるラテン語 *suggerere* は「下に（*sub-*）運ぶ（*gerere*）」ことから「積み上げる、後ろに据える、供給する」などの意味で用いられ、さらに「提案する、示唆する」へと発展した。そのため、現代では sugerir の語幹 -ger- と gerente の -ger- とが同一のものであることが完全に隠れてしまっている。**digerir**「消化する」、および名詞の **digestión**「消化」にも語根 -ger- と -gest- が含まれている。ラテン語 *dīgerere* に由来し、「離れて（*dis-*）運ぶ（*gerere*）」とは「分割する、割り当てる、分類する、整える」などの動作を意味した。現在の「消化する」の意味になったのは、「食べたものを分解して体中に割り当てる」からで、digerir という語自体は 15 世紀頃から用いられ始めている。

　語根に -gest- を含みながら、「運搬」という意味のつながりが見えにくい語が他にもある。たとえば **congestión**「充血、渋滞」である。もともとラテン語に *congerere* という動詞があり、文字通り「共に（*con-*）運ぶ（*gerere*）」ことから「寄せ集める、積み重ねる、詰め込む」などを意味した。この名詞形 *congestiō*（対格 *congestiōnem*）には「堆積」の他に「充血」の意味がすでにあった。スペイン語動詞の **congestionar**「充血させる、渋滞させる」は名詞から二次的に創られた派生語だ。

　「登録（簿）」や「検査」を意味する **registro** とその動詞形 **registrar**「登録する、検査する」に含まれる -gist- も実は -gest- の異形態である。直接の語源は *registrum* だが、古典ラテン語では *regesta*（< *regerere*「元に戻す」）という語形が「目録」の意味で用いられた。この名詞の異形態である *registrum* は中世になってから用いられ始めた語形で、これがスペイン語に registro をもたらした。動詞 registrar は名詞から出た派生語である。

同根の deporte「スポーツ」と oportunidad「チャンス」: -port- でつながる関係

　ラテン語にはもう一つ「運ぶ」を表す動詞がある。*portāre* である。現代スペイン語にもラテン語とほぼ同形で同義の **portar** があるものの、他動詞としてはあまり使用されず、むしろ再帰形の **portarse**「振舞う＝自分自身を運ぶ」のほうが比較的頻度は高い。ただし、**portátil**「持ち運びできる、携帯用の」という形容詞に「運ぶ」という本来の意味が表れている。接頭辞 con-「共に」を付けた **comportar**「もたらす」と **comportarse**「振舞う、行動する」もほぼ同じような用法だ。もっとも、語源となるラテン語の *comportāre* には「集める」の意味しかなかった。いずれの動詞も規則活用であり、語幹母音 -o- が短母音であるにもかかわらず母音変化（o → ue）を起こさないのは、これらがスペイン語では中世以来好んで用いられてきた語ではなく、どちらかといえば外来語もしくは半教養語として認識されていたからであろう。

　ラテン語 *portāre* の名詞形が *portus*「港」と *porta*「扉、出入口」である。それぞれがスペイン語の **puerto**「港」と **puerta**「扉」になる。いずれも「人や物が運び込まれ、通過していく場所」である。スペイン語の puerto には「港」のみならず「峠」の意味があるのは、不特定多数の人や物が通過していくイメージから来るのであろう。ラテン語で「門番」のことは、*porta* に基づいて *portārius* といった。これがスペイン語の **portero**「守衛」になる。そして、この語がサッカー用語に転用されると「ゴールキーパー」を指す。

　スペイン語に -port- を語根として持つ語は数が多く、語形成の成り立ちもたいへん認識しやすい。たとえば、**aportar**「もたらす、寄与する、拠出する」（< *a[d]*- 〜へ ＋ *portāre* 運ぶ）、および **transportar**「運搬する、輸送する」（< *trans*- 超えて ＋ *portāre* 運ぶ）がそうした例である。**exportar**「輸出する」（< *ex*- 外へ ＋ *portāre* 運ぶ）と **importar**「輸入する、重大事である」（< *in*- 中へ ＋ *portāre* 運ぶ）の形成過程も同様に明らかである。ただし、商品の輸出入という概念自体が近代的であ

り、現に exportar と「輸入する」の意味の importar が文献に初めて登場するのは 19 世紀になってからと新しい。しかしながら、「重大事である」という意味の importar およびその派生語 **importancia**「重要性」と **importante**「重要な」は 15 世紀の段階ですでに用例が見られた。importar が「重大事である」の意味で用いられるのは、「舶来の文物をもたらす」というイメージが「影響を及ぼす」という危惧の念と結びついていたからである。**soportar**「支える、耐える」における接頭辞 so- は sub-「下に」のことで、ラテン語 *supportāre*「下で運ぶ＝運び上げる、耐える」から来ている。英語であれば「報告する、報告書」を指す語としては report が一般的である。スペイン語にも **reportar** という動詞は存在するが、「もたらす」の意味で用いられ、「報告する」の意味はない。**reportaje**「現地報道、ルポルタージュ」という名詞はあるものの、これはフランス語 reportage からの借用語で、スペイン語に出現するのは 20 世紀以降である。

deporte「スポーツ」にも -port- が含まれる。「運ぶ」と何か関係があるのだろうか。スペイン語ではすでに 15 世紀の段階で用例が見られ、当時はむしろ「娯楽、気晴らし」の意味で用いられていた。これは中世の早い段階で現れる動詞 **deportar** から派生した名詞であり、意味は「追放する」である。語源のラテン語 *dēportāre* は「分離」を表す接頭辞 *dē-* を *portāre* に付したものなので、「運んで離れて行く」すなわち「運び去る、追放する」を意味した。中世スペイン語の動詞 deportar はこのラテン語を受け継いだ。つまり、「娯楽」とは「気がかりの追放」であり「意識を別の方向に運び去ること＝気をそらせること」である。ここが今日の deporte の始まりである。ただし、「スポーツ」という近代的意味は英語 sports の影響である。

　語根 -port- を含みながらも「運ぶ」との関連が見えづらい別の語に **oportuno**「好機の、タイムリーな、臨機応変の」と **oportunidad**「好機、チャンス」がある。語源となるラテン語 *opportūnus*「好都合な」を形態素に分析すると《ob-〜に向かって＋ *portus* 港＋ -nus 形容詞語尾》に分けられ、もともとは航海という文脈において「港へ向かうために都

合の良い風が吹いた状態の、順風の」の意味で用いられた。これが一般
化して「好都合の、好機の」へと発展した。名詞形 oportunidad に対応
するラテン語 opportūnitās（対格 opportūnitātem）もすでに古典時代から
「好機」の意味で使用されていた。

「作動、原動力」に関わる -mov-/-moc-/-mot-

　語根に -mov-/-moc-/-mot- のいずれかが含まれる語彙はすべて
mover「動かす」の関連語であり、「作動、原動力」という共通項でつ
ながっている。ラテン語でも「動かす」は movēre といったが、その過
去分詞は mōtus だった。語根 -moc-/-mot- が mover の同族語であるの
はそのためである。現に mover の名詞形には movimiento「動き」の
他に moción「（議会における）動議」という語があり、「原動力、モー
ター」のことは motor という。そうすると、motivo「動機」、motivar
「動機づける」、motivación「動機づけ」、emoción「感動」といった語
彙との関連性は一目瞭然であろう。móvil「携帯」や movilizar「動員
する」、あるいは mueble「動産」や inmueble「不動産」といった語と
の関連性も見えやすい。promover「昇進させる」（< prō- 前へ ＋ movēre
動かす）および promoción「昇進」、conmover「心を動かす、感動さ
せる」（< con- 共に ＋ movēre 動かす）および conmoción「衝撃、動揺」、
remover「かき混ぜる、取り除く」（< re- 逆方向へ ＋ movēre 動かす）と
いった一連の語彙についても mover を基にした合成語であることは明
らかである。
　それでは、momento「瞬間」も mover の同族語だと言われたらどう
であろうか。直接的な語源はラテン語 mōmentum「推進力、短時間」だ
が、さらに時代を遡ると *movimentum という語形であったことが知ら
れており、ここで mover との関連性が明らかになる。
　もう一つ、mover の関連語について触れておきたい。それは remoto
「遠くの、遠隔の」である。語源はラテン語 removēre の過去分詞 remōtus

で、この語には「取り除く」という意味の他に「遠ざける」の意味もあった。ゆえに、remoto の原義は「遠ざけられた」だった。

「用意」を表す -para-

　スペイン語動詞には **preparar**「準備する」や **reparar**「修理する、気に留める」のように、-parar という形態素に基づく合成語がいくつか存在する。他には **separar**「引き離す」、**amparar**「保護する」、**disparar**「撃つ、発射する」などがある。共通する形態素 -parar の語源はラテン語の *parāre* で、「用意する、準備する、提供する、生み出す、招集する」といった意味があった。この動詞に接頭辞 *prae-*「前に」を足したものが preparar になり、*re-*「再び」を足したものが reparar になった。separar の場合、接頭辞の se- は「分離」を意味する［→ 227 頁］。amparar については直結する語が古典ラテン語にはなく、語源は俗ラテン語 *anteparāre である。すなわち、「前もって（*ante-*）用意する（*parāre*）」ことから「保護する」になった。disparar の *dis-* は「分離」を表すことから、ラテン語で *disparāre* は「分ける、離す」を意味した。現代の「発射する」へと意味が転じたのは、かつての戦において石弓（ballesta）で攻撃することを "disparar la ballesta" と言い表したのが元になっているようだ。字義的には「弓を引き離す」であり、これが「撃つ」を意味したからである。ラテン語 *disparāre* の過去分詞 *disparātus* は「引き離された」が原義であることから、「異なった、反対の」を表す形容詞としても用いられた。この形容詞を基にできたスペイン語が **disparatar**「非常識なことを言う」および **disparate**「馬鹿げた言動、ナンセンス」である。いずれも「（常識から）離れた」という意味を基底として、「違和感を与えるような言動」と否定的な方向に意味が転じた結果であることがわかる。一見無関係に見える disparar と disparatar は「分離」という共通項でつながっていたのである。

　ところで、スペイン語にも単独の **parar**「止まる、止める」が存在す

る。語源はラテン語の *parāre* そのものであるが、意味の関連性が気になるところであろう。中世のスペイン語で parar には「配置する、〜に備える、現れる」といった意味で使用された事例がいくつも見られる。つまり、「用意する」とは「人員や物を然るべき場所に配置・配属すること」であり、ここから「（動いているものを）止める」または「（動いているものが）止まる」へと変化した。ただし、派生語の **paro**「停職、失業」という名詞は 20 世紀になって初めて文献に登場する新語である。

「器具、装置」あるいは「（身体の）器官」を表す語として **aparato** という名詞は比較的頻度が高い。この語に見られる語根 -para- も *parāre* のことである。接頭辞 ad-「〜へ」を付した *apparāre* という語も「準備する」という意味でラテン語に存在し、その過去分詞が名詞化した *apparātus*（対格 *apparātum*）が「準備、設備、装置」などの意味で用いられ、スペイン語の aparato になった。スペイン語にも対応する動詞形の **aparar**「準備する」は存在するが、こちらはそれほど頻度の高い語ではない。

ラテン語 *parāre* を基盤とする同族語として意外な語がある。それは **comprar**「買う」である。語源はラテン語 *comparāre* で、「準備する」を第一義としながら「調達する、募集する、獲得する」などを意味した。接頭辞 con- が付く以上は集合性と関連があり、「さまざまな物を入手しながら集め、整えていく」という意味合いがあった。この「準備する」を意味する *comparāre* は俗ラテン語で **comperāre* となり、最終的に語中母音 -e- が脱落して comprar になった。ちなみに、ラテン語で「買う」は emere が最も一般的だったにもかかわらず消滅し、現在、「買う」の意味で emere を受け継ぐロマンス諸語は皆無である。

「追従」を表す -segu-/-sigu-/-secu-

たとえば、スペイン語の道案内の場面で「ずっとまっすぐ行ってください」というとき、"Siga todo recto." のように表現する。また、

「雨が降り続いている」を "Sigue lloviendo." という。他に、"Sigo su consejo." なら「彼の忠告に従う」、"India sigue a China en población." なら「インドは人口で中国に次いで2番目だ」の意味になる。このように多彩な用法を持つ **seguir** という動詞の語源はラテン語 *sequī* という形式受動動詞で、「後をついて行く」が本来の意味であった。つまり、何か目標となるものの「追跡、追従、連続」が seguir の多様な用法に共通する意味概念だ。ラテン語では語中子音が無声音の [k] だったが、母音間であるために有声化が起こり、seguir となった。そのため、**seguida**「一続き」や **siguiente**「次の」といった直接的な派生語をはじめとして、**conseguir**「獲得する」(< *con-* 共に + *sequī* 続く)、**consiguiente**「彫結果として生じる」、**proseguir**「継続する」(< *prō-* 前へ + *sequī* 続く)といった合成語は民衆語形であるのに対し、**secuencia**「一続き」、**consecuencia**「結果」、**consecuente**「彫結果として生じる」、**consecutivo**「連続した」など語根が -secu- になっている語はラテン語 *sequī* 直系の教養語である。

序数で「第二番目の」を表す **segundo** もまた語根に -segu- を含むことから同族語である。ラテン語の *secundus*「二番目の、次に続く」はもとはといえば *sequī* から派生した形容詞だった。そのため、「二次的な」という意味のスペイン語が **secundario** (<ラ *secundārius*) になるのは、音韻変化を免れた教養語だからである。さらには、前置詞（または接続詞）の **según** が segundo の語尾脱落形であると知れば、なぜこの語が「〜によれば、〜にしたがって」を意味するのかも容易にわかるであろう。

ラテン語には、*sequī* が「〜に向かって」を表す接頭辞 *ob-* と結合した *obsequī* という動詞が存在し、「従う」を意味した。その名詞形は *obsequium* といい、これがスペイン語の **obsequio**「もてなし、贈り物」の語源になる。ラテン語では「従順、恭順」を意味したことから、スペイン語では「相手に気に入られる心遣い」すなわち「もてなし、歓待、贈り物」といった意味へと転じた。

その他、seguir と同族語でありながら関連性が見えにくい語として、「実施、実行、死刑執行」などを意味する **ejecución** がある。「外に」を

表す接頭辞 *ex-* と *sequī* が結合したラテン語動詞 *exsequī* が根源となる語で、「外へ（*ex-*）続く（*sequī*）」とは「葬列で（死者を）送る」ことであった。この意味が抽象化し、「追随する、追求する、（苦しみに）耐える、実行する、遂行する」といった意味で用いられるようになった。そのラテン語名詞形を *exsecūtiō*「実行、管理、告発」（対格 *exsecūtiōnem*）といい、これがスペイン語 ejecución の直接の語源だ。現代ではその動詞形が **ejecutar**「実行する、処刑する」、形容詞形が **ejecutivo**「形実行する；名重役、執行部」と認識されているが、これらは古典ラテン語から来たものではなく、過去分詞の *exsecūtus* を基に中世になってから創られたラテン語 *exsecūtāre* に端を発している。

コラム 2：ゲルマン起源の語彙

409 年、まずヴァンダル族が、次にアラン族とスエヴィ族がピレネーを越えてイベリア半島に侵入した。これがイベリア半島の地を最初に踏んだゲルマン民族である。続く 415 年、西ゴート族がイベリア半島に到来し、ローマ帝国と同盟を結んだ。西ゴート族は先着のゲルマン民族を駆逐し、418 年にガリア（現フランス）のトゥールーズを首都として西ゴート王国を建設した。ヴァンダル族はアンダルシアを通り抜けて北アフリカへ、アラン族はポルトガルへ渡り、スエヴィ族はガリシアを占拠した。こうしてスペイン史における西ゴート時代が幕を開けた。ところが、支配者である西ゴート族は母語のゴート語を放棄し、ラテン語話者になった。そのため、ゲルマン民族がイベリア半島のラテン語に与えた影響といえば、限られた数の語彙をもたらす程度に留まった。このとき、ゴート語から次のような語彙が入り込んだ（中にはゴート語起源であることが推定の域を出ない語も含まれる）。

espuela「拍車」（<*spaúra「拍車」：英語 spur と同根）

guardia「警備」（<*wardja「見張り」：英語 ward と同根）

espía「スパイ」（<*spaíha「スパイ」：英語 spy と同根）

tregua「休戦」（<triggwa「条約」）

bando「党派」（<bandwô「印」）

galardón「報酬」（<withralaun「支払いに対して」）

casta「血統」（<kastan「血統」）

ganso「ガチョウ」（<*gans「ガチョウ」）

brote「芽」（<*brŭt「芽」）

tapa「蓋」（<*tappa「栓」：英語 tap と同根）

espeto「焼き串」（<*spĭtus「焼き串」：英語 spit と同根）

sacar「取り出す」（<sakan「争う、訴える」）

ganar「稼ぐ」（<*ganan「欲しがる」）

agasajar「歓待する」（<gasalja「仲間」）

ataviar「着飾る」（<*attaujan「整える」）

escatimar「切り詰める、出し惜しむ」（<*skattjan「見積もる」）

rico「金持ちの、おいしい」（<reiks「権力のある」：英語 rich と同根）

ufano「思い上がった」（<ufjô「過剰」）

　スペイン語に入ったゲルマン系語彙のすべてが西ゴート族によっても
たらされたゴート語に由来するとは限らない。ゲルマン語やフランク
語、あるいは古代高地ドイツ語といった他のゲルマン諸語に起源を持つ
語も少なくない。しかも、西ゴート族がイベリア半島に定住する以前か
ら商業の取引や同盟の締結などゲルマン人とローマ人との接触も見られ
たため、ゲルマン語起源の語がいったんラテン語に入り、後にスペイ
ン語化したものもある。たとえば、**robar**「盗む、奪う」という語の直
接の供給源となったのは俗ラテン語 *_raubāre_ だが、この俗ラテン語語彙
の元となったのはゲルマン語の raubôn「奪う」である。**jabón**「石鹸」
という語も同様で、ゲルマン語の *saipôn「やに」を起源としながら、
いったん俗ラテン語に入り、_sapo_（対格 _sapōnem_）になった。この形が
今日の jabón へと連なる（英語の soap も同じ語源である）。他にゲルマン
語に端を発する語彙を挙げると、次のものがある（ただし、これらには、
借用に至った経路や時期が不明確なものや諸説あるものも含まれる）。

guerra「戦争」（<werra「戦争」：英語 war と同根）

yelmo「兜」（<*hĕlm「兜」：英語 helmet と同根）

esquina「角、コーナー」（<*skĭna「板、脛骨」）

sala「大広間」（<*sal「一つの応接間だけの建物」）

ropa「衣服」（＜raupa「戦利品」）

sopa「スープ」（＜*sŭppa「浸したパン切れ」）

burgo「要塞」（＜*bŭrgs「要塞」：地名の Burgos「ブルゴス」の由来でもある）

guardar「守る」（＜*wardôn「注意する」）

guiar「案内する」（＜*widan「世話する」）

fresco「新鮮な、涼しい」（＜*frĭsk「新しい、若い、迅速な」：英語 fresh と同根）

blanco「白い」（＜*blank「輝く、白い」：英語 blank と同根）

　ゲルマン系語彙の意味に着目すると、guerra をはじめとして、軍事や戦闘に関する語が目立つことに気づくであろう。ゲルマン民族がローマ帝国に侵入し始めた当初、彼らはローマ帝国から「同盟者」として受け入れられた。ここでいう「同盟者」とはローマ帝国から指定された地域に軍団として定住し、ローマの防衛を任務として課せられた異民族集団のことであった。軍事司令官はその部族の長が務めた。つまり、ゲルマン民族は最初、国境警備隊として戦闘の最前線に立たされていたのだった。これが、ゲルマン系言語由来の語彙に軍事用語が多い所以である。

　ゲルマン起源の語彙の中には、もう少し時代が下がってから、フランス語や南仏のオック語、あるいはカタルーニャ語を経由してスペイン語に入ったものもある。次に例を挙げてみよう。

botín「戦利品」（＜仏 butin＜ゲルマン語 bûte「戦利品」）

bala「弾丸」（＜仏 balle＜フランク語 *balla「ボール」）

dardo「投げ槍」（＜仏 dard＜フランク語 *darod）

guante「手袋」（＜カタ guant＜フランク語 *want「手袋」）

falda「スカート」（＜カタまたはオック ＜フランク語 *falda「折り目、ひだ」：英語 fold と同根）

albergue「宿」（＜カタまたはオック ＜*haribaígo「野営」）

arpa／harpa「ハープ」（＜仏 harpe ＜フランク語 harpa「ハープ」）

jardín「庭」（＜仏 jardin ＜フランク語 *gard「囲い場」：英語 garden, yard と同根）

orgullo「誇り」（＜カタ orgull ＜フランク語 *ŭrgōli「卓越」）

blandir「（剣を）振りかざす」（＜仏 brandir ＜フランク語 brand「剣の刃」）

abandonar「放棄する、断念する」（＜仏 abandonner ＜ラ *ad-*「接近」＋フランク語 bann「命令、権限」）

　語彙ではなく語の一部として、つまり形態素として借用されたゲルマン起源の要素がある。**realengo**「王室直属の」や **abolengo**「先祖、家系」などに見られる語尾 -engo である。この要素は英語の -ing と同じ要素だが、スペイン語の中では生産性が低く、一部の語の構成要素として化石化した。

　ゲルマン起源の語彙の中に、一つ珍しいケースがある。それは **bigote**「口髭」である。ゲルマン人にとって髭を生やしていることは名誉の象徴であり、他人に髭を触れられようものなら最悪の侮辱と見なされた。そのゲルマン人の兵士は勇敢の源である髭に手を当て、"Bî Gott"「神にかけて」（英語なら by God）と誓いを立ててから戦闘に入ったという。スペイン人がそうしたゲルマン人の習慣を目にしたのは、グラナダ包囲戦に参戦したスイス人傭兵からだという説がある。やがて、"Bî Gott" という誓いのことばをスペイン人は「口髭」と関連づけるようになり、bigote というスペイン語となって今日まで伝わっている。

3 状態変化に関する語彙

「変化、移動」に関する -mut-、「交代」を表す -alter-

　本章で扱う語彙はいずれも、状態変化に関する意味を持ったラテン語他動詞に由来する。

　まず「変化、交換」という動作を表す語彙から始めよう。「変える、変わる、交換する」を意味するスペイン語動詞として最も頻度が高いのは **cambiar** である。語源は後期ラテン語の *cambiāre* で、これはかつて存在した大陸ケルト語の一種だったゴール語起源とされ、古典期にはほとんど用例が見られなかった。「変わる、交換する、移動する」を意味する古典ラテン語で一般的な語は *mūtāre* で、現代スペイン語にも「必要な変更を加えて」という意味の文語的な定型表現として *mutatis mutandis* というラテン語法がときおり使用されることがある。このラテン語動詞はスペイン語で **mudar**「変える、引っ越しする」となって存続している。その傍らで、**mutar** という教養語が存在するものの、「突然変異を引き起こす」という生物学用語でしか用いられない。語根に -mut- を含む語としては、**conmutar**「交換する、（量刑を）軽減する」(*con-* 共に + *mūtāre* 変える) や **permutar**「交換する、相互交代する」(*per-* 完全に + *mūtāre* 変える) などが挙げられるが、いずれもそれほど頻度の高い語彙ではない。ただし、形容詞の **mutuo**「相互の」との関連性については見過ごすわけにはいかない。語源となるラテン語の *mūtuus* は *mūtāre* の形容詞形で、「移動した」を原義とすることから、「借用された」や「相互の、双方の」の意味で用いられた。ゆえに、mutuo に見る語根 -mut- は mudar の語根 -mud- と同じ要素である。

　スペイン語で「計画を変更する」というとき、cambiar に替えて "alterar un proyecto" ともいえる。この **alterar**「変える、変更する、乱

す」の語根は、ラテン語で「二つのうちの一方の」を意味する形容詞 *alter*（女性形 *altera*）と同一のものである。しかも、この *alter*（男性対格 *alterum*）は語中子音 -l- が母音化して -u- になったことで、*autro という中間段階を経て **otro**「他の」になった。つまり、alterar と otro は同じ語源である。語根に -alter- を含む語として **alternar**「（A と B とを）交互にする」、**alternativa**「二者択一、対案」などがあり、いずれも「交代、交互」に関連する意味を表している。

「建設」を表す語根 -str(u)-

ラテン語に *struere*「積み上げる、建設する」という語がある。これはインド・ヨーロッパ祖語 *ster-「広がる」から出たとされる。このラテン語動詞を基盤とするスペイン語語彙としては、**construir**「建設する」（< *con-* 共に + *struere* 積み上げる）、**destruir**「破壊する」（< *dē-* 分離 + *struere* 積み上げる）、**instruir**「教える、指図する」（< *in-* 中に + *struere* 建てる）などがある。最後の instruir の場合、直接の語源であるラテン語 *instruere* は「中に建てる」を原義として「備え付ける、装備する、（軍隊を）整列させる」などの意味で用いられた。ここから「訓練、教育」の意味に転じた。また、「構造」を意味する **estructura** も同根である。これの語形は *struere* の未来分詞 *structūrus* の女性形 *structūra* が名詞化したものだ。

-str(u)- を語根とする意外な同族語として **industria**「産業、工業」がある。この industria という語を形態素に分解するとしたら、どこが切れ目になるであろうか。それは indu- と -stria である。前半部の indu- とはラテン語 *in-*「中に」の古形であり、後半部の -stria が *struere* の変形である。ラテン語では *industrius* という形容詞が先にあり、「中に（*indu-*）積み上げられた（*strius*）」ことから着実な様子を、すなわち「勤勉な」を意味した。その名詞形が *industria* である（スペイン語もラテン語も同形）。ただし、ラテン語の *industria* には「勤勉」の意味しかなく、

スペイン語でも文脈によっては「勤勉」の意味で使用されることもある。形容詞形の **industrioso** はラテン語 *industrius* の異形 *industriōsus* の継承であり、意味もラテン語のまま「勤勉な」である。もう一つの形容詞形 **industrial**「工業の」はロマンス語になってからの創作である。

増大と拡大

　スペイン語で「増やす、増える」は **aumentar** である。ところが、直接の語源となる動詞がラテン語になく、名詞の **aumento**「増加」の元となった *augmentum*「増加」から創られた動詞である。ラテン語で「増やす」は *augēre* といい、語根は -aug- だった。古代ローマが帝政に移行した際の初代皇帝オクタウィアヌスに元老院から与えられた称号のことは、「尊厳者」の意味でアウグストゥス（*Augustus*）と呼ばれた。まさにこの語は *augēre* から派生したもので、「増大」のイメージが「権威」と結びついていたことを物語っている（なお、スペイン語で「8 月」のことを **agosto** というのは、*Augustus* であるオクタウィアヌスが数々の勝利をこの月に収めたことによる）。さて、*augēre* の過去分詞は *auctus* といった。それゆえ、-au(c)t- という語根もまた「増加、増大、権威」を表す。その典型例が **autor**「著者、主犯」と **autoridad**「権威」である。いずれの語もラテン語では *auctor*（対格 *auctōrem*）、*auctōritās*（対格 *auctōritātem*）といい、-auct- が本来の語根だったのであり、子音の -c- はスペイン語で脱落した結果である。ラテン語で何かを「増大させる人」（*auctor*）とは、「創始者」であり、「保証人」であり、物事を記録する「報告者」あるいは「著者」でもあった。つまり、いずれも権威を有する者のことである。その *auctor* を抽象化した *auctōritās* とは「保証、信憑性」であり、つまりは「全権、権威」を意味した。さらに、*auctor* を動詞化した語が俗ラテン語に *auctōricāre「許諾する」という形で現れ、これが音韻変化を経て、スペイン語に **otorgar**「授与する」をもたらすことになる。
　ラテン語 *augēre* は「力を増加させる」というイメージから *auxiliārī*

「援助する」という形式受動動詞も派生させた。スペイン語にも語形・意味ともほぼ同一の **auxiliar**「助ける」が教養語として入っている。

　「広げる、拡張する」という意味での増加を表す動詞は ampliar、expandir、extender などがある。最初の **ampliar** は形容詞 **amplio**「広い」の動詞形である。この amplio の語源はラテン語 *amplus* で、**ancho**「広い」と二重語を形成している。すなわち、amplio は教養語で、ancho の方が民衆語である。

　二番目の **expandir**「広げる」は同族関係の広い語である。名詞形は **expansión**「拡大」という。ただし、ここから接頭辞 ex- を取り除くと、もはやスペイン語に自律的語彙を見出すことはできなくなる。直接の語源は *expandere*「広げる、拡張する」だが、大元となるラテン語は *pandere*「広げる」といい、これに接頭辞 ex- を添えて意味を強化したものが *expandere* である。この *pandere* の過去分詞が *passus* で、これを名詞化したものがスペイン語の **paso**「歩み、通過、通路」になる。paso（すなわちラテン語の *passus*）とは元来、何かを拡大していくための一歩一歩のことだった。ここで重要なのは、スペイン語の **pasar**「通る、過ぎる、起こる」というきわめて頻度の高い動詞がラテン語に直接の語源となる動詞を持たず、名詞の paso から創り出された動詞、すなわち名詞の paso ありきの語であるということだ。もちろん、**pasillo**「廊下」、**pasear**「散歩する」、**repasar**「復習する、再点検する」といった一連の語彙はすべて paso または pasar を基に二次的に創られたものである。結果的に、-pand-、-pans-、-pas- という語根はいずれも「拡大」という意味で結ばれた同族関係にあると言える。

　三番目の **extender** の基盤となる語は **tender** である。これは他動詞で「張る、広げる、干す」などを意味すると同時に、自動詞で「〜の傾向がある」という意味になる。ラテン語にも *tendere*「伸ばす、広げる、差しのべる、向ける」という動詞があり、語形・意味ともスペイン語と大差ない。その過去分詞は *tentus* または *tensus* といった。スペイン語の tender の名詞形には 2 種類がある。一つはラテン語現在分詞の中性複数形 *tendentia* から来た **tendencia**「傾向」で、もう一つはラテ

ン語過去分詞 *tensus* から分出した **tensión**「緊張、伸長」である（形容詞形は **tenso**「張り詰めた」）。合成語の **extender**（< *ex-* 外へ + *tendere* 広げる）の名詞形が **extensión**「拡張、面積」に、形容詞形が **extenso**「広大な」になるのもラテン語の過去分詞が語幹となっているからである。なお、ラテン語 *tensus* に音韻変化が加わってできた **tieso**「硬直した」という民衆語形がスペイン語にあり、tenso と二重語を形成している。さらには、「店」を指す **tienda** もまた関連語である。直接の語源は中世ラテン語で「天幕」を意味した *tenda* だが、その出所は *tendere* である。興味深いことに、*tendere* の発生源とされるインド・ヨーロッパ祖語は *ten-「伸ばす、広げる」であり、この語根はラテン語 *tenēre*、すなわちスペイン語 tener の語源でもあるということだ。結果として、tender と tener は遠戚関係になる。

tender に基づく合成語といえば、**atender**「世話をする、対応する、注意を払う」（< *a[d]-* 〜へ + *tendere* 伸ばす = 差しのべる）、**pretender**「得ようとする、志す、ふりをする」（< *prae-* 前へ + *tendere* 伸ばす）、**entender**「理解する」（< *in-* 中に + *tendere* 伸ばす =（注意を）向ける）などが挙げられ、いずれも「精神・注意をある方向に差し向ける」という意味で共通している。現代スペイン語でたいへん高い頻度で用いられる entender の語源となるラテン語は *intendere* で、「緊張させる、（注意を）差し向ける」を意味した。その過去分詞 *intentus*「没頭した」を基にした *intentāre*「伸ばす、（威嚇的に）向ける」という姉妹語も存在し、これがスペイン語の **intentar**「企てる、試みる」になった。つまり、entender と intentar はきわめて関連性の強い同族語ということになる。

さて、語根に -tent- や -tens- を含む語彙はいずれも tender の関連語だとなると、同じ語根を含む **ostentar**「誇示する」はどうなのだろうか。語源を遡ってみよう。ラテン語の *tendere* に接頭辞 *ob-* が付くと、-b- が -s- に変化して *ostendere* となり、「前に（*ob-*）注意を差し向ける（*tendere*）」ことから「差し出す、見せる」を意味した。その過去分詞 *ostentus* に基づく姉妹語として存在した動詞が *ostentāre*、すなわちスペイン語 ostentar の語源である。ラテン語では、ある動詞の過去分詞を基

に創られた動詞はたいてい反復動作を表す。*ostendere*「見せる」の反復動詞が *ostentāre* であったがために、「何度も見せる」が転じて「見せびらかす、誇示する」になった。結局のところ、ostentar も「注意の差し向け」という共通項でつながっていたのである。

減少と縮小

　反義の「減少させる」はラテン語で *minuere* といった。この動詞は比較級の *minus*「より少ない」を基に創られた動詞であることから、スペイン語の **menos**「より少ない」とも同族関係にある。*minuere* の過去分詞は *minūtus* という。このままの語形を教養語としてスペイン語に採り入れたのが **minuto**「[時間の] 分」であり、音韻変化を経て民衆語として受け継がれたのが **menudo**「細かい」である。両語は二重語であり、ここから語幹に -min- を含む語も -men- を含む語も同様に「減少、刻み」を共通項とする同族語であることが見て取れる。

　まず、スペイン語で「減らす」を表す動詞は「分離」の接頭辞 dis- を付けた **disminuir** が一般的だが、これの語源となるラテン語は *dīminuere* で「粉砕する」を意味し、今日の disminuir と大きく意味がずれていた。語根が -min- であるからには、これは教養語だ。**minucioso**「細心の、綿密な」も同様である。一方、**menguar**「減少させる、減損させる」も同根であることは明らかで、直接の語源は俗ラテン語 **minuāre* である。語幹が -men- であることからこちらは民衆語だ。語幹に -min- を含む他の同族語として、**mínimo**「最小の」、**minoría**「少数派」、**minoritario**「少数派の」、**minúscula**「小文字」などがある。それぞれの反義語は **máximo**「最大の」、**mayoría**「多数派」、**mayoritario**「多数派の」、**mayúscula**「大文字」で、語根は -max- または -may- になる（スペイン語で比較級の「より大きい」は mayor）。地中海にあるスペイン領のバレアーレス諸島で最大の島がマジョルカ島（Mallorca: つづりに注意）で、次に大きいのがメノルカ島（Menorca）と

名付けられている理由も明らかであろう。

切断と分別：secreto「秘密」、cierto「確かな」、crimen「罪」、criba「ふるい」のつながり

「切る」を意味する最も一般的なスペイン語は **cortar** である。対応するラテン語は *curtāre* といい、これは「切る」というより「短縮する」だった。というのは、形容詞 *curtus*「割れた、欠けた」から派生した動詞だからである（ラテン語 *curtus* はスペイン語の **corto**「短い」になる）。ラテン語で「切る」を表す基本語は *secāre* で、スペイン語 **segar** の語源となる語である。今や segar の意味は「刈り取る」であり、同じ「切断」という行為でも、限定された状況でしか用いられなくなった。ラテン語動詞の方の語幹が sec- であることから、スペイン語の **secta**「宗派、派閥」、**sector**「分野、領域、党派」、**sección**「部門、段落、切断」といった、-sec- を語根としつつ、「切り分け」や「分裂」に関係する語群はいずれも segar と同族語だとわかるであろう。つづり字からは判別しにくいかもしれないが、**sexo**「性別」もまた -sec- を語根とする同族語だ。つまり、「男性と女性に分けられた」状態が「性別」ということである。さらには、「昆虫」のことである **insecto** も関連語である。語源は *insecāre*「切り込みを入れる」（< *in-* 中に + *secāre* 切る）という動詞の過去分詞 *insectus* で、原義は「切り込まれた、ぎざぎざのある」であった。ラテン語からスペイン語への意味変化は、昆虫の体に切れ目があることにちなんでいる。

ラテン語では *secāre* に接頭辞 *re-* を付けた *resecāre* が「刈り込む、切って短くする」という意味で用いられ、これがスペイン語の **rasgar**「引き裂く」になる。その名詞形 **rasgo** が「特徴、容貌、目鼻立ち」を表すのは、目立つ部分が、あたかも切り取られたかのようにくっきりと浮かび上がった状態を指し示すためである。

「切り分け」のイメージが拡大した語の例として **secreto**「秘密」が挙

げられる。しかしながら、この語の語根は -sec- ではなく、-cret- である。語頭の se- は separar［→ 72 頁］の se- と同じ要素で「切り離し」を表す接頭辞である。語根となる -cret- とはラテン語 *crētus* のことで、これは「ふるい分ける、峻別する」を意味する動詞 *cernere* の過去分詞であり、「ふるい分けられた（もの）」を意味する。すなわち、「峻別したもの（*crētus*）を特別に切り離して（se-）おくこと」が secreto の語源である。ラテン語動詞 *cernere* はスペイン語にも「ふるいにかける、観察する」の意味で **cerner** として受け継がれており、教養語の **discernir**「見分ける」や **concernir**「関係する」にも -cernir という形態素として存続している。

　ラテン語 *cernere* の過去分詞が *crētus* だとなると、スペイン語で secreto のように、-cret- を語根に含む **discreto**「分別のある、慎重な」（< *dis-* 分離 + *crētus* 分けられた）や **concreto**「具体的な」（< *con-* 共に + *crētus* 分けられた）はいずれも「ふるい分け、峻別」を共通項とする同族語ということになる。さらに言えば、-cret- の cre- の部分が「ふるい」そのものを指し示すスペイン語 **criba**（< ラ *crībrum*）の cri- と同根なのである。古くはインド・ヨーロッパ祖語にまで遡り、「切り分ける」を意味したとされる *skrībh- という語根が万事の源だった。興味深いことに、*skrībh- に由来する語根の -cri- は **crimen**「罪」や **discriminar**「差別する」の -cri- でもあると同時に、ギリシア系ラテン語由来の **criterio**「基準」、**crisis**「危機、決定的瞬間」、**crítica**「批評」、あるいは **hipócrita**「偽善者」に見る -cri- でもあるということだ。

　*skrībh- から出た cri- が -men という接尾辞と組み合わさってできたラテン語が *crīmen* で、善悪の「峻別」という発想から「断罪すること、告訴」という意味になった。ただし、スペイン語の crimen は「法律上の重大犯罪」を指す。ラテン語には、*crīmen* に「分離」を表す接頭辞 *dis-* を追加して、さらに「離隔」の意味合いを強化した *discrīmen*「境界線、区別」という名詞があり、これを動詞化したものが *discrīmināre*「分割する」、すなわちスペイン語の discriminar である。同根のギリシア語経由のラテン語である *critērium* には「判断」の意味しかなく、本

来は「見分け」のことであったとわかる。後に、判断を下すための「基準」へと転意した。スペイン語 crisis は語形・意味ともにラテン語の *crisis* そのもので、元来は「他とは異なる、分け隔てられた重大局面や瞬間」のことだった。ラテン語で *critica* といえば主に「文芸批評」を指し、スペイン語の crítica「批評、批判」に比べて用法がやや狭かった。「批評」もまた「判断」の一種であると考えれば、「ふるい分け」の概念と結びつく。スペイン語 hipócrita の語源であるラテン語 *hypocrita* もまたギリシア語起源である。形態素に分析すると《*hypo-* 下に／陰で ＋ *crita* 批評する人》となり、原初的な意味は「主役の台詞に合わせて所作をする脇役俳優」のことだった。これがスペイン語 hipócrita「偽善者」の語源である。

　ラテン語 *cernere* は、「他と切り離した」という意味から *certus*「決心した、確定した」という形容詞形も生み出した（*certus* も *crētus* も語根の子音は同じである）。これがスペイン語の **cierto**「確かな、ある〜」になる。直接的な派生語 **certeza** や **certidumbre**（どちらも意味は「確実性」）は言うまでもなく、-c(i)ert- を語根とする語はいずれも「確実、確証」に関係する。具体的には、**acertar**「（答えを）当てる、命中する」、**concertar**「合わせる、調和させる、約束する、（条約を）結ぶ」、**concierto**「協奏曲、コンサート、意見の一致」、**certificar**「証明する、書留にする」（< *certus* 確定した ＋ *facere* 作る）などである。

　こうして、語根 -cern-/-cret-/-cert-/-cri- はいずれもインド・ヨーロッパ祖語の語根 *skrībh- から発した同一の要素でつながっていることから、これらの語根を含む語彙はすべて同族語だということになる。

「変転、転換」を表す -virt-/-vers-

　1492 年にレコンキスタを完了させたカトリック両王は、新生国家をカトリックで統一すべく、同年にユダヤ人追放令を発布する。目的はあくまでユダヤ人の改宗であり、ユダヤ教を放棄せずに国外へ追放され

たユダヤ人もたくさんいたが、キリスト教に改宗した者もまた少なくなかった。この改宗キリスト教徒のことを **converso** という。そして「改宗させる」という動詞が **convertir** である（日常的には「変える」の意味で使用される）。これらの語幹 -verso や -vertir を含んだ語彙は advertir/adverso や divertir/diverso など他にもたくさんあり、もちろん意味の共通点があるはずである。その出発点となるラテン語は *vertere* といい、意味は「回す、向きを変える」だった。つまり、広い意味で方向転換することを表した。その過去分詞が *versus* と変化したために、-vertir を語幹とする動詞の形容詞形は必ず -verso になる。ラテン語の基本動詞 *vertere* はスペイン語で **verter**「注ぐ」となって継承されている。関連語としては **vertiente**「斜面」、**vértigo**「目眩」、**versión**「翻訳、版、説明、見解」などが挙げられる。

　ラテン語 *vertere/versus* は、各種接頭辞と結びつき、先述の convertir や converso の他にも多様な合成語を提供している。まず、「分離」の di- が結合すれば、**divertir**「楽しませる」（< *di-* 分離／別の方向へ + *vertere* 向ける＝気をそらせる）ができる。**diverso** も同じ語源で、「注意の向きが分散している」状態から「多様な」の意味になった。方向性を示す ad- となら **advertir**「警告する」（< *ad-* 〜へ + *vertere* 向ける＝注意を一点に向ける）ができる。しかしながら、**adverso** の場合は、語源のラテン語 *adversus* が「ある方向に向いた、前方の」を原義として「敵対した」という意味が派生したため、スペイン語では「反対の、不都合な」で用いられる。in- を付した **invertir** は「中に（*in-*）向ける（*vertere*）」ことから「逆さにする、費やす、投資する」になった。ただし、ラテン語の *invertere* は「裏返す」の意味しかなかった。その他、**pervertir**「堕落させる」（< *per-* 完全に + *vertere* ひっくり返す＝没落させる）、**perverso**「邪悪な、倒錯した」、**revertir**「復帰する」（< *re-* 再び + *vertere* ひっくり返す）、**reverso**「裏面」などがある。

　ラテン語では過去分詞の *versus* から *versāre*「回転させる」という姉妹語の動詞が分出した。この語はスペイン語で **versar**「論じる、ぐるぐる回る」という形で存続している。そして、-versar を基盤とする合成

語といえば、**conversar**「会話する」（< con- 共に + versar 論じる）がある。語形からは気づきにくいかもしれないが、**atravesar**「横切る、横断する」もまた versar に基づいた合成語である。この語は接頭辞 *trans-*「超えて」と結びついた後期ラテン語の *transversāre* にさらに接頭辞 *a[d]-* が加えられ、語中子音に音韻変化が生じた結果、atravesar になった。

「回転」を表す -volv-／-volu-、-rot-／-rod-

　スペイン語における **volver** は「ひっくり返す、裏返す、戻る」など「反転」をイメージする動作に用いられる。しかしながら、ラテン語 *volvere* の意味は「転がす、巻き込む」であり、むしろ現代スペイン語の rodar や envolver の用法に近かった。ラテン語において「書物を読む／ひも解く」の意味で *"librum volvere"* という慣用表現が用いられていたのは、当時の書物が巻物だったからだ。事実、スペイン語においても書物の「巻」を表す語は **volumen** であり、これはラテン語でパピルス紙の巻物を指した *volūmen* から来ている。volumen の volu- は volver の volv- そのものである。スペイン語 volver の過去分詞が vuelto になるのは、ラテン語 *volūtus*（> 俗ラ **voltus*）を語源形のまま継承したためで、名詞の **vuelta**「回転、一巡、帰還、散歩」はラテン語過去分詞女性形 *volūta* に由来する。volver に基づく合成語はいずれも成立過程が見えやすい。具体的には、**devolver**「返す、返却する」（< *dē-* ～から + *volvere* 転がす = 下へ転がす）、**revolver**「かき混ぜる、ひっかき回す」（< *re-* 再び／何度も + *volvere* 転がす = 循環させる）、**envolver**（< *in-* 中に + *volvere* 転がす = くるむ）などである。なお、最後の envolver に「分離」の接頭辞 des- を追加してできた動詞が **desenvolver**「広げる、展開させる、発展させる」である。

　devolver の名詞形は **devolución** で、意味は「返却」にすぎない。それに対して、revolver の名詞形には **revuelta** と **revolución** があり、前者の意味は「暴動、騒乱」、後者は「革命、公転」である。王立スペイ

語アカデミーによると、近現代史の文脈で用いられる歴史用語としての revolución は「ある国家共同体において、一般的には暴力を伴った政治的・社会経済的な抜本的変化」と定義されている。しかし、1611年のコバルビアスの辞書では単に「騒乱 = alteración」と記してあるだけであり、現代と認識は大きく異なっていた。また、「発展」を意味する **evolución** は、ラテン語 ēvolvere「（巻いたものを）広げる」（< e[x]- 外に + volvere 転がす）の名詞形 ēvolūtiō（対格 ēvolūtiōnem）に由来し、起源となるラテン語においては「書物をひも解くこと」という意味しかなかった。

　「回転」のイメージにちなんで、先に触れた **rodar**「転がす、転がる」についても言及しておこう。語源はラテン語 rotāre「回転させる」で、その名詞形 rota「車輪」（対格 rotam）がスペイン語の **rueda**「車輪」になった。したがって、「回転、自転、輪番」を意味する **rotación** のように、語根 -rot- を含む語が教養語で、-rod- なら民衆語ということになる。rodar には「（フィルムを回して）撮影する」の意味もあるため、「撮影」のことを **rodaje** といい、こちらはフランス語経由の外来語である。後期ラテン語では rota に縮小辞を付けた rotella「小型の車輪」という語が現れた。これがスペイン語の **rodilla**「膝」になる。なお、「囲む、迂回する」を意味する **rodear** はロマンス語になった後に rueda から創られた派生語である。この名詞形 **rodeo**「迂回」が 19 世紀の米国西部で英語話者のカウボーイの間に広まり、「牧牛の駆り集め」という意味であったものが、20 世紀初頭になって競技としての「ロデオ（= 暴れ馬を用いての馬術競技)」になったのだった。

中世では levar だった llevar「持って行く」：「持ち上げ」を表す -lev-/-liv-

　スペイン語の基本動詞の一つである **llevar** の由来は何だろうか。語源はラテン語の levāre「持ち上げる」である。実は中世のスペイン語で

用いられていたのは llevar ではなく levar だった。現代スペイン語にも **levar** という語はたしかに存在するものの、「錨を揚げる」という使用範囲が限定された海事用語である。中世では一般的な「運ぶ」の意味であった levar の現在時制の活用形は語幹母音変化型の lievo, lievas... だった。やがて、二重母音の中の半子音ヨッドが直前の l- を口蓋音化させたことから、llevar として生まれ変わったのだった。すなわち、llevar と levar は二重語である。ラテン語 *levāre* は形容詞の *levis*「軽い」(> ス**leve**「軽い」) から派生した動詞である。それゆえ、語根に -lev- が入った語で「軽さ、軽減、持ち上げ、立ち上がり」に関係すれば、llevar の同族語と考えてよい。

そもそも **levantar**「起こす、立てる、取り除く」が llevar と同根である。先述のラテン語 *levāre* の現在分詞は *levāns*(属格 *levāntis*)で、この形を語幹として創られたのが levantar だ。ちょうど *sedēre*「座る」の現在分詞 *sedēns, sedēntis* から *se(de)ntar、すなわち sentar「座らせる」が創られたのと同じ原理である。名詞形の **levantamiento**「持ち上げ、蜂起」はロマンス語になってからの創作である。

各種の接頭辞と結びついた合成語としては、**elevar**「引き上げる」(< *e[x]*- 外に + *levāre* 上げる)、**sublevar**「蜂起させる」(< *sub*- 下から + *levāre* 立ち上げる)、**relevar**「交替する、解放する、浮き上がらせる」(< *re*- 再び + *levāre* 上げる) などがある。

「軽い」を意味するスペイン語はスペイン本国で **ligero** が、ラテンアメリカでは **liviano** が好まれる。両語とも語根は同じで、古典ラテン語の *levis*「軽い」は俗ラテン語で接尾辞を付けた *leviarius* または *levianus* という形で使用された。前者がフランス語に入って légèr となり、これが ligero の直接の語源となった(つまりフランス語発の借用語である)。一方、後者はそのままスペイン語の liviano になった。そのため、中世のスペインでは liviano が流布していた。**aliviar**「軽減する」という動詞もまた同族語である。

覆う、つなぐ、刺す：punto「点」の語源は「刺されたもの」

　「覆う」という概念について話題にしてみたい。スペイン語の **cubrir** は語幹が１音節であるがために、一見これ自体が基本語のように思えるかもしれない。ところが、語源は *cooperīre*「覆い尽くす」で、このラテン語動詞は *operīre*「覆う、蓋をする」に接頭辞 *co[n]-* を追加した合成語である。中世の cobrir を経て現代の cubrir に至った。防御や保護を目的とした「覆う、包む」はラテン語で *tegere* といった。これの過去分詞は *tectus* と変化し、語中の子音群 -ct- が音韻変化により -ch-[tʃ] になった。これがスペイン語の **techo**「天井」の語源である。この *tegere* の語根に縮小辞 *-la* を後続させた *tēgula* という語があり、「瓦」を意味した。これがスペイン語の **teja**「瓦」になり、さらにここから **tejado**「屋根」ができた。ラテン語不定詞 *tegere* の語根 -teg- は、たとえば **proteger**「保護する」（< *prō-* 前に + *tegere* 覆う）という語に含まれ、過去分詞語幹の -tec- は名詞形 **protección**「保護」に見られる。これらのみならず、「探知する、検出する」を意味する **detectar** もまた、*dētegere*「覆いを取る、暴く」（< *dē-* 分離 + *tegere* 覆う）というラテン語から来ている。「探知器」を指す **detector** や、「探偵」のことである **detective** がその派生語だ。語中に語根 -teg- または -tec- が混在している語はいずれも techo「天井」や tejado「屋根」の仲間なのである。

　日本語の「つなぐ」に相当するスペイン語動詞はいくつか考えられる。紐などで「縛りつける」という意味なら atar、ネット回線を「接続する」なら conectar という。**atar** はラテン語 *aptāre*「適合させる」から来ており、**adaptar**「合わせる、適合させる」（< *ad-* 〜へ + *aptāre* 合わせる）の同系語彙である。**conectar** は英語 connect からの借用語だが、起源をたどればラテン語の *nectere*「つなぐ」に接頭辞 *con-* を足した *cōnectere*「結ぶ、つなぐ」に行き着く。この動詞の元となったラテン語名詞は *nexus* といい、「結合、結び目」を意味した。スペイン語にも **nexo**「つながり、関連」という語として受け継がれている。これらとは別に、「合わせる、寄せ集める」という意味の連結には **juntar** が用い

られる。こちらはロマンス語になってから創られた動詞で、基盤となる語は **junto**「一緒の」である。語源はラテン語 *junctus*「結合した」で、元は「軛をかける」という意味の動詞 *jungere* の過去分詞だった。現代スペイン語でも「軛」のことは **yugo** という。

junto を基盤としてできた合成語に **adjunto**「同封の、添付の」がある（「添付ファイル」のことを archivo adjunto という）。その動詞形は **adjuntar**「同封する、添付する」である。かつてはこの動詞形に音韻変化が加わった ayuntar という語があり、「集める、合わせる」を意味した。現在では juntar がその意味を担うため、ayuntar はほとんど聞かれなくなったものの、その名詞形 **ayuntamiento** は「役所、市庁舎、市議会」などの意味で日常生活に不可欠な語として健在である。つまり、ayuntamiento に含まれる -yunt- という要素は語根 -junt- の異形態である。

「縛る、結ぶ、括る」という意味での「結合」なら、スペイン語では **liar** または **ligar** で表される。この 2 語はどちらもラテン語 *ligāre*「結びつける」に由来する二重語である。それゆえ、**lío**「混乱、紛糾」、**aliar**「同盟を結ぶ」（< *a[d]*- ～へ + *ligāre* 結ぶ）、**alianza**「同盟」、**liga**「連盟、リーグ」といった一連の派生語や合成語はいずれも同族語の関係になる。教養語形の ligar を含む合成語としては **obligar**「余儀なく～させる」（< *ob*- ～に向かって + *ligāre* 結ぶ）およびその名詞形 **obligación**「義務」がある。

「刺す、突く」を表すスペイン語は picar、punzar、pungir、pinchar などがある。最も頻度が高い語は **picar** だが、語源はスペイン語で「くちばし」を指す **pico**（< ラ *beccus*）から派生したとする説や、ラテン語で「キツツキ」のことである *pīcus* に由来するという説などさまざまである。しかし、残りの 3 語はすべて同族語で、いずれも語根に -p- と -n- を含んでいるのは偶然ではない。ラテン語で「刺す、突く」は *pungere* といい、音韻変化を経ずにスペイン語に入ったのが **pungir**、音韻変化を経て継承されたのが **punzar** である。つまり、pungir と punzar は二重語である。さらに、民衆語の punzar にはかつて punchar という

異形態も存在し、この語形がほぼ同義である picar との混淆によって **pinchar** になった。

　ラテン語 *pungere* の過去分詞は *punctus* と変化する。これが名詞化した *punctum*「(刺してできた) 穴、点」がスペイン語の **punto**「点」になった。派生語の **puntual**「時間厳守の、時間に正確な，時点の」は中世ラテン語 *punctuālis* から来ている。

　ラテン語過去分詞の女性形 *puncta* はスペイン語に **punta**「先端」をもたらした。「書き留める、示す」を意味する動詞 **apuntar** は、女性名詞の punta から分出した派生語である。

倍数詞の起こりは？：「折り畳み」を表す -pli-

　「折り畳む」を意味するスペイン語動詞には **doblar** と **plegar** がある。前者は後期ラテン語 *duplāre*「2 倍にする」(<ラ *duplus*「2 倍の」) から来ている [→ 228 頁]。後者の語源は *plicāre* で、「畳む、巻きつける」を意味した。

　ラテン語で「2 倍の」を表す形容詞には *duplus* と並んで *duplex* も使用された。*duplex* の後半部 -plex という要素もまた同根で「折り畳み」を意味する。スペイン語の倍数詞が **triple**「3 倍の」、**cuádruple／cuádruplo**「4 倍の」、**quíntuple／quíntuplo**「5 倍の」…と語尾が -ple (または -plo) になるのは、数詞に「折り畳み」の意味をもった接尾辞 -ple／-plo を足して創られたことによる (ラテン語で「3 倍の」は *triplus* または *triplex*、「4 倍の」は *quadruplus* または *quadruplex*、「5 倍の」は *quinquiplex* という)。「～倍にする」という動詞形に目を向ければ、さらに plegar との関連が見えやすくなる。すなわち、**duplicar**「2 倍にする、複写する」、**triplicar**「3 倍にする」、**cuadruplicar**「4 倍にする」、**quintuplicar**「5 倍にする」といった一連の語彙はいずれもラテン語の *plicāre* そのものである (つまりこれらの語は教養語である)。倍数詞のみならず、**múltiple**「多重の、複式の、多数の」、**multiplicar**「倍増させる、

掛け算をする」、**simple**「単純な、素朴な」（< *semel* 1回の + *plicāre* 折る）、**complicado**「複雑な」、**complicar**「複雑化する、巻き込む」（< *con-* 共に + *plicāre* 折り込む）、**implícito**「暗黙の、言外の」（< ラ *implicitus*「もつれた」< *in-* 中に + *plicāre* 折り込む）、**explícito**「明確に述べられた、明示的な」（< ラ *explicitus*「簡単な」< *ex-* 外に + *plicāre* 折り込む）などに見られる -ple- や -pli(c)- も同様である。

　-plicar を基盤とする合成語は上記の multiplicar や complicar の他にも多数が存在するとはいえ、意味が原義から大きく変化したものが多い。たとえば、スペイン語の **aplicar** はラテン語 *applicāre*（< *a[d]-* 〜へ + *plicāre* 折る）が「接着する、近づける」だったことから、「取り付ける、飾り付ける」などを第一義とする。だが、むしろ「適用する、応用する、充当する」などの比喩的意味で用いることが少なくない。現代語の **explicar** には「説明する」の意味（またはそれに準じた意味）しかないが、ラテン語 *explicāre*（< *ex-* 外へ + *plicāre* 折る）は「広げる、解く」など折り込んだものを展開する動作を示した。この「展開」というイメージが発展して、「説明する、叙述する」といった比喩的意味が生まれた。

　implicar についていえば、「巻き添えにする、加担する」という本来の意味はラテン語 *implicāre* の踏襲であるものの、現在では、「含意する」の意味でもよく使われる。**replicar**「口答えする、反論する」のラテン語 *replicāre* の原義は文字通り「折り返す」で、現代スペイン語の **replegar**「折り重ねる」に近かった。しかし、法廷用語として「再抗弁する」の意味で用いられるようになったことから、「反論」の意味に転じた。

　「懇願する」を意味する **suplicar** もまた -plicar からの合成語である。接頭辞 *su[b]-* が「下へ」を表すことから、ラテン語で *supplicāre* は「身体を下に折り曲げる」すなわち「跪いて神に祈願する、寄進する」を意味した。これが一般化して「懇願する、哀願する」になった。ラテン語で「跪く人」のことを *supplex* といった。スペイン語では、同じ「依頼」を表す行為であっても pedir より suplicar の方がへりくだったニュアンスを伴うのはそのためである。興味深いのは、「拷問」を意味

する **suplicio** が suplicar の派生語であることだ。語源となるラテン語 *supplicium* は元来「神への祈願」のことであり、換喩として「奉納物、供儀」の意味でも用いられた。この「犠牲」の意味が「代償、罰、苦痛」というイメージに発展し、「拷問」を指すようになった。

　スペイン語の plegar は、母音間の無声音 -c-[k] が有声化して -g- になったところは音韻変化を経ているために民衆語だと言えるが、語頭の pl- が ll-[3] へと変化しないまま残った点では教養語ということになる。いわば、plegar は音変化を全うしなかった半教養語と位置付けるべきである。それなら、*plicāre* から発した民衆語は何なのだろうか。それは **llegar**「到着する」である。ラテン語では船が港に到着した際、"*ad rīpam vēlum plicāre*"「接岸して帆を畳む」という言い回しが流布していた。ここから、*plicāre* の部分だけが切り取られ、本来の意味を失って「到着する」へと転化した。一方、*ad rīpam*「接岸して」という副詞句を動詞化した **arribar**「入港する」という語も出現した。これが英語の arrive「到着する」やフランス語の arriver などと同じ語源であるのは言うまでもないであろう（ただし、llegar の語源がラテン語で「畳む」を意味する *plicāre* ではなく、「近づける」を意味した *applicāre* であるとの異説もあることを付け加えておこう）。

投げる：echar「投げる」と jactarse「自慢する」が同じ語源？

　何か物を「投げる」ことによって、投げられた物体は一瞬で移動し、状態に変化が生じる。とはいえ、物を投げるのはそれなりの力が必要である。古代においては投石や投げ槍など戦闘の手段として「投げる」ことが基本だった。やがて投げるための原動力は弓矢になり、さらにルネサンス期に火薬が発明されて鉄砲や大砲に取って代わった。スペイン語で「投げる」の意味に該当する動詞はいくつかある。まず思い浮かぶのが **tirar** である。これは「捨てる」や「引く」といった意味も同時にあり、投げられる物体が動作主の手元を離れ、その物体がどこへ行き着く

かには無関心な場合に用いられる。頻出動詞ではあるが、語源は不詳だ［→248頁］。反対に、何か目標を定めて一直線に投げつけるようなイメージなら **lanzar** が好まれる。この語は手で投げるのみならず、ミサイルやロケットなどを「発射する」の意味でも使用されるうえに、"lanzar una advertencia"「警告を発する」といった抽象的な意味でも使用される。このことは、lanzar の語源がラテン語の *lanceāre*「槍を操る」に発しており、この動詞は「長槍」を指した *lancea* からの派生語であると知れば納得がいく。物体を比較的遠くへ、あるいは高々と放り投げるような場合は **arrojar** が用いられる。この語は俗ラテン語 *rotulāre「転がす」に由来し、古典ラテン語の *rotāre* に縮小辞が付いたものである。

　スペイン語の「投げる」で忘れてならないのは **echar** である。こちらは tirar と異なり、"echar papeles a la basura"「ゴミ箱に紙くずを捨てる」や "echar una carta al buzón"「手紙を投函する」のように、投げられた物体がどこに行き着くか、どこに投げ入れるかに重点が置かれる。そして、arrojar ほど遠距離を投げるわけではない。直接の語源は俗ラテン語の *jectāre で、これは古典ラテン語の *jactāre*「投げる」の変異形である。興味深いのは、*jactāre* という語形がほぼ手つかずのままスペイン語に **jactarse**「自慢する」という別の語として受け継がれていることだ。音韻変化法則により語中の -ct- は -ch-[tʃ] へと変遷を経るため、民衆語では echar という形に落ち着いたが、音韻変化を免れた教養語は jactar(se) となった。後者の意味についてだが、「自分自身を投げる」が原義で、これは自己をアピールすることであるために「自慢する」になった。

　echar に基づく合成語 **desechar**「破棄する」（< *dis-* 分離 + *jactāre* 投げる）のように語根に -ech- を含むものは民衆語形であるのに対し、教養語形の合成語には -jet- という語根が含まれることになる。その例が **objeto**「対象、目的」と **sujeto**「形拘束された；图やつ」である。前者はラテン語 *objectus*「障害物」（< *ob-* 向かって + *jactus* 投げられた）から、後者は *subjectus*「服従した」（< *sub-* 下に + *jactus* 投げられた）から来た。文法用語では objeto が「目的語」、sujeto が「主語」になる。それぞれ

の形容詞形は **objetivo**「客観的な」と **subjetivo**「主観的な」で反義関係をなす。動詞形は **objetar**（< *ob-* 向かって + *jactāre* 投げる）が「反論する」であるのに対して、**sujetar**（< *sub-* 下に + *jactāre* 投げる）の方は「押さえつける、服従させる」になる。

proyectar「映し出す」や **inyectar**「注射する、注入する」に共通する -yectar という形態素もまた *jactāre* のことである。それぞれ《*prō-* 前に + *jactāre* 投げる》と《*in-* 中に + *jactāre* 投げる》という合成の結果である。**trayecto**「行程、行路、射程距離」や **trayectoria**「軌道」という語も -yect- を含んでいるので同族語である。語源となるラテン語 *trājectus*（対格 *trājectum*）は《*trans-* 超えて + *jactus* 投げられた》という二つの形態素が合体した結果であり、意味は「横断」のことだった。もっとも、スペイン語へはそれぞれフランス語の trajet および trajectoire からの借用語として入った。

ラテン語の *jactāre* にはさらに元となる動詞があり、*jacere* といった（意味は「投げる」）。前述の objeto や sujeto の語源の一部を構成していた *jactus* とは *jacere* の過去分詞であり、*jactāre* は過去分詞語幹から二次的に創られた語形だ。その *jacere*（直説法現在 1 単 *jaciō*）には *jacēre*（直説法現在 1 単 *jaceō*）という姉妹語があり、こちらは「投げられている」を原義として「横たわっている、寝ている、留まっている」といった状態の自動詞として用いられた。これがスペイン語に **yacer**「横たわっている」をもたらした。中世の語形は yazer であったことから、音韻変化を経た形跡があるため、こちらは民衆語である。なお、**yacimiento** という派生語があるものの、この名詞は「鉱脈」という地質学用語としてしか用いられない。

壊す、消す：extinguir「消す」と distinguir「区別する」の関係？

次は、何か有効に機能するものを無効化するマイナス方向への状態変化を表す概念について取り上げてみよう。

スペイン語で「破壊」という概念を表す基本語としては、まず **romper**「壊す、割る、裂く」が挙げられる。語源はラテン語 *rumpere*「裂く、破る、中断する、壊す」で、その過去分詞は *ruptus* と変化する。スペイン語 romper の過去分詞が roto であるのは、この語源形を忠実に受け継いだからだ。名詞形には **rotura** と **ruptura** があり、両者とも未来分詞の *ruptūrus* から出た語源を共有する二重語である。意味はいずれも「切断、破壊」を表すが、前者の用法が主に物理的な破壊であるのに対して、後者には「絶交、絶縁」といった関係性の崩壊という抽象的なニュアンスが加わる。「腐敗させる」を意味する **corromper** が《con- 共に + romper 壊す》と分析できる点は明らかであろう。その形容詞には **corrompido** と **corrupto** があり、前者がロマンス語になってから現れた類推形で、後者はラテン語の語形をそのまま踏襲した語源形である。しかし、意味に大きな相違はなく、いずれも「腐敗した、堕落した」である。以上のことから、「破壊」を表す語根は、-romp- または -rot- なら民衆語で、-rump- または -rupt- なら教養語だということになる。

　-rump- を語根とする動詞に **interrumpir**「中断する、話を遮る」がある。形態素に分けると《inter- 間に + rumpere 裂く》となり、もともとは「ばらばらに切断する」ことであった。これは語根が -rump- であることから教養語として位置づけられる。

　「消す」に関しては、火や電気などを「消す」場合は **apagar** で、文字などを「消す」場合は **borrar** が用いられる。apagar は pagar の同族語である［→192頁］。borrar の直接の語源となる動詞は古典ラテン語に存在しない。もともとは「羊毛の粗い生地」を指した *burra* という名詞があり、これがスペイン語に入って **borra**「羊の毛くず」になった。この名詞を基にして創られた動詞が borrar である。チョークの文字を消すときに borra が使用されたことに由来する。

　火や明かりなどを「消す」というときの教養語として **extinguir** がある。語頭の ex- は「外に」を表す接頭辞で、語幹の部分はラテン語で「消す、消滅させる、突き刺す」を意味する *stinguere* という動詞が由来元である。インド・ヨーロッパ祖語の *steig-「突き刺す」を起源と

するこの語は、英語の stick「突き刺す」とも同根である。このラテン語 stinguere の過去分詞が stinctus と変化したことで、スペイン語名詞の **extinción**「消火、消滅」や **extinto**「鎮火した、絶滅した」という過去分詞に基づく派生語ができた。この extinguir と同様に -stinguir を語幹とする別の動詞に **distinguir**「区別する、見分ける、特徴づける」がある。とはいえ、一目で「消火、消滅」との意味上の関連性を捉えるのは難しいかもしれない。語源となる distinguere は stinguere に「分離・反対」を表す接頭辞 dis- を追加したものであることから、原義は「消さない」である。すなわち、多様に彩ることで境界線を明確に浮かび上がらせる行為を指すようになり、「分ける、区別する」という肯定的な意味になった。こうした「特徴を消さずに際立たせる」といった意味合いは、スペイン語の **distinguido** という形容詞形によく表れている。この語は「卓越した」を意味すると同時に、手紙文の中で "distinguido señor / distinguida señora"「〜様」のように敬称としてたびたび用いられるのは、「プラス評価としての際立ち、卓越」を意味するからである。ただし、**distinto** という別の形容詞形は「異なった、さまざまな」であり、**distintivo** は「特徴的な、示唆的な」と、相違している状態のみを表す。

　ラテン語 stinguere には「突き刺す」の意味もあったことにより、接頭辞 in-「中に」と結合してできた instinguere「刺激する、促す」という合成語もあった。この動詞の名詞形を instinctus（対格 instinctum）といい、「刺激、熱狂、霊感」などを表した。これがスペイン語 **instinto**「本能」の語源である。一見しただけでは、意味のつながりを認識しにくいかもしれないが、extinto「鎮火した」、distinto「異なった」、instinto「本能」といった一連の語彙の語幹部が -stinto という形で揃っているのは偶然ではない。

コラム 3：スペイン語を豊かにしたアラビア語借用語

　711 年、イスラム教勢力がイベリア半島に侵入し、わずか 3 年ほどで半島の大部分を支配下に収めた。以来、イスラム・スペインは約 800 年間、1492 年にナスル朝グラナダ王国のボアブディル王がカトリック両王にアルハンブラ宮殿の鍵を渡すまで続くことになる。イスラムの支配領域における公用語はもちろんアラビア語だった。それゆえ、アラビア語に由来するスペイン語語彙の数は膨大で、約 4,000 語というのが通説となっている。しかしながら、そのうちの 1,500 語ほどは地名であり、派生語や現在では廃語となった語などを除けば、事実上 850 語ほどと言われる。とはいえ、アラビア語借用語のいくつかは現代スペイン語の主要語彙の一部を形成するほど深くまで浸透している事実は軽視できない。現に機能語として欠かせない前置詞の **hasta**「〜まで」や **¡ojalá!**「どうか〜でありますように」といった間投詞もアラビア語起源である。前者は hatta から、後者は「アラーの神が望まれんことを」を意味する “wa ša allâh” から来た。

　中世におけるアラブ世界は文化面・学術面においてキリスト教社会よりも優っていた。そのため、アラビア語借用語（arabismos）は今日でも重要な概念を担う役目を果たしている。もっとも、そのすべての起源がアラビア語を公用語とするアラブ世界にあるわけではなく、ペルシャ起源やインド起源のものも少なからず含まれる。中にはギリシア語・ラテン語起源でありながら、アラビア語のフィルターを通ってスペイン語に入り直した語もあるが、これらもアラビア語借用語と見なされる。

【政治・軍事】

aduana「税関」（< ad-dīwān「帳簿」）　　**alcalde**「市長」（< al-qādī「裁判官」）

alguacil「警吏」（< al-wazīr）　　**arrabal**「場末、郊外」（< ar-rabad）

barrio「地区」（< barrī「野生の」） **hazaña**「手柄」（< hasanah）

jinete「騎手、騎兵」（< zanāta）

rebato「奇襲、警報」（< ribāt：動詞 arrebatar「奪い取る」はここから派生）

zaga「しんがり」（< sāqah）

【経済・商業】

almacén「倉庫」（< al-mahzan「保管」） **arancel**「関税率」（< al-inzāl）

arroba「アローバ［重量単位］、アットマーク」（< al-rub「4分の1」）

tarea「仕事、宿題」（< tarīha） **tarifa**「料金」（< ta'rīfah）

【自然科学・数学】

alcohol「アルコール」（< al-kuhl）

álgebra「代数学」（< al-ğabru「換算、分解」）

alquimia「錬金術」（< al-kīmiyā） **cenit**「天頂」（< samt）

cifra「数字」（< sīfr） **droga**「薬品、麻薬」（< hatrúka）

guarismo「アラビア数字」（< jwārizmī） **redoma**「フラスコ」（< ratúm）

【建築、生活】

adobe「煉瓦」（< at-tūb） **albañil**「左官」（< al-banni）

alcázar「城」（< al-qasr） **alcoba**「寝室」（< al-qubbah）

alfiler「ピン」（< al-hilāl） **alfombra**「絨毯」（< al-jumrah）

alhaja「宝石」（< al-hāğah） **almanaque**「暦」（< al-munāh）

azotea「屋上」（< as-sath「テラス」） **azulejo**「タイル」（< az-zuláiğ）

gabán「外套」（< qabā） **marfil**「象牙」（< azm al-fil「象の骨」）

jarra「水差し」（< ğarrah） **taza**「カップ」（< tassah）

【飲食物、農作物】

aceite「油」（< az-zait） **albóndiga**「ミートボール」（< al-bunduqah）

ajonjolí「胡麻」（< al-ğulğulān） **algodón**「綿」（< al-qutn）

atún「まぐろ」(< at-tunn)　　**arroz**「米」(< āruz)

azafrán「サフラン」(< az-zaʻfrān)　　**azúcar**「砂糖」(< as-sukkar)

berenjena「茄子」(< bādinǧānah)　　**fideo**「ヌードル」(< fidawš)

jarabe「シロップ」(< šarāb)　　**judía**「インゲン豆」(< judiyā)

limón「レモン」(< laymūn)　　**naranja**「オレンジ」(< nāranǧ)

sandía「スイカ」(< sindiyyah)

toronja「グレープフルーツ」(< turunǧah)

zanahoria「ニンジン」(< *safunnārya)

【その他】

ajedrez「チェス」(< aš-šatranǧ)

asesino「殺人者」(< haššāšīn「ハシッシュの常用者」)

azafata「客室乗務員」(< az-zafat「かご」)

azar「偶然」(< az-zahr「さいころ」)　　**azote**「鞭」(< az-zawt)

azul「青い」(< lāzaward「瑠璃」)　　**balde**「無駄な」(< bātil)

laúd「リュート」(< alʻūd)　　**mezquino**「けちな」(< miskīn)

fulano「某」(< fulān)　　**halagar**「賞賛する」(< halaq)

tambor「太鼓」(< *tabbur)

　上記一覧で **azafata** の意味変化が気になるところであろう。実は、スペイン語に azafata とは別に **azafate** という語があり、「盆状の平らなかご」を指す。厳密に言えば、これこそがアラビア語 az-zafat からの借用語である。中近世のスペイン語では、そのかご（azafate）に王妃の装飾用品を入れて持ち歩く「侍女」のことを azafata といった。この語は 18 世紀に廃語となってしまう。ところが、航空業界の台頭とともに、20 世紀になってから「客室乗務員」の意味で復活したのだった。なお、azafata に対する azafato「パーサー」といった男性形は、女性形を基に

二次的に創られたものである。

　alcázar と atún の本来の起源はそれぞれラテン語の *castrum*「要塞」と *thynnus*「まぐろ」で、アラビア語法となってスペイン語に舞い戻ってきた語である。また、起源がサンスクリット語にまで遡る語もあり、arroz（←サ urīhi）、limón（←サ nimbū）、naranja（←サ nāranga）、toronja（←サ mātulunga）、ajedrez（←サ chaturanga）などがそうである。

　スペイン語におけるアラビア語借用語のいくつかを一瞥すればわかるように、al- や a- で始まる語が圧倒的多数を占める。理由は単純で、アラビア語の冠詞 al を付したまま、1 語の名詞として導入されたからである。一説によると、この現象はイスラム・スペインの大半を占めていた北アフリカのベルベル人の影響だと言われる。冠詞を持たないベルベル語の話者は、アラビア語に冠詞があることを知らなかったわけではないにせよ、冠詞 a(l) を名詞に付す接頭辞と混同したようだ。一方、イタリアが入口となって中部ヨーロッパ経由で英語に入ったアラビア語借用語には冠詞 al- が付されなかった。このことが、スペイン語の azúcar、algodón、azafrán と英語の sugar、cotton、saffron の語形上の違いを生み出した。

4 発生・自然・状態に関する語彙

「オリエンテーション」と「オリエント」の関係？

歴史用語における「オリエント」といえばメソポタミア、バビロニア、ヒッタイトといった中近東に栄えた文明や王国を指す。この呼称は古代ローマ人がイタリア半島より東の方向を *oriens* と呼んでいたことから来ている。このラテン語 *oriens*（スペイン語は **oriente**）とは動詞 *oriri*「起こる、（天体が）昇る、由来する」の現在分詞が名詞化したもので、「太陽の昇る方角」が原義である。つまり、*occidere*「沈む」および *occidens*「太陽の沈む方角＝西」と対称関係にあることになる。-ori- を語根とするスペイン語語彙といえば、**origen**「起源」、**original**「独創的な」、**originario**「元の」、**originar**「引き起こす」、**oriundo**「原産の、出身の」、**aborigen**「先住民」など例外なく「起源」あるいは「生み出すこと」を共通項としている。しかし、一つ気になるのは **orientación**「指導、オリエンテーション」にも -ori- が含まれ、明らかに同族語であることだ。この語には「方位、方向づけ、傾向」といった意味もあることから明らかなように、元来は「東の方向を定めること」だった。古代末期にヨーロッパ各地にキリスト教が伝播するにつれ、教会の建築があちこちで進められた。そのキリスト教会を建設する段になってまず必要とされたのが主祭壇を設置する方向、すなわち東の方角を定めることだった。「光は東方から」と言われるように、ヨーロッパから見て聖地エルサレムのある「東方」（*oriens*）は特別な意味合いを帯びており、方角の中心と見なされていた。そこで、通常教会の入り口は西向きに、主祭壇は東側に位置するように設計された。ここから、「環境順応のために最初に行うべき方向づけ」の意味で、「オリエンテーション」（orientación）という用語が現代でも用いられるようになった。ただし、

古典ラテン語にはまだこの語は存在せず、スペイン語の文献に初めて現れるのは 19 世紀で、その歴史はまだ浅い。

　ラテン語 *orīrī* の過去分詞は *ortus* と変化した。これを語幹としてできた語が **aborto**「流産」で、形態素は《*ab-* 離脱 + *ortus* 誕生》に分析できる。それゆえ、この語に含まれる語根 -ort- は -ori- と同じものである。

　「起源」に関する語群にちなんで、「出現」に関係する語について見てみよう。「現れる、出現する」を意味するスペイン語は **aparecer** で、ラテン語 *appārēre*「現れる」に由来する。ただし、スペイン語の -ecer という語尾は起動相を表すものであり、俗ラテン語の *apparescere が直接の語源である。最初の 2 文字は ad- の変異形であり、語源はラテン語の *pārēre*「見える、現れる、明らかである」である。スペイン語の **parecer**「思われる」も aparecer 同様、俗ラテン語の *parescere から来た。したがって、-pare- または -pari- を語根とする語は「出現」と関連する。「否定、離脱」の接頭辞 des- を付けると **desaparecer**「消える」になるのは言わずもがなであろう。派生語の **aparente**「外見上の」、**apariencia**「外見、みせかけ」、**aparición**「出現」といった一連の語のみならず、**transparente**「透明の」（< *tran-* 透き通って + *pārēre* 見える）といった語も関係性は明らかである。

「生まれ、自然、血縁」を表す同族語群：-gen-/-nat-/-nac-

　「出産」という意味での「生む」を表すスペイン語動詞は **parir** である。ラテン語は *parere*「生む」といい、前述の *pārēre*「見える、現れる、明らかである」と違って直説法現在 1 単は *pariō* になる（*pārēre* の直説法現在 1 単は *pāreō*）。この *parere*（*pariō*）の現在分詞 *parens*（対格 *parentem*）が名詞化したものがスペイン語の **pariente**「親戚」である。ただし、ラテン語の *parens* は単数形で「親」、複数形（*parentes*）で「両親」を意味した。英語の parent(s) はラテン語の意味をそのまま継承したのに対し、スペイン語では意味変化が生じたことになる。なお、ス

ペイン語で集合的に「親族」を表す場合や、「血縁関係、同族関係」といった抽象的な関係性を強調するときは **parentesco** という。

これとは別に、「発生させる」といったニュアンスを帯びた「生む」は **generar** である。この -gen(e)- という語根を含み、「生成」に関係する語は実に多い。最も意味が直結しやすいのは、**gen**「遺伝子」であろう。もちろん、generar の名詞形である **generación**「世代」をはじめ、**genio**「天才」、**ingenio**「才能、機知」、**género**「種類、ジャンル、ジェンダー」、**congénito**「先天的な」といった語はいずれも -gen- という形態素を含む。これはインド・ヨーロッパ祖語の *gen-「生む」にまで遡る語根である。それゆえ、-gen- を含む語はいずれも先天性を共通項とする。スペイン語に名詞なら「先住民」、形容詞なら「土着の、原産の」を表す **indígena** という語があるが、これはラテン語 *indigena*「土着の、先住民」を借用したものである。形態素に分析すると、《*indu-* 中に + *gena* 生まれた》となり、やはり -gen- が基盤になっているのが分かる（*indu* は *in* の古形）。なお、同義語である **indio** の原義は「インド人」であり、新大陸先住民のことをこう呼ぶのはコロンブスの勘違いに由来する逸話は有名である。ゆえに、indígena と indio は語形と意味が類似しているように映るものの、語源的には無関係である。

語根に -gen- を含む他の語を見てみよう。たとえば、**general**「一般的な」、**generoso**「寛大な」、**gente**「人々」、**gentil**「親切な」、**ingeniero**「技師」、**ingenuo**「無邪気な」などである。generoso や gentil という形容詞の意味は一見「生む」と関係なさそうに見えるかもしれないが、そうではない。というのは、-gen- は「生まれの良さ＝貴族層」のイメージと結びついていたからだ。貴族層は富を有する者であり、同時に貧しい民に分け与える者でなければならなかった。generoso や gentil など「気前の良さ」のイメージは「生まれの良いもの＝他者に分け与える富を有する者」という換喩による。

インド・ヨーロッパ祖語 *gen- の中の母音が消失したことにより、*gnə- という異形態が発生したと想定される。すると、さらに最初の子音 g- も失われ、*nə- だけが残る。これを語根として生まれたラテン語

が *nascī*「生まれる」であり、その過去分詞の *nātus* である。ただし、この語は形式受動動詞であるため、スペイン語では **nacer**「生まれる」という形に創り替えられた。そこで -na- または -nat- を語幹に含む語を改めて並べてみると、見事に「生まれ、先天性」に関係していることが見て取れる。まず、明確な例を挙げると、**innato**「先天的な」、**nativo**「土着の」、**natural**「自然な」などが思い浮かぶ。**navidad**「クリスマス」も同根で、古くは natividad といっていた。名詞の **naturaleza**「自然」は形容詞からの派生だが、中世のスペイン語では natura を用いていた。動詞形 **naturalizar** といえば「帰化する」ことである。**nación**「国家」もまた「生まれ」に関係し、nacer と関連性の強い語だ。本来、naciónとは「国民国家」のことである。政治的・制度的側面を重視したときに用いられる estado「国家・州」と異なり、nación は国民や文化といった、歴史や血統を共通基盤として成り立っている国家という意味合いが強い。「生まれを同じくする者同士の国」が出発点だと考えれば、nacerとの結びつきにも納得がいく（口語表現に "de nación"「生まれながらの」という慣用句があり、ここに本来の意味が垣間見られる）。

　否定語の **nada**「何も～ない」と **nadie**「誰も～ない」も nacer と大いに関係がある。ラテン語で「何も～ない」は *nihil*、「誰も～ない」は *nēmō* といったが、慣用的に *rēs nāta*「生まれた物」や *homō nātus*「生まれた人」を否定辞とともに用いて、「生まれた…は一つもない＝全く存在しない」と表現することが多々あった。この慣用表現が一般化し、やがて名詞の *rēs*「物」や *homō*「人」が省略され、本来は「生まれた」を意味する形容詞だった *nāta* と *nātus* が元の意味を忘れて否定的な意味の不定代名詞になってしまった。女性形の *nāta* がスペイン語の nada になったのは母音間における無声音 -t- の有声化で説明できるが、男性単数の *nātus* は、音韻変化法則通りに進化すると nado になる。現代スペイン語にこのような代名詞は存在しないが、中世においては「誰も～ない」を表す nado が存在した。同時に、nadi という語形も同一の意味で用いられており、語尾が -i になる理由は、ラテン語関係代名詞 *quī* の影響によるとする説と、*homines nātī* という複数主格形から来たとい

う説がある。現代スペイン語の nadie に連なるのは後者 nadi の方で、中世からの変遷過程を図式化すると、中ス nadi > *naid > naide > 現代ス nadie となり、途中で音位転換を 2 回起こすという特異な現象が見られた。いずれにせよ、不定代名詞の nada と nadie の語根 -na- は nacer の -na- と同根なのである。

　本書で再三登場するキーワードの一つに「同族語」がある。この用語をスペイン語では **cognado** といい、本来は「祖先を同じくする血縁者」のことである。ラテン語は *cognātus* で、まさに《*con*- 共に + [*g*]*nātus* 生まれた》という合成語であり、結局は nacer の親戚だ。この *cognātus* に音韻変化が加わると、語中の -gn- が口蓋音化を起こして -ñ- になる。そこで誕生した民衆語が **cuñado/-a**「義理の兄弟 / 姉妹」だった。したがって、cognado と cuñado は二重語である。

「休憩」から出発した quedar「残る」、「付着」を意味した herencia「遺産」

　残留の概念を表す最も一般的なスペイン動詞は **quedar**「残っている」である（再帰形 **quedarse** なら「［意図的に］留まる」）。しかし、直接の語源となる動詞が古典ラテン語になく、後期ラテン語 *quiētāre*「休ませる」がその出発点になる。この語根 -quiet- に着目してみると、形容詞の **quieto**「物静かな、落ち着いた、不動の」と語形がよく似ているのに気づくであろう。まず、古典ラテン語に *quiēs*（対格 *quiētem*）という名詞があり、「休憩」を意味した。ここから出た動詞形を *quiescere*「休む」といい、その過去分詞が *quiētus*「休息した、落ち着いた」、すなわちスペイン語 quieto の語源になる（英語は quiet「静かな」）。この過去分詞語幹から後の時代に創られたラテン語動詞が先述の *quiētāre* である。スペイン語の **aquietar**「（興奮などを）鎮める」や **inquietar**「不安にさせる」もまた明らかに quieto を基盤として作られた合成語であり、quedar と同族関係にあるということになる。名詞形の **quietud**「静け

さ」や **inquietud**「不安」といった派生語はスペイン語になってから創作されたもので、16 世紀に初めて文献に登場する。

　それなら、ラテン語で「残る」は何なのだろうか。それは *manēre* である。この動詞は単独の形でスペイン語に存続できなかったものの、**permanecer**「〜のままである、滞在する」という動詞の中に潜伏している。直接の語源となるラテン語は *permanēre*「留まる」で、-ecer という起動相を表す動詞語尾はロマンス語になってから付け足されたものだ。これの現在分詞語幹から形容詞の **permanente**「永久的な」が出た。ラテン語 *manēre* の過去分詞は *mansus* といった。こちらは **manso**「穏やかな」という単独の形でスペイン語に受け継がれている。そして、*manēre* の名詞が *mansiō*「滞在、邸宅」（対格 *mansiōnem*）で、スペイン語の **mansión** になった。意味は「大邸宅」のことで、「マンション」ではない（「マンション」は piso）。

　「留まる」を表すラテン語動詞として *haerēre* という語もあった。第一義は「付着している、くっ付いている」と不動の状態を表すことから、場合によっては「固執する」の意味にもなった。この現在分詞中性複数形 *haerentia* がスペイン語の **herencia**「相続」になった。元は、「付着していること」、つまり「遺産が一定の親族に受け継がれて留まっていること」が原義だった。先の *manēre* と同様、*haerēre* という語自体は単独でスペイン語に生き残らなかった。しかしながら、合成語を構成する要素としては健在で、**adherir**「接着する」（< *ad-* 〜へ + *haerēre* 付いている）、**inherente**「生来の、固有の」（< *in-* 中に + *haerēre* 付いている）、**coherente**「一貫した」（< *co[n]-* 共に + *haerēre* 留まる）など、語根に -her- を含む語はすべて同族語である。

始まり、終わり、秩序

　物事には開始と終結がある。スペイン語の慣用表現で「最初に」は al principio、「最後に」は al fin ということから、principio と fin が反義関

係にあると言える。前者は「初め、初期、初歩」が第一義で、そこから「主義、信条、原理、原則」といった意味も加わった。後者は「終わり」であり、同時に「端、目的、限度」でもある。**principio** の語源、すなわち *prinpicium* というラテン語の形態素は *prīmus*「先頭の、第一の」と *capere*「取る」[→ 51 頁] に分かれ、*prīmus* とは前置詞 *prae*「前に」の最上級で [→ 153 頁]、文字通り日本語に訳せば「いちばん前の」となる。

　一方、**fin** の語源は *finis*（対格 *finem*）で、第一義は「境界線」だった。そのため、「限度、目的、終わり」などの意味でも用いられた。-fin- を語根とする語は数多い。直接の派生語 **final**「形 最後の；图 最後、決勝戦」や **finalizar**「終える」はもちろんのこと、**afín**「隣接の、同類の」（< *a[d]*- ～へ + *finis* 境界）、**confín**「境界線」（< *con*- 共に + *finis* 境界）、**confinar**「監禁する」、**definir**「定義する」（< *dē*- 分離 + *finīre* 境界を定める）、**finito**「有限の」、**infinito**「無限の」などが挙げられる。**fino**「上質な、細かい、繊細な」にも -fin- が含まれているが、その意味から fin との関連は一目で見えない。この形容詞の源となった語がラテン語にはなく、ロマンス語になって以降 fin から派生した。「良いものの極み」が原義で、ここから「上質な、繊細な」の意味に転じた。この fino はさらに **refinado**「洗練された」といった語を派生させた。

　物事は秩序立ってこそ成立し、維持される。その「秩序」はスペイン語で男性名詞としての **orden** である（女性名詞としての orden は「命令、注文」）。語源はラテン語 *ordō*（対格 *ordinem*）で、本来は「列、並び」を意味した。ここから「階級、順序、秩序」なども表すようになった。スペイン語の動詞形 **ordenar** が「配列する」でもあり「命令する」でもあるのは、ラテン語動詞 *ordināre*「配列する、支配する、管理する、任命する」を受け継いでいるためだ。つまり、語根 -ord- は「秩序」や「管理統制」にかかわることが見て取れる。-ord- を含む語彙を列挙してみると、**ordinario**「通常の」、**extraordinario**「異常な」（< extra- 外れた + ordinario 通常の）、**coordinar**「統制する、調整する」（< *co[n]*- 共に + *ordināre* 配列する）、**subordinar**「服従させる」（< *sub*- 下に + *ordināre* 配列する）、**desorden**「混乱」（< *des*- 分離、反対 + *ordō* 秩序）などがある。

「コンピューター」を指す **ordenador** ももちろん関連語である。

なぜ「月」を luna というのか

『創世記』において神は最初に「光」と「闇」に分けたとされる。キリスト教ではこれが世界の始まりである。「光」にまつわるイメージといえば「輝き、明かり、日中、視力、才能、啓蒙、知性、希望」など概して肯定的なものであり、多様な比喩を生み出す元となった。スペイン語で「光」を表す最も一般的な語は **luz** であり、その動詞形は **lucir**「輝く」である。それぞれに対応するラテン語は *lux*「光」（対格 *lucem*）と *lūcēre*「輝いている」である。究極的な語源はインド・ヨーロッパ祖語 *leuk- にまで遡り、英語の light「光」とも同根である。

「光」から来る前向きなイメージから、lucir は「輝く」を本義としながらも「異彩を放つ、やりがいがある、着飾る、誇示する」といった視覚に強く訴えるような比喩的意味に転化することがある。その結果、lucir からは意味の異なる 3 通りの形容詞が派生することになった。最も原義に近いのが **luciente**「輝いている」であり、アクセント符号付きの **lúcido** なら「聡明な、明瞭な」になる。そして、アクセント符号のない **lucido** には「華麗な、豪華な」という比喩的意味しかない。なお、抽象名詞の **lucidez** は lúcido の名詞形である。lucir に接頭辞 re- を付けた **relucir**「輝く、異彩を放つ」は語幹となる語の意味を強調しているにすぎない。また、**elucidar**「解明する」という動詞も luz の仲間で、元のラテン語 *ēlūcidāre*（< *e[x]*- 外へ + *lūcidāre* 明白にする）は「輝かせる」の意味だった。

太陽と月に続いて、全天で 3 番目に明るい天体が金星だ。日本語で「金星」のことを「明星」と言い換えるように、スペイン語の Venus「金星」にも **lucero**「明星」あるいは **lucífero**「明けの明星」（< *lux* 光 + *ferre* 運ぶ）という異名がつけられており、いずれも -luc- を基本とする。そこで、語根 -luc- を含んで「光」に関係する別の語を挙げてみよ

う。たとえば、**luciérnaga**「蛍」という語がある。語源のラテン語は *lucerna* といい、意味は「ランプ」だった。スペイン語にも「明かり採り窓」を指す **lucerna** という語が教養語として伝わっている。スペイン語の枠組みで意味だけを見れば無関係に思えるかもしれない luciérnaga と lucerna が、実は二重語だということになる。

「光」は「眩しさ」をもたらすことから、時として否定的イメージに連なることもある。たとえば、**alucinar**「幻覚を起こす」という語を見ると、ここでは「光」がマイナスに作用しているかのような印象を受ける。ただし、文脈によって alucinar は「魅了する」の意味にもなり得る。

まだ電気がない時代において、闇夜を照らす人工的な明かりは火しかなかった。つまり、暖をとるためや調理をするための「火」(fuego) ではなく、明かりとしての「火」はスペイン語で **lumbre** という。語源となるラテン語の *lūmen* は「明かり、発行体」のことで、語根の -lum- はインド・ヨーロッパ祖語 *leuk- に -smen- という接尾辞を付けた *leuk-smen- に由来する。ラテン語の *lūmen* は中性名詞であるため主格と対格は同形になる。そのため、スペイン語で lumbre という語形となった理由は、直接の語源が古典ラテン語の *lūmen* ではなく、俗ラテン語の *luminem* だと考えなければ説明がつかない。ちょうど nombre「名前」という語形ができあがるプロセス(古ラ *nōmen* > 俗ラ *nominem* > ス nombre)と同じである [→ 209 頁]。そこで、スペイン語で -lumbr- を語根に持つ語を探し出してみると、**lumbrera**「発光体、天窓」や **alumbrar**「照らす、啓発する」などが見つかる。一方、ラテン語 *lūmen* が音韻変化を経ずに -lum- という語根を留めた教養語が **luminaria**「イルミネーション」、**luminoso**「光を発する」、**iluminar**「照らす」(< *in-* 中を + *lūmināre* 照らす)などである。

スペイン語で「つや、光沢」のことを **lustre** という。この語も「光」と関係し、lu- で始まっているために同族語ということになる。ただし、この語はスペイン語語彙として定着するまでに複雑な経緯をたどっている。インド・ヨーロッパ祖語の *leuk- に -stro- という接尾辞が追加され、ラテン語に *lustrum* という語をもたらした。これは 5 年毎に行わ

れた「清めの儀式」のことで、前6世紀の古代ローマ王セルウィウス
が最初の国税調査を実施したとき、全ローマ市民に練兵場へ出頭するよ
う命じ、国税調査の終了宣言も兼ねて「清めの儀式」を執り行ったと
いう。以来、監察官が賦課金や貢物を民衆に課す目的で5年毎に人口
調査を実施し、その後でこの儀式が行われた。この5年毎の清めの儀
式のことを *lustrum* と呼んだ。これがイタリア語の lustro となり、スペ
イン語へはカタルーニャ語 llustre「つや」を経由して導入された。ラ
テン語 *lustrum* の動詞形 *lustrāre* は「清める」を表し、これも「輝かせる」
行為の一種である。スペイン語にも **lustrar**「磨く」という動詞が受け
継がれているが、あまり頻度は高くない。ここに接頭辞 in- を足して
できた語が **ilustrar**「例証する、挿絵を入れる、啓発する」である。同
系列の語に **ilustre**「著名な」という形容詞があり、一見「光」と関係
なさそうだが、語源のラテン語 *illustris* の意味が「照らし出された、傑
出した」であったとわかれば、関連性が見えてくるであろう。これが、
-lu- という語根を含んだ lustre に基づく一連の語と「光、輝き」とのつ
ながりである。

　語内に -lu- を含みつつ「光」と関連する語として **luna**「月」を見
過ごすことはできない。ラテン語でも「月」は *lūna* といい、この場合
はインド・ヨーロッパ祖語 *leuk- に -snā- という接尾辞が追加された
*leuk-snā- という再建形が起源とされる。その起源において *lūna* とは
「光輝くもの」のことだった。結果的に見れば、luz「光」、lumbre「明
かり」、lustre「光沢」、そして luna「月」はすべて -lu- という語根と
「光」という意味の共通項で括られた同族語ということになるわけだ。

　スペイン語で「月の」という最も直接的な意味を持った形容詞は
lunar だが、もう一つ luna から派生した形容詞として **lunático** がある。
月の満ち欠けという現象は古代人にとって謎であり、そもそも夜空に
ぼんやりと輝く月の存在が神秘的かつ不気味だった。それゆえ、月光
には霊気が宿り、これが人間の精神異常の原因だと信じられていた。
lunático が「精神異常の、気まぐれの」という、現代人の感覚からすれ
ば月と無関係の意味を担っている理由がここにある。

種、根、群れ：農耕・牧畜に付随するイメージ

　自然を利用して食糧を供給する農耕や牧畜は人類にとって不可欠な営みである。農耕・牧畜こそが産業というものの基本であったことから、これらに付随するものを発端とする概念は多様で、関連するさまざまな語彙が現代まで連綿と受け継がれてきた。場合によっては意味が大きく転化していることもある。

　たとえば、作物の根源となる「種」がそうである。スペイン語の **semilla**「種」の語尾 -illa は縮小辞であり、sem- の部分が語幹となる。ラテン語で「種」は *sēmen* といい、その動詞形は *sēmināre* といった。スペイン語へは -m(i)n- > -mbr- という音韻変化が適用されたために、動詞は **sembrar**「種を蒔く」という形で伝わった。そして、ラテン語で「苗床」のことを *sēminārium* といい、これがスペイン語に **seminario**「ゼミナール」として入った。原義の「苗床」から「種を蒔いて育て上げる場所」の暗喩として「専門家育成所」という意味に発展し、キリスト教が普及して以降は「神学校」の意味でも用いられるようになった（織田信長の庇護の下で 16 世紀の宣教師オルガンチーノが安土に建設したキリシタン学校のことを「セミナリヨ」と呼ぶのはそのためだ。ただし、この語はポルトガル語由来である）。

　種を蒔いて作物が育つと根が生える。日本語でも同じだが、「根」は「堅固に定着すること」の暗喩であり、物事の「基礎」あるいは「中核」のイメージと結びつく。スペイン語 **raíz**「根」の形容詞形が **radical**「根本的な、急進的な、根の」である事実が如実にそのことを物語っている。ラテン語で「根」は *rādix*（対格 *rādīcem*）である。スペイン語名詞の raíz に語中子音 -d- が欠けているのは音韻変化を経た民衆語だからであり、形容詞に -d- が含まれているのは教養語だからである。そこで、**arraigar**「根づく」（< *a[d]-* 〜へ + *rādīcārī* 根が付く）、**desarraigar**「根絶する」（< *des-* 分離 + arraigar）といった -rai- を語根とする語は民衆語であり、**erradicar**「根絶する、撲滅する」（< *ex-* 外へ + *rādīcārī* 根が付く）という語は教養語であることがわかり、語の成り立ちが明らかとなる。

牧畜と聞けば牛や羊の「群れ」が思い浮かぶことであろう。ラテン語では「群れ」のことを grex（対格 gregem）といった。この語自体は単独でスペイン語に **grey**「（小規模の）群れ」という形で存続しているものの、日常的に頻度が高いと言える語ではない。ラテン語 grex は、むしろ本来の「群れ」の意味を失くした合成語の一部として教養語の中に混在している場合が多い。具体的には、**agregar**「追加する」（< a[d]- 〜へ + grex 群れ）、**congregar**「集める」（< con- 共に + grex 群れ）、**segregar**「隔離する」（< sē- 切り離し + grex 群れ）などで、-greg- が「群れ」を表す語根である。

流動、融合、浮沈：水に付随するイメージ

　「スペイン語を流暢に話す」を "hablar español con fluidez" という言い方をする場合がある。この慣用句の中にある **fluidez**「流暢さ」に着目してみよう。これは **fluir**「（液体が）流れる」の名詞形であり、語源はラテン語 fluere「流れる」である。「流動性の」という形容詞は **fluido**、「河川の」は **fluvial**、「流入する」という動詞は **afluir**（< a[d]- 〜へ + fluere 流れる）、そして「合流する」は **confluir**（< con- 共に + fluere 流れる）という。ここから、語根 -flu- は「流動」を表していることが見て取れる。「余計な出費」のことをスペイン語で gastos superfluos のようにいう。ここで「余剰の、余計な」を表す **superfluo** もまた、接頭辞 super-「上に」を語根 -flu- に足した同族語である。ラテン語で superfluere とは「あふれ出る」という意味だった。

　この -flu- を語根に持つ語として忘れてならないのが **influir**「影響する」や **influencia**「影響」である。直接の語源である influere は《in- 中に + fluere 流れる》という合成語であり、文字通り「流れ込む、染み込む」といった意味しかなかった。さらに、influir は **influjo**「影響力」という名詞も派生させている。語尾が -jo になるのは、fluere の過去分詞 fluxus に音韻変化が加わった形が基になっているためだ。これが名詞

化してスペイン語に **flujo**「流れ」をもたらした。一方、形容詞としての過去分詞 *fluxus* は「流されやすい」という性質を表すことから、「力のない、弛んだ、不安定な」の意味でも使用された。こちらはスペイン語に **flojo**「弛んだ、怠惰な」となって出現する。そして、ここから動詞形の **aflojar**「緩める」が出る。

ラテン語 *fluere* は *fluctus*「波」という名詞も生み出した。これがさらに *fluctuāre*「波打つ」という動詞を派生させた。今日のスペイン語で **fluctuar** といえば原義に近い「浮動する」という意味もあるが、むしろ相場などが「変動する、上下する」といった比喩的意味で用いることが多い。

ラテン語で比較的大きな「波」のことは *unda* といった。これがスペイン語の **onda**「波」になる。ラテン語 *unda* はインド・ヨーロッパ祖語 *wed-「水」から来ており、英語の water「水」と起源を同じくする。結果的に見ると、スペイン語の onda と英語の water が究極的には同じ語源ということになる。スペイン語 onda の派生語として **ondear**「波打つ、たなびく」や **ondular**「波打つ、たなびく」といった動詞が存在する。そして、ラテン語本来の語形を留めた教養語は **inundar**「洪水を起こす」(< *in-* 中に + *unda* 波)、あるいは **abundar**「豊富にある」(< *ab-* 離れて + *unda* 波)に見られる。いずれも「大波の氾濫」というイメージが根底にあるのがわかる。

水と関連して、今度は「水没」について言及してみよう。「沈める」はスペイン語で **hundir** である(「沈む」は **hundirse**)。他の例から漏れず、やはり語頭の h- はもともとラテン語で f- だった。そこで h- を f- に変換してみると **fundir**「溶かす、融合させる」ができ上がる。つまり両者は二重語であり、いずれもラテン語の *fundere*「注ぐ、濡らす、溶かす」に由来する。過去分詞は *fūsus* と変化したため、この語幹が名詞形の **fusión**「溶解、融解」の基になった。fundir を語幹とした合成語として **confundir**「混同する」(< *con-* 共に + *fundere* 溶かす)、そして **difundir**「拡散する、広める」(< *dis-* 分離 + *fundere* 溶かす)がある。

同等、類似

　「同じ」を意味する形容詞には mismo と igual がある。前者の **mismo** ができ上がるまでにはやや複雑な過程を要した。現代スペイン語であれば、「私自身が」や「私自身を」と人称代名詞の意味を強めようとするとき、それぞれ "yo mismo(/-a)"、"a mí mismo(/-a)" という。これが古典ラテン語では *egomet*、*memet* のように人称代名詞に -*met* という小辞を追加することで表された。これとは別に「自分自身」を意味する *ipse*（囡*ipsa*; 田*ipsum*）という代名詞も存在した。ところが、俗ラテン語においては、本来なら代名詞の後ろにしか付けられないはずの接尾辞 -*met* が代名詞 *ipse* の前に付き、なおかつ *ipse* は最上級語尾 -*issimus* を追加して、*metipsissimus* という形が出現した。これが *medipsimus* を経て、mismo（中世は mesmo）へと縮約する。

　対して、後者の **igual** はラテン語 *aequālis*「平らな、同等の」に音韻変化が加わった民衆語だ。名詞の **igualdad** もラテン語 *aequālitās*（対格 *aequālitātem*）から出たものであり、動詞 **igualar** はロマンス語になってからの創作である。

　ラテン語の二重母音 *ae* は俗ラテン語で一律に単一母音のĕになる。そのため、-aequ- という語根がスペイン語の教養語では -ecu- または -equi- となって現れることになる。たとえば、**adecuar**「適合させる」（< ad- 〜へ + -ecu- 同じ + -ar 動詞語尾＝同じ状態にする）、**equilibrio**「均衡、バランス」（<*equi*- 同じ + *lībra* 天秤）、**equinoccio**「春分、秋分」（<*equi*- 同じ + *nox* 夜）、**equivaler**「等価である」（<*equi*- 同じ + *valēre* 力がある）、**equivocar**「間違える」（<*equi*- 同じ + *vocāre* 呼ぶ）など多様性に富む。「赤道」を意味する **ecuador** も同類である。この語はラテン語 *aequāre*「平らにする、等しくする」から派生した中世のラテン語 *aequātor* に由来する。また、「公明正大な、平静な」を意味する教養語の形容詞 **ecuánime** にも -ecu- が見られる。これは、《*ecu*- 同じ + -*animus* 魂》という合成語である。

　「均質、均等」のイメージは、土地の「平坦」とも直結する。「平ら

な」を意味する最も一般的なスペイン語形容詞は llano である。**llanura** や **allanar**「平らにする」のような直接的な派生語は関連性が明白だが、もう一つ「平らな」や「平面（図）」を意味する **plano** もまた同語源だと言われたらどうであろうか。いずれも語源はラテン語 *plānus*「平らな」で、ロマンス語になる過程で語頭子音群 pl- は -l- が口蓋音化し、語頭の p- が脱落したため、民衆語は llano となった。つまり llano と plano は二重語である。派生語の **aplanar**「平らにする、地ならしする」は教養語の plano を基盤としている。

　「類似」という概念に関しては、「似ている」を意味する基本的形容詞として **semejante** が挙げられる。この形容詞は動詞の **semejar**「似ている」から派生したもので、語源は俗ラテン語 *similiāre*（＜古典ラ *similāre*「似ている」）である。スペイン語で semejante と同義の形容詞 **similar** は、*similis* というラテン語形容詞に基づいてできたもので、ほぼ音韻変化を経ていない教養語である。派生語として **similitud**「類似性」、**asimilar**「同化する」、**disimilar**「異化する」などがある。また、「模擬実験、シミュレーション」のことである **simulación** の語根 -sim- も同根である。

　ラテン語 *similāre* がカタルーニャ語に入ると semblar という姿になる（フランス語では sembler「〜に見える」になり、英語の resemble「似ている」へとつながる）。この動詞を基にしてできた名詞がスペイン語の **semblante**「顔つき、表情」である。結果的に、この語も同族語ということになる。

「充満」を表す -ple(n)-/-pli-、「空虚」を表す -vac-/-vast-

　たとえば、「広場は人でいっぱいだ」という表現をスペイン語で "La plaza está llena de gente." という。一方、「今、真夏だ」は "Ahora estamos en pleno verano." のような言い方をする。ここで使用されるそれぞれの形容詞 **lleno** と **pleno** は二重語で、どちらもラテン語の *plēnus*「いっぱいの、充満した」に由来する。前述のラ *plānus* ＞ ス llano の変

化と原理はまったく同じで、民衆語の方は語頭の子音群 pl->ll- の音韻法則によって、*plēnus* が lleno になった。したがって、動詞 **llenar**「満たす」のように、語根が -llen- となっている語は民衆語形、名詞 **plenitud**「十分、最盛期」のように -plen- という語根を含んでいれば教養語形ということになる。

ラテン語で *plēnus* の動詞形は *plēre*「満たす」といった。これに接頭辞 con-「共に」を付した *complēre* という同義の動詞もあり、これの過去分詞が *complētus* と変化した。ここから生まれたスペイン語が形容詞の **completo**「完全な」である。さらには、lleno の類義語である **repleto**「満ちた」もまた -plet- という語根を含むことから、明らかに同族語だとわかる。

ラテン語 *complēre* は母音に若干の変化が生じ、スペイン語には **cumplir**「満たす、果たす」となって継承されている。その名詞形を **cumplimiento**「遂行」というが、「補足物」を意味する **complemento** と語形が類似しているのは、どちらもラテン語の *complēmentum*「補充物」という *complēre* の名詞形を語源とする二重語だからである。その他、同系の語彙として **suplir**「補う、代行を務める」（<*sub-* 下で＋*plēre* 満たす＝補完する）や **suplemento**「補充、補遺」などがある。語根 -plen-、-plet-、-pli- を含む語は、「充満」や「補完」を共通の意味とした lleno や pleno の同族語である。

「充満」とは反対に「空の、空虚な」を表す基本語は **vacío** である。派生語として **vaciar**「空にする」や **vacante**「图欠員；形空位の」などがあり、vaciar と llenar が対称的な反義関係を成す。vacío の語源となるラテン語形容詞は *vacuum*「空の」で、その動詞形は他動詞を *vacuāre*「空にする」、自動詞を *vacāre*「空虚である」といった。後者についてはスペイン語にも **vacar**「空になる、欠員が出る」という教養語として、さらには **vagar**「暇を持て余す、無為に過ごす」という民衆語として受け継がれている。つまり、両語は二重語である（これとは別に「放浪する」という意味の vagar もあるが、こちらは語源が異なる）。実は、vacar から派生した名詞形が **vacación** で、現代でこそ「長期休暇、バカン

ス」の意味で用いられているが、こうした概念は労働者の権利が擁護されるようになった時代の産物である。ラテン語における *vacātiō*（対格 *vacātiōnem*）とは「（義務や兵役からの）免役、解放」という意味で、現代の vacación とは大きく異なっていた。こうした例から、語根 -vac- は「空虚」を表すことが明らかとなる。そうすると、スペイン語の **evacuar** がなぜ「避難する、立ち退く」を意味するのかについても説明できるようになる。語源のラテン語 *ēvacuāre* の原義は「外に追い出して（*ex-*）空にする（*vacuāre*）」であったことから、「容器を空にする」という意味で用いられた。これが転じて「場を明け渡す」の意味になった。

　形態素 -vac- の起源をインド・ヨーロッパ祖語にまで遡ると、*eu- 「空の」という語根にたどり着く。そして、この語根はラテン語に *vacuus* とは別にさらなる2種類の形容詞をもたらした。一つは *vānus* 「虚ろな、無益な」で、もう一つは *vastus* 「無人の、荒廃した、とてつもなく広い」である。前者はスペイン語で **vano** 「空虚な、むなしい」として用いられており、後者は **vasto** 「広大な」として存続している。さらに、この vasto は **devastar** 「荒廃させる」とも関係する。vasto とは「広い土地から人の姿が消えて空虚になった」状態であり、それは同時に「荒れ果てた」状態でもあった。それゆえ、vacío、vano、そして vasto という3種類の形容詞はいずれも、「空虚」を共通項として起源を同じくする同族語ということになる。

　ラテン語の形容詞 *vastus* の動詞形は *vastāre* 「空にする、無人にする、荒廃させる」という。この動詞を語源とするスペイン語は **gastar** 「費やす、消費する」である。両者の意味の違いについては、「手元にあるものをなくならせる」と考えれば結びつくであろう。問題は語形である。ラテン語からスペイン語への通常に起こる音韻変化法則に従えば、語頭の v- が g- になることはない。しかしながら、ゲルマン起源の語彙であれば、元の語が w- で始まっていればスペイン語で一律に g- となって現れる。たとえば、ゲルマン語 *werra（英語 war に相当）は guerra 「戦争」に、ゲルマン語 *wardôn（英語 ward に相当）は guardar 「守る」になる［→ 78 頁］。ラテン語の *vastāre* に関しては、時代が下ると類義のゲ

ルマン語 wôstjan の影響で [wastāre] と発音された（古典ラテン語の発音を継承したわけではない）。そのため、ゲルマン起源の語彙が被ったのと同じ語頭子音の変化 w->g(u)- が適用され、ラ *vastāre* >俗ラ *wastāre* >ス gastar という特異な変遷過程をたどった。結果として、gastar もまた vacío-vano-vasto の同族語に含めなければならなくなる。

「強い」と「固い」

スペイン語で「力強さ」や「頑丈さ」という意味での「強い」に相当する一般的な形容詞は **fuerte** である。fuerte に対応する名詞形は **fuerza**「力」であり、動詞形は **forzar**「強制する」である。語源となるラテン語で「強い」は *fortis* といい、英語で「砦、要塞」を指す fort という語と兄弟語である。現に、スペイン語の fuerte も名詞として使用されると「砦、要塞」を指す。名詞の fuerza や動詞の forzar はそれぞれ俗ラテン語の *fortia*「力」と *fortiāre*「強いる」から来ており、いずれも形容詞 *fortis* が基盤になっている。「必然的な、義務的な」といった不可抗力を感じさせるニュアンスの形容詞 **forzoso** は名詞 fuerza ありきの派生語である。

そこで、語根 -fort- および -forz- を含んだ語は「強力、頑丈、強制」とかかわることになる。具体的には、**fortificar**「強化する」（< *fortis* 強い + *facere* 作る）、**fortaleza**「丈夫さ、要塞」（<中ラ *fortalitia*「要塞」）、**esforzar**「力づける」（<俗ラ *exfortiare*「外部に力を示す」）などである。他に、「快適な」を意味する **confortable** も同族語である。こちらは **confortar**（< *con*- 共に + *fortis* 強い）からの派生語で、「丈夫にする、元気づける」を表す。元来 confortable とは「強健な状態になり得る」という意味だった。

安定して容易には揺るがない状態の強固さ、すなわち「固い、堅固な、不動の」という意味合いを持つスペイン語の形容詞は **firme** である。古典ラテン語で「固い」は *firmus* であり、仮にこの語形を語源と

するのであれば、スペイン語で firme にはならない。そこで、直接の語源は俗ラテン語の *firmis に求めなければならない。

明らかに同根のスペイン語動詞は **firmar** である。ところが、その意味は「署名する、調印する」であり、形容詞の firme の意味と即座には結びつかない。すでにラテン語に *firmāre* という動詞はたしかに存在した。形容詞形の *firmus* が基であることから、「強固にする、確実にする、励ます、保証する」といった意味で使用された。現代であれば "firmar un contrato"「契約書に署名する＝契約を結ぶ」や "firmar un tratado de paz"「和平条約に調印する」のような使い方をするのは、「約束事を確実なものとし、絶対に裏切らない保証をする」という「堅固さ」が根底にあるからである。「署名する」ことは約束の遂行を請け負ったことへの証であり、いわば換喩としての意味である。ここから現代では、いかなる書類においても「サイン、署名」のことを **firma** と表すようになった。なお、「確実にする」という意味で -firm- という語根を含んだ語が **afirmar**「断言する、肯定する、確信する、保証する」（< *ad-* 〜へ + *firmāre* 強固にする）と **confirmar**「確認する」（< *con-* 共に + *firmāre* 強固にする）である。

さて、firme の意外な同族語について触れておこう。スペイン語の firme という語形は音韻変化を経ていないので教養語である。もし音韻変化が加われば、ラテン語の短母音 -i- はスペイン語で -e- に変化するため、語根は -ferm- になるはずである。現に、この語根を含んだ頻度の高い語が存在する。それが **enfermo**「病気の」である。直接の語源はラテン語の *infirmus* で、否定の接頭辞 *in-* と *firmus* とが合成してできた形容詞である。「堅固な」の反義語であることから「弱い、無気力な」が第一義である。スペイン語の enfermo に直結する「虚弱な」を表す傍らで、「憶病な、当てにならない」といった性格上の意味でも用いられた。

「緩慢」を表す -lej-/-laj-/-lax-：同一語源の dejar「残す」と lejos「遠くに」

　今度は「緩い」状態を話題にしよう。日本語話者は、緊張から解放されてくつろぐ場合に、英語借用語を用いて「リラックスする」ということが多いであろう。英語で「くつろぐ」を表す動詞 relax に対応するスペイン語は **relajar** である。語頭の re- は「反復」の接頭辞であり、語幹は -lajar ということになる。これはラテン語 *laxāre*「広げる、緩める」から来ており、ラテン語語中子音の -x- は音韻変化によりスペイン語で -j-[x] になった。あまり頻度は高くないが、スペイン語にも **laxar**「緩める」という音韻変化を経ていない教養語の動詞がある。ラテン語 *laxāre* は、元の意味をさらに強化するために「分離」を表す接頭辞 *dē-* と結びついて、中世のスペイン語に delexar [deleʃár] という語をもたらした。この語形と並行して、中世の文献には語中の -le- が脱落した dexar [deʃár] も早い段階から使用が確認される。後者の語中音脱落形が現代の **dejar**「残す、貸す、やめる、～させておく」となって受け継がれることになる。つまり、dejar の -jar という部分は relajar の -jar とまったく同じ要素なのである。

　ラテン語の *laxāre* はもともと *laxus*「広い、緩んだ」という形容詞から派生した動詞であった。この *laxus* の副詞形は *laxē*「広く、緩んで」といい、その比較級は *laxius* と変化した。ここから音韻変化を経てできたスペイン語が **lejos**「遠くに」である。結果として、lejos と dejar もまた同一の根元から分出した同語源の語ということになる。

コラム4：カタルーニャ語からの借用語

　生粋のスペイン語語彙は、最終の文字が子音で終わるとするなら、s, l, r, n, d, z, y に限定される。したがって、club「クラブ」、frac「燕尾服」、surf「サーフィン」、carnet「身分証明書」といった語は例外なく外来語である。中でも珍しいのが、語末に j が来る **reloj**「時計」であろう。これはカタルーニャ語 rellotge からの借用語である（正確には中世のカタルーニャ語で、"l" が一つ少ない relotge から来た）。ただし、究極の語源はラテン語で「時計」を意味する *hōrologium* である。ところで、古代ローマにおける時計はどのようなものだったのだろう。それは *hōrologium sōlārium* と呼ばれる「日時計」と、*hōrologium ex aquā* と呼ばれる「水時計」だった。水時計とは、容器に一定量の水を流し込み、水が溜まった分量で時間を測るというものだ。計測の正確さでは日時計が優ったが、日時計は雨天の日や日没後は使用できないばかりか、緯度によって誤差が生じるといった欠点があり、そうした欠点を水時計で補っていたようだ。

　中世になると、キリスト教会の祈禱の時刻を正確に計測する必要性から機械時計が現れ出した。特に 14 世紀頃から、ピレネー以北のヨーロッパ諸国で改良が重ねられ、ピレネー以南のイベリア半島に機械時計が導入されたのは 14 世紀後半のバルセロナが最初である。スペイン語（＝カスティーリャ語）で reloj（中世は relox）が初めて文献に記録されるのは 15 世紀初頭であり、カタルーニャより一歩遅れをとっていた。つまり、時計は中部ヨーロッパからカタルーニャを経てスペイン中部に伝わってきたことがわかる。

　このように起源はラテン語やギリシア語であっても、スペイン語への導入はカタルーニャ語を通じての借用というプロセスを経た語彙が一定数存在する。王立スペイン語アカデミーの辞書には、カタルーニャ語由

来の借用語が375語採録されているという。

　15世紀になると、カタルーニャ語の社会的威信はカスティーリャ語
（＝スペイン語）と同じくらいの水準に達していた。当時のアラゴン連合
王国の行政言語であったのみならず、ジュアノット・マルトゥレイやア
ウジーアス・マルクをはじめとする数々の作家が優れた文学作品を産出
した立派な文章語でもあった。アラゴン連合王国は地中海交易において
積極的であり、シチリア島、サルデーニャ島、そしてナポリ王国にまで
進出した。中世末期のカタルーニャ語はもはや地中海文化と交易を担う
メジャー言語になっていた。それのみならず、中部ヨーロッパ（とりわ
けフランス）から来た流行や新たな文物を指す語彙をスペイン語にもた
らす仲介役として機能した。こうしたことが、スペイン語にカタルー
ニャ語由来の語彙が少なからず存在する背景である。

　それでは、カタルーニャ語からの借用語（catalanismos）の例をいくつ
か挙げてみよう（カタ：カタルーニャ語）。

añorar「懐かしむ」＜カタ enyorar「（不在を）寂しく思う」（＜ラ *ignōrāre*
「知らない」）

barraca「バラック」＜カタ barraca

caja「箱」＜カタ caixa（＜ラ *capsa*「箱」）

calamar「イカ」＜カタ calamar（＜伊 calamaro「イカ」）

capicúa「左右どちらから読んでも同じことば」＜カタ capicua（＜ラ
caput et cauda「頭と尻尾」）

clavel「カーネーション」＜カタ clavell（＜後ラ *clavellus*「丁字」）

cuartel「兵舎、区域」＜カタ quarter「兵舎、区域」（＜ラ *quartārius*
「4分の1」）

faena「仕事」＜古カタ faena（＜ラ *facienda*「行われるべきこと」）

festejar「もてなす、祝う」＜カタ festejar「交際する、祝う」

forastero「よそ者、外国人」< カタ foraster「よそ者」(< 俗ラ *forestis* 「村」)

nivel「レベル」< カタ nivell (< 俗ラ *lībellum* < ラ *libella*「水準器」< ラ *libra*「天秤」)

imprenta「印刷」< カタ empremta「痕跡」(< ラ *imprimere*「刻みつける」)

muelle「桟橋、堤防」< カタ moll (< ラ *mōlēs*「巨大な建造物」)

papel「紙」< カタ paper (< ラ *papȳrus* < ギ παπύρυς「パピルス紙」)

pólvora「火薬」< カタ pólvora (< ラ *pulvis*「埃、砂塵、灰」)

sastre「仕立屋」< カタ sastre (< ラ *sarcīre*「繕う」)

turrón「トゥロン」< カタ turró (←語源不詳)

viaje「旅行」< カタ viatge (< ラ *viāticum*「旅費」)

　スペイン料理と聞いて多くの人が最初に思い浮かべるのは「パエリャ」ではないだろうか。この **paella** という語もカタルーニャ語で、より正確にはバレンシア語である。起源はラテン語の *patella* で「金属製の皿」を指した。パエリャは、今では日本人に最も馴染みのあるスペイン料理と言っても過言ではないほど知れわたっているが、スペイン語の文献に paella という語が最初に出現した時期は意外に新しく、19 世紀末になってからである。

　このように、現代スペイン語において欠かすことのできない語彙の中にカタルーニャ語からの借用語が思いのほか多く存在しているのである。

5　人間集団・身体部位・人間心理に関連する語彙

親族名称：patria「祖国」は padre から、materia「材料」は madre から

　人間共同体の最小単位は家族である。「家族」を意味する **familia** は英語の family を含め、ヨーロッパ諸国で共通語彙の一つである。スペイン語においてもすでに中世の早い段階で、familia という語は文献中に見出される。ラテン語にも *familia* という同一のつづりの語は存在するが、その概念は現代語と異なっていた。ラテン語での *familia* は *famulus* と呼ばれる「奴隷」の集合体を指していた。*familia* の概念が夫婦、父母、祖父母、息子・娘、兄弟・姉妹といった親族単位としての家族を示す語として使用され始めるのは近世以降のことである。

　さて、親族名称に関する最も基本的な語彙は **padre**「父」と **madre**「母」であろう。それぞれラテン語の *pater*（対格 *patrem*）と *māter*（対格 *mātrem*）に由来する。スペイン語の padre と madre に含まれる有声子音の -d- はもともと無声の -t- だった。したがって、現代スペイン語語彙の中に -pat(e)r- という語根を含むものは必ず「父、父性」を、-mat(e)r- を含むものは「母、母性」を表す。具体的には、**paterno**「父方の」に対する **materno**「母方の」、**paternidad**「父性」に対する **maternidad**「母性」をはじめとして、-patr- を含む語には **patria**「祖国」、**compatriota**「同国人」、**patrimonio**「財産、歴史的遺産」、**patrón**「庇護者、パトロン、守護聖人」などがあり、-matr- を含む語には **matrimonio**「結婚、夫婦」などがある。patrimonio と matrimonio はその語形からわかるように、起源においては反義関係にあった。語尾の -monio はラテン語で「状態」を表す語尾 *-mōnium* のことであり、ラテン語 *patrimōnium* とは「父である状態→世襲財産」、

mātrimōnium は「母である状態→結婚」と、それぞれ意味が抽象化したものだった。前者は現代スペイン語でたとえば「世界遺産」を表すときに patrimonio de la Humanidad のように用いられている。また、個人名によく用いられる Patricio や Patricia は *patricius*「貴族（男）」と *patricia*「貴族（女）」に由来し、「父親のはっきりした子」が原義で、貴族としての血統を示す名前だった。

ラテン語 *māter* に基盤を置く語として **materia**「物質、材料、題材」および **material**「形物質的な；图材料、用具」を見逃してはならない。本来「母」とは、"La necesidad es la madre de la invención"「必要は発明の母」という有名なことわざに見られるように、「生み出すもの、万物の源」の暗喩でもある。ここから、「材料＝物品の源」を意味するラテン語として *māter* から *māteriēs* という語が派生した。これが教養語としてスペイン語に借用されると materia になり、音韻変化を経たものが **madera**「木材」という民衆語になった。つまり両者は二重語の関係である。「母＝源」のイメージは「記録の原本」という意味に発展することもある。つまり matre- に縮小辞 -cula- を追加したものが **matrícula**「登録（簿）、（車の）ナンバー」である。また、近年 IT 用語として耳にする頻度が高くなった「マトリックス」も「母」と関係することがわかるであろう。これは「母体、基盤、発生源」のことであり、スペイン語では **matriz** といい、やはり -matr- を語根に持つ。この語の第一義は「母体、子宮」だが、機械用語としてなら「鋳型」、数学用語としてなら「行列」のように、むしろさまざまな分野での専門用語として使用されることが多い。語源はラテン語 *mātrix*（対格 *mātricem*）に遡る。

人と人民

スペイン語で「人」を表す一般語として **persona** と **hombre** がある。前者の由来元であるラテン語 *persōna* は本来「舞台俳優のつける仮面」のことであり、そこから「（舞台の）役柄、登場人物、個人」を意味す

るようになった。後者はラテン語 *homō* に起源を発し、「人間、男」の
ことだった。その対格形である *hominem* が中世の omne という語形を
経て、現在の hombre になった。

　まず、persona の派生語を列挙してみると、**personal**「形個人的な；
名スタッフ、人事」、**personaje**「登場人物」、**personalidad**「個性」な
どがある。つまり、persona は「人格、個性」に重点を置いた「人」だ
と見て取れる。一方、hombre の関連語について見てみると、この語に
含まれる -hom(i)- という語根は、たとえば **homicidio**「殺人」[→ 34 頁]
(< *homō* 人 + *caedere* 殺す）や **homenaje**「敬意」といった語にも見出さ
れる（homenaje は古プロヴァンス語 omenatge からの借用語である）。この語
根の異形態が -hum- で、**humano**「人間の、人間らしい」、**humanismo**
「人道主義」、**humanidad**「人類」といった -human- を語根とする一連
の語彙が hombre と同族関係にあることがわかる。つまり、hombre は
生物種としての「人間」という意味合いが強いということになる。

　この「人間」が群れを成すと呼び名は変わる。没個性的な集団とし
ての「人々」は **gente** であり[→ 109 頁]、さらに「群衆」という意味なら
muchedumbre という[→ 234 頁]。そして、これらとは別に **pueblo**「国民、
村、町」がある。pueblo の語源はラテン語 *populus*（対格 *populum*）で、
「人民、国民」を指した。*populus Rōmānus* といえば「ローマ人」のこと
であった。母音間の無声音 -p- が有声化し、強勢母音 -o- が二重母音化
を起こし、無強勢母音 -u- が脱落したために *populum* > pueblo と変化し
たが、**popular**「大衆的な、人気のある」や **populoso**「人口の多い」とい
う形容詞に本来の語形の姿を見て取れる（つまり、教養語である）。動
詞形は **poblar**「居住させる」といい、その名詞形 **población**「住民、人
口、町」とともにこれらは民衆語である。ラテン語にも *populārī* とい
う動詞（形式受動動詞）およびその名詞形 *populātiō*（対格 *populātiōnem*）
は存在した。ところが興味深いことにそれらの意味は「荒廃（させる）
/ 略奪（する）」である。古代社会において、新参の人民を別の土地に
入植させることは、従来からその土地に住んでいた住民から「略奪行
為」を働くことであり、その結果が「荒廃」であった。現代でこそ

población は「人口」という意味で用いられるが、その起源においては「荒廃、略奪」のような否定的・暴力的な意味で用いられていた。

友人、客、敵

　「友人」を表す **amigo** の語源はラテン語 *amīcus*（対格 *amīcum*）である。このラテン語は名詞で「友人」であったのと同時に形容詞で「友好的な、親切な」を意味した。この *amīcus* の基となったラテン語動詞が *amāre*「愛する、好む」で、スペイン語動詞 **amar**「愛する」の語源に当たる。そこで、語根 -am(a)- を含む語は「愛、友好」にかかわることになる。名詞の **amor**「愛」をはじめとして、**amable**「親切な」や **amistad**「友好」などが挙げられる。これらのうち、最初の 2 語は古典ラテン語に *amor*「愛」（対格 *amōrem*）、*amābilis*「愛すべき」という発生源の明らかな語を持つが、amistad は俗ラテン語 **amīcitās*「友好」（対格 **amīcitātem*）が起源である。形容詞形の **amistoso**「友好的な」は後の時代に amistad から派生した。なお、「恋をする」を意味する動詞 **enamorarse** は、ロマンス語になってから名詞 amor を基に創られた。

　ラテン語 *amīcus* に「反対」を表す接頭辞 in- が付されると、語頭の母音 a- が i- に変化した。そこで現れた語が *inimīcus*（対格 *inimīcum*）であり、「敵」を意味した。ここに音韻変化が加わってできたスペイン語が **enemigo**「敵」である。名詞形の **enemistad**「敵意、敵対関係」もまた俗ラテン語 **inimicitās*（対格 **inimicitātem*）に由来する。

　異郷から来た見知らぬ人を友好的に歓迎するなら、その人物は「客」として扱われる。ところが、「宿泊客」を意味する **huésped** は「軍勢、（政党の）支持者」を表す **hueste** と同族語である。前者はラテン語 *hospes*「客」（対格 *hospitem*）から、後者は *hostis*「外国人、敵」（対格 *hostem*）から来た。*hospes* と *hostis* の起源をインド・ヨーロッパ祖語にまで遡ると両語が同根であったことが知られている。つまり、見知らぬ異国人とは、一時的に平和的な関係を築くだけであれば「客」（*hospes*）だ

が、群れを成して侵入してくれば「敵」（*hostis*）と見なされる。異国人をどう見るかの違いが似て非なる語形となって表れているわけである。スペイン語 huésped の動詞形は **hospedar**「宿泊させる」で、こちらはラテン語動詞 *hospitārī*「宿泊する」から来ている。名詞形 **hospedaje**「宿泊」はロマンス語になってから創られた派生語である。ラテン語の *hospes* は *hospitālis* という形容詞を派生させている。意味は「もてなしの良い」である。この形容詞を基にできた抽象名詞が *hospitālitās*「もてなし、厚遇」（対格 *hospitālitātem*）で、スペイン語の **hospitalidad**「厚遇」の語源となっている。一方 *hostis* は、*hospitālis* とまさに対極の意味をなす *hostīlis*「敵の、敵対する」という形容詞を生み出し、スペイン語に **hostil**「敵の、敵対する」および **hostilidad**「敵対、敵意」（＜後ラ *hostilitātem*）をもたらした。hospitalidad と hostilidad という、同根であるがゆえに語形が類似したこの2語が、スペイン語では「もてなし」と「敵対」という正反対の意味で用いられるようになったのは皮肉な話である。

　さて、中世に盛んだったことといえば巡礼である。これに伴い、多くの巡礼客を宿泊させる施設が各地に設置された。そうした宿泊施設のことを中世の人々はラテン語 *hospitālis* の中性形を名詞として用い、*hospitāle* と呼んでいた。名詞としての *hospitāle* は中世以降に現れた用法で、古典ラテン語には見られない。最初にこの語を導入したのはクリュニー会修道士だとされる。長距離を徒歩で移動する巡礼には疾病や怪我がつきものである。中世の *hospitāle* は宿泊サービスのみならず、疾病や怪我の治療を施す機能も担っていた。これが今日の **hospital**「病院」の起源である。スペイン語 hospital の形容詞形 **hospitalario** には「歓待する、手厚い」といった意味とともに「病院の、院内の」の意味があり、中世の *hospitāle* が宿泊施設兼医療施設だったことを如実に物語っている。スペイン語の hospital は音韻変化を経ていないために教養語であり、民衆語としてはいずれも他のロマンス語経由の外来語として、2語がスペイン語に伝わっている。**hotel** と **hostal** である。hotel「ホテル」は近代フランス語 hôtel からの借用語であり、初めて文献に現れ

たのが 1855 年と非常に新しい語である。hostal はホテルよりも安価な「簡易ホテル」のことで、カタルーニャ語から導入された可能性が高いが、確固たる証拠はないようだ。しかし、生粋のカスティーリャ語彙でないことは確かのようである。

手：多くの語彙の基盤となる身体部位

日本語でもスペイン語でも「手」という語を用いた慣用句はきわめて多い。中には、日本語で「助ける」の同義として「手を貸す」と表現するように、スペイン語でも ayudar の言い換えとして "echar una mano" を用いるといった、日西で同じ発想をする事例も見られる。こうした慣用表現の多さは、人間の日常生活にとって「手」がいかに重要な役割を果たしているかの表れである。

スペイン語の **mano**「手」はラテン語の *manus* から来た。現代語の語彙の中に -man- という要素が含まれていれば「手」に関係するとみてほぼ間違いない。たとえば、**manual**「形手動の；名手引書」、**manuscrito**「原稿」（*manus* 手 + *scriptus* 書かれた）、**manufactura**「手工業」（*manus* 手 + *factūra* 製造）、**mantener**「維持する」（< *manus* 手 + *tenēre* つかむ）、**maniobra**「制御、操作」（< mano 手 + obra 仕事）などは語の成り立ちが見えやすく、なぜその意味なのかも明らかである（漢字で言うなら手偏といったところか）。**mantel**「テーブルクロス」の man- も「手」のことで、語源のラテン語 *mantēle* といえば、「手拭き用の布」だった。それから、**manera**「方法、様式」（<ラ *manuāria*「手で動かす」）、**manejar**「操作する、[ラ米] 運転する」（<伊 maneggiare「扱う、運転する」）、**manipular**「操作する」、**manga**「袖」といった語も man- で始まり、意味はいずれも「手」に関係している。**maña**「器用さ」は -ñ- の文字に変化しているために気づきにくいが、やはり mano の関連語であることは知られており、たしかに「器用さ」も「手」のイメージから派生する。

manifestar「表明する」や **manifiesto**「名宣言、声明文；形明白な」

も man- で始まる。「手」と何か関係があるのだろうか。語源となるラテン語は *manifestus* という形容詞で、原義は「（犯行現場を）手で（*manus*）押さえられた（[*in*] *festus*）」であった。これは罪状明白な、紛れの余地のない状況である。そこから「明白な」を表すようになり、今日の「マニフェスト＝声明文」へと意味が発展した。ラテン語で動詞として派生した *manifestāre*「明らかにする」は語形・意味ともスペイン語の manifestar と大差ない。

mandar「送る、命令する」もまた《*manus* 手＋ *dare* 与える》と分析することができる［→ 61 頁］。もっとも、こちらはすでに古典ラテン語に *mandāre* という語として存在し、その第一義は「手渡す、交付する、引き渡す」だった。つまり「伝言を渡す、委ねる」の意味に進化したことから、この語は「（メッセージを）送る」になり、同時に「命じる」になった。名詞形の **mandato**「命令」の語源であるラテン語 *mandātum* は「命令」であるとともに「皇帝の勅書」のことでもあった。皇帝が文書を送って命令を下したという史実を想起すれば、なぜ現代スペイン語の mandar に「送る」と「命ずる」の意味が併存しているのかが理解できる。

mandar に接頭辞 con-「共に」を付した **comandar** という語があり、「軍の指揮を執る」という意味である。これは軍事という特殊な文脈でしか用いない語であり、日常生活には馴染みがないかもしれない。ところが、comandar に接頭辞 re- を足すと **recomendar**「薦める」という日常的に頻度が高い語になる点は興味深い。語中の母音が comandar から recomendar に変化しているため関係性はやや見えにくいが、この語は《*re-* 再び＋ *con-* 共に＋ *manus* 手＋ *dare* 与える／渡す》という 4 つの要素から成る複合体だったのである。

足：pie、impedir「妨げる」、expedir「発送する」の関係

「足」もまた日本語・スペイン語を問わず慣用表現できわめてよく用

いられる。さて、スペイン語の **pie**「足」を供給したラテン語は、主格を *pēs*、対格を *pedem* といった。近代以降外来語としてラテン語から取り入れられた語を除けば、ラテン語起源のスペイン語名詞は例外なく対格を直接の供給源としている。したがって、スペイン語 pie の直接の語源は後者 *pedem* である。一見、スペイン語と語形が大きく異なって見えるかもしれないが、これはラテン語における母音間の有声音 -d- が消失したことによるもので、ラテン語からスペイン語に推移する音韻変化ではごく普通の現象である。そこで、現代スペイン語語彙において「足」を表す語根は -ped- のみならず、子音 -d- が脱落した -pe- も視野に入れなければならない。たとえば、**peatón**「歩行者」、**pedal**「ペダル、踏み板」、**pedestre**「徒歩の」(「競歩」のことを carrera pedestre という) などがそうだ。ここから **impedir** がなぜ「妨げる」の意味なのかを容易に説明できるようになる。語源となるラテン語の *impedīre* は《in-中に + -ped- 足 + -īre 動詞語尾》と分析でき、「足枷をして動きを妨げる」ことが意味の始まりだった。同じ発想で接頭辞を in- から ex- に取り替えてみよう。そうするとスペイン語は **expedir**「発送する、交付する」になる。語源のラテン語 *expedīre* はまさに *impedīre* と反義関係にあり、「足枷を外して解放する」ことを意味した。スペイン語の名詞形 **expedición** には「発行、交付」の意味以外に「遠征」という意味があり、ここが意味変化の鍵となる。すなわち、「足枷を外して遠地へ差し向ける→遠征する」と意味が特化し、やがて「物を送る、書類を発行する」へと変化した。今では **expediente** といえば「関係書類一式」を指す事務用語であり、その意味がもはや「足」とは完全に無関係になっている。

「あし」を漢字表記すれば「足」(英語なら foot) のほかに「脚」(英語なら leg) がある。後者に相当するスペイン語が **pierna** だ。語源はラテン語 *perna*(対格 *pernam*)で、本来は「腿肉」または「腿肉を含んだ脚部」のことだった。*pēs / pedem*「足」とはもともと別の語であり、語根が異なるため、スペイン語で pie / pierna という語形の類似は偶然の産物ということになる。

「足」に関連し、「踵（かかと）」についても触れておこう。「踵」はスペイン語で **talón** といい、これはラテン語 *tālus*（対格 *tālum*）に増大辞 -ón を付したものである。ただし、*tālus* は「くるぶし、足首」のことで、スペイン語の talón とは指示対象が若干ずれていた。ラテン語の「踵」は *calx*（対格 *calcem*）で、こちらはスペイン語で **calza**「ストッキング」およびその派生語 **calzón**「トランクス」や **calcetín**「靴下」といった形で継承され、衣類の名称へと意味が移行した（この場合、意味変化の原因は換喩ということになる）。動詞の **calzar**「履かせる」の場合はラテン語 *calceare*「靴を履かせる」の意味をそのまま引き継いでおり、その名詞形 **calzado**「履物」も同様だ。そしてもう一つ、ラテン語の *calx*「踵」を内包している語がある。**alcanzar**「届く」である。これは俗ラテン語 **incalciāre* を直接の語源としており、「踵を踏みしめて近づいていく」が原義だった。中世スペイン語では alcalçar または acalçar という語形が文献に現れており、この時期にはまだ本来の語形の面影が見られた。しかし、l...l>l...n という異化によって、現在の alcanzar という語形に落ち着いた。calzar と alcanzar が同族関係にあることを見抜くのは、もはや意味からも語形からも相当困難であろう。

頭、目、耳、口

　スペイン語で「頭」を意味する **cabeza** の直接の語源となるラテン語は *capitia* である。この語形自体は複数形で、単数形は *caput* という。この単数形から出たスペイン語は **cabo**「端」である。「終わる」を意味する動詞 **acabar** はここから創られた。

　さて、ラテン語の「頭」には cap- という要素が含まれることから、-cap- を含む語は何らかの形で「頭」や「筆頭」に関係するとみてよい。「船長、機長、主将」を意味する **capitán**、男性名詞なら「資本」、女性名詞なら「首都」を表す **capital** などがその典型例であろう。本来 capital は「主要な」を意味する形容詞であり、ラテン語 *caput* の形容詞

形 *capitālis*「主要な」から来ている。書物には必ず **capítulo**「章」がつきものだが、これはかつて章の書き出しは特殊な大文字（capital）で書き出したことによる。

ojo「目」の語源は *oculus*（対格 *oculum*）である。「眼科医」のことを **oculista** というのはそのためだ。解剖学用語としての「眼球」は globo ocular といい、形容詞 **ocular** はラテン語から文語として取り入れた教養語である。名詞は民衆語で形容詞は教養語という関係は、「耳」にも当てはまる。名詞は **oreja** でラテン語 *auricula* から音韻変化を経た民衆語だが、形容詞は **auricular**「耳の」という教養語である。なお、この語が名詞として使用されると「イヤホン」になる。

「口」はスペイン語で **boca** だが、語源となるラテン語 *bucca* はむしろ「頬」を指した。ラテン語の「口」は主格を *ōs*、対格を *ōrem* といった。スペイン語で「口頭試験」のことを examen oral というように、「口」の形容詞の語根に -or- が含まれるのは *ōrem* が基になっているため、つまり名詞 boca と語源が異なるためである。「口」に関係し、-or- を含む他の語に **orar**「祈る」がある。その名詞形 **oración** には「発言、演説、祈り」の意味もあるが、それよりも「文」の意味で用いられることが多い。この orar と oración に「接近」を表す接頭辞 ad- を追加すると **adorar**「崇拝する、愛する」と **adoración**「崇拝、熱愛」になる。直接の語源であるラテン語 *adōrāre* は「崇拝する、祈願する」という宗教的な用語だった。

ラテン語の「口」である *ōs* が含まれた語源の不透明な語をもう一つ挙げておこう。それは **bostezar**「あくびする」である。ラテン語で「あくびする」は *oscitāre* で、この語は《*ōs* 口 + *citāre* 激しく動かす》という二つの要素から成る複合語であった。それなら、bostezar の語頭の b- はどこから来たのか。これは *bucca* の b- である。意味の関連性から語源の異なる別の語と一部が混同されるという現象がときおり見られる。たとえば、「影」をスペイン語で **sombra** というが、語源はラテン語 *umbra*[*m*] で、語頭の s- は sol「太陽」の s- の影響による。「光と影」の意味で "sol y (s)ombra" と、2語を併用する頻度が高いがために

影響を被り、ラテン語の *umbra* がスペイン語で sombra になった。ラ *oscitāre* > ス bostezar もまた同類の現象である。

声と息

　身体部位そのものではないが、人間の内側に存在する（と見なされる）ものも広義の身体部位と見なすなら、voz「声」、aliento「息」、respiración「呼吸」、corazón「心、心臓」なども多くの同族語を生み出した主要な概念として見過ごせなくなる。

　スペイン語 **voz** は「声」の他に「発言」あるいは「語」（= palabra）の意味でも用いられる。語源となるラテン語 *vox*（対格 *vōcem*）も同様だった。そのため、語根 -voc- を含む語は必ず「声」や「発言、ことば」の意味を暗示している。形容詞の **vocal**「声の」（名詞なら「母音」）や動詞形 **vocear**「大声で叫ぶ」をはじめとして、**vocablo**「語」、**vocabulario**「（集合的に）語彙」は voz の関連語である。人は声のする方向をつい振り返る習性を持つ。そこから、ラテン語の *vox* は *vocāre*「呼ぶ」という動詞を派生させた。「召喚」という概念は「声」の換喩である。語根 -voc- を含むスペイン語の一つに **vocación**「天職」があるが、意味は「声」と一見結びつかない。しかし「天職」とは「神の思し召しによる運命的職業」だと考えればこの疑問は解消される。さらには、**convocar**「招集する」（< *con*- 共に + *vocāre* 呼ぶ）、**provocar**「挑発する」（< *prō*- 前方へ + *vocāre* 呼ぶ）、**evocar**「想起させる、彷彿させる」（< *e[x]*- 外部へ + *vocāre* 呼ぶ）、**revocar**「撤回する」（< *re*- 再び + *vocāre* 呼ぶ）などの語彙群の由来も明らかとなる。**equivocar**「間違える」もまた然りだ。ただし、ラテン語に直接由来する動詞と名詞はなく、*aequivocus*「両義的な、曖昧な」（< *aequi*- 同じ + *vox* 語）という形容詞のみが存在した。このラテン語を受け継いだのがスペイン語の形容詞 **equívoco**「両義的な、曖昧な」である。動詞 equivocar は最初に形容詞 equívoco ありきの語なのである。

ラテン語 *vocāre* に端を発する意外な語について触れておこう。それは **abogado**「弁護士」である。一見すると -voc- という語根はどこにも見当たらない。実は語中の -bog- の部分が -voc- の変異形である。ラテン語には *vocāre* に接頭辞 *ad*-「～へ」を追加した *advocāre* という動詞もあり、第一義は「呼び寄せる」だが、特に「法律顧問として任用する」という法律用語に特化した用法が流布していた。その過去分詞を名詞化したものが「弁護士」を意味する *advocātus* だ。この語に音韻変化（母音間 -c-[k] と -t- の有声化）が生じた結果、スペイン語では abogado という語形になった。

　「息」は **aliento** で、動詞形は **alentar**「励ます」という。ところが語源をたどると、古典ラテン語の *anhēlitus*「喘ぎ、息切れ」にたどり着く。これが俗ラテン語で *alenitus と変化し、スペイン語で aliento になった。ラテン語本来の *anhēlitus* はスペイン語の **anhelar**「憧れる、熱望する」という動詞にその名残を留めている。aliento と anhelar が同一の語源を共有する事実は見えにくいのではないだろうか。

　同じ息でもラテン語の *anhēlitus* は「息切れ」という特異な状態での息である。通常の「息」は *spīritus* といった。この語形がスペイン語の **espíritu** や英語の spirit になった。とはいえ、espíritu も spirit も第一義は「精神」である。なぜだろうか。旧約聖書の『創世記』には、「神は土くれから人を造り、彼の鼻に生命の息を吹き込まれた。そこで人は生きた者となった」と書かれている。もともと「神の息吹」であったラテン語の *spīritus* が、スペイン語の espíritu になると人間の「精神」を意味するようになった理由がここにある。ただし、espíritu という基本語だけが意味変化を引き起こしたのであり、-spir- という語根を含むその他の語はいずれも「息」に関連する。しかも語形と意味の関係がきわめて明快である。ラテン語で「呼吸する」は *spīrāre* であるため、息を自分の方へ接近させて「吸い込む」なら **aspirar**（< *a*[*d*]-～へ + *spīrāre* 息をする）、外部へ「吐く」なら **espirar**（< *e*[*x*]-外へ + *spīrāre* 息をする）、吸気と呼気を繰り返す「呼吸する」なら **respirar**（*re*- 再び + *spīrāre* 息をする）、「ため息」なら **suspirar**（*sub*- 下に + *spīrāre* 息をする）、そして

「息絶える」なら **expirar**（*ex-* 完全に外へ＋ *spīrāre* 息をする）となる。こうした語形と意味の関連性を知っていれば、もしもどこかで "aparato respiratorio" という語句に出合ったとしても、「呼吸器」のことだと推察するのに時間はかからないであろう。なお、aspirar は「熱望する」（＝ anhelar）という比喩的意味でもよく用いられ、派生名詞の **aspirante** といえば「志願者」のことなので注意を要する（ただし、形容詞なら「吸引の」）。接頭辞として trans-「〜を超えて」を付けた **transpirar** という語もあるが、これは「発汗する」であり、息とは無関係である。語根 -spir- を含む語で忘れてならないのは **inspirar**「感化する、着想のヒントを与える」および **inspiración**「霊感、インスピレーション、感化」であろう。ラテン語の *inspīrāre* は文字通り「（人の）内部に息を吹き込む」こと、すなわち「（思想・感情）を吹き込む」ことだった。合成動詞としては inspirar だけが比喩的・精神的な意味で用いられる結果となった。今や日本語にも英語経由で「インスピレーション」という外来語がカタカナ語として定着している。

「心」を表す -cord-

　現代科学では「心」を宿すのは脳の働きであることが当然視されているが、古代人・中世人の考え方は違っていた。「心」を宿すのは「心臓」だと信じられていた。多くの言語で「舌」と「言語」が同義であるように、「心」と「心臓」も同義である場合が圧倒的だ。スペイン語の **corazón** も英語の heart も例外ではない。なお、corazón という語形の語尾 -azón は、ラテン語の *-aceu* と *-one* という二つの増大辞が相次いで追加され、一体化したものである。さて、ラテン語で「心」は単数形が *cor* で、複数形は *cordia* といった。今日、E メール本文の末尾に「敬具」の意味合いで "un saludo cordial"「心からのご挨拶を申し上げます」とよく書かれるように、corazón の形容詞は **cordial** である。それゆえ、-cord-（または -cuerd-）という要素が混在していれば、何らかの形で

「心」に関連すると思えばよい。この -cord- という語根はインド・ヨーロッパ祖語の *kerd- 「心」にまで遡ることができ、英語の heart と起源を共有する。

スペイン語語彙の中で -cord- を含んだ例はたくさん見当たるであろう。まず、接頭辞 a[d]- 「～へ」を付した **acordar** 「決める」（再帰動詞 **acordarse** は「思い出す」）と **acuerdo** 「同意、協定」がある。同意とは「一つの心 (-cord-) の方へ (ad-) 向かう」ことだからだ。re-「再び」を付すと、「再び (re-) 心に (-cord-) 戻ってくる」ことから、**recordar** 「思い出す」、**recuerdo** 「思い出、記憶」、**recordatorio** 「通知状、リマインドメール」などの語ができ上がる。ラテン語でも *recordārī* は「思い出す」の意味だった。**concordar** 「一致させる／一致する」、**concordia** 「協調、和合」、あるいは反義語の **discordia** 「不和、反目」といった一連の語についての成り立ちは、複数人の「心が (-cord-) 一緒に (con-)」なれば和合の状態になり、「心が (-cord-) が分離 (dis-)」すれば不和が生まれると考えればよい。また、「慈悲、哀れみ」を意味する **misericordia** にも -cord- が潜んでいる。ラテン語にも *misericordia* 「同情」という同形の語があり、miseri- の部分は *miser* 「不幸な」という形容詞で、*cor* の複数形 *cordia* との合成によってできた語だ。

喜怒哀楽：mirar「見る」と maravilla「驚異」、curar「治す」と seguro「安全な」の意外なつながり

スペイン語の「ありがとう」は gracias である。これの単数形 **gracia** とは「優美」であり「滑稽さ」でもある。形容詞形 **gracioso** は「滑稽な」の意味で使用される。語頭に「反対・分離」を意味する接頭辞 des- を付けると **desgracia** 「不幸」になる。そもそも gracia の語源はラテン語 *grātia* で「魅力、好意、親切、偏愛」そして「感謝」の意味があった（ラテン語で「感謝する」は *grātiās agere* と言った）。この *grātia* の複数奪格形である *grātiīs* 「好意によって」がスペイン語化したものが

gratis「無料の」である。本来、ラテン語の *grātia* は形容詞 *grātus*「魅力的な、感謝している」の名詞形で、この *grātus* がスペイン語に教養語として入ると **grato**「心地よい、嬉しい」に、民衆語として入ると名詞の **grado**「喜び」になる。つまり、grato と grado は二重語である。なお、名詞の grado は "de buen grado"「自発的に、喜んで」といった慣用表現で用いられることが多い。したがって、-grat- または -grad- という語根を含む語はすべて「喜び」や「感謝」に関わることになる。例を挙げると、**gratitud**「感謝（の意）」、**gratificación**「謝礼、特別手当」、**gratuito**「無料の」、**agradecer**「感謝する」、**agradar**「気に入らせる」、**agradable**「快適な」、**desagradar**「気に入らない」などがある（英語で「おめでとう」を表す congratulations の中にも語根 -grat- が含まれているのは、ラテン語起源の同族語だからである）。

reír(se)「笑う」は *rīdēre* から来ている。このラテン語の過去分詞は *rīsus* といった。スペイン語の名詞形 **risa**「笑い」が -ris- という語根になっているのはこの過去分詞語幹が基になっているためである。「微笑む」を表す **sonreír** とその名詞形 **sonrisa** にも同じことが当てはまる。なお、sonreír の接頭辞 son- とは sub-「下に」の変異形で、ラテン語で「微笑む」は *subrīdēre* と言った。ラテン語の不定詞 *rīdēre* の語根 -rid- を留めた語として **ridículo**「滑稽な、馬鹿げた」がある。語尾の -culo は縮小辞で、原義は「ちょっと笑ってしまうもの」であった。

「笑う」の反義語「泣く」はスペイン語で **llorar** である。ラテン語の語頭の子音群 pl-、fl-、cl- はスペイン語の民衆語で ll- になる。元となるラテン語は *plōrāre* といい、スペイン語の **deplorar**「嘆き悲しむ」や **implorar**「歎願する」にその面影を残している。ところが、-plorar を基盤とする合成語でありながら、「泣く」との関連がまったく見えない語がある。それは **explorar**「探検する」である。語源となるラテン語 *explōrāre* はすでに「偵察する」の意味で使用されていたが、元来は、森林など未踏の土地で獣を追い払うために「外部に向かって（ex-）大声を出しながら（*plōrāre*）進んだ」ことに端を発するようだ。

ラテン語で「驚く」を意味する基本動詞は *mīrārī* という形式受動動

詞で、これがスペイン語 **mirar**「見る、調べる」の語源である。驚く
ことによって目を見張ることから、「凝視する」へと意味が移行した。
mirar がもともとは「驚く」であったことの名残は **admirar**「感嘆する」
（< *ad-* ～へ + *mīrārī* 驚く）に確認できる。しかしながら、-mir- だけが
「驚嘆」を表す語根ではない。**maravilla**「驚異」という名詞は *mīrārī* の
形容詞形 *mīrābilis* の中性複数 *mīrābilia* が出発点である。最初の母音が
maravilla と -a- に変化したのは「母音調和」という一種の同化作用に
よる。動詞形の **maravillar**「驚かせる」と形容詞形 **maravilloso**「驚く
べき」は maravilla を基にした派生語である。さらには **milagro**「奇跡」
も *mīrārī* に由来する。ラテン語では *mīrāculum* といい、縮小辞 -culum
がついていることから「ちょっとした驚き」が原義だった。この語にも
スペイン語になる過程で音位転換が生じた。語中に含まれる二つの流音
-r- と -l- の位置が逆転したのである（r...l>l...r）。その結果、milagro と
mirar の関係性が見えにくくなってしまった。

　「驚嘆」ではなく、ぞっとするような驚き、すなわち **horror**「恐怖」、
horrible「恐るべき」、**horroroso**「恐ろしい」といった語はラテン語
horrēre「恐ろしい、身震いする」が基である。この語に「分離」を表
す接頭辞 ab- を付けた *abhorrēre*「ひるむ、嫌がる」がスペイン語の
aburrir「退屈させる」になった。さらに、「嫌がる、嫌う」という元の
意味は、別の派生語 **aborrecer**「憎む」に痕跡を留めている。

　「心配」もまた感情表現の一種である。ラテン語で「心配する、配慮
する」を表す動詞は *cūrāre* といい、これがスペイン語の **curar**「治す」
になった。実はこの語が **seguro**「安全な、確信した」と同族語だと言
われたら驚くのではないだろうか。ラテン語で「切断」を意味する接頭
辞 *sē-* と *cūra*「心配」とが組み合わさり、形容詞 *sēcūrus* ができた。「心
配（*cūra*）から断絶した（*sē*）」が元の意味で、転じて「安心した」に
なった。ラテン語で母音間の無声音 -c-[k] が有声化したために、スペ
イン語では seguro となった。curar と seguro は同族語であるにもかか
わらず、意味からも語形からも関連性がわかりづらくなってしまったの
である。この seguro は **seguridad**「セキュリティー、安全」や **asegurar**

「保証する」などの派生語を生み出した。また、**procurar**「〜しようと努める」にも curar が混じっている。ラテン語における *prōcūrāre* は「世話する、面倒をみる」であった。つまり「相手が必要とするものを与える」ことから「得ようと努める」に意味が移行した。

スペイン語では、珍しいことに遭遇したとき、「何て変だ！」の意味で "¡Qué curioso!" とよく言う。本来 **curioso** は「好奇心が強い、詮索好きの」のことで、「なぜそうなのかぜひ知りたいものだ」というニュアンスから「珍しい、おかしい」を意味するようになった。他方で、"una mujer curiosa en su arreglo" というと「身だしなみに気を遣う女性」のことで、curioso には「入念な」の意味もある。ラテン語の *cūriōsus* の第一義がまさに「入念な」だった。なぜなら、この形容詞は前述の *cūra* 「心配」からの派生語で、本来は「心配性な人」を指す語だった。やがて「詮索好きな、好奇心の強い」へと意味が移行した（curioso が名詞になると「やじうま、見物人」になる）。つまりは、curioso とその名詞形 **curiosidad**「好奇心、骨董品」に見られる -cur- という語根も curar のそれと同じ要素ということになる。

好み、欲望：querer の本来の意味は「探求」

「好む」を意味する **gustar** の本来の意味は「味覚」である。すでにラテン語に *gustāre* という動詞は存在したものの、スペイン語と違って「味わう、試食する」という他動詞として用いられていた。この第一義が拡大し、「楽しむ」の意味にもなった。ラテン語で「好む」を意味する最も一般的な動詞は *placēre* で、"mihi placet..."（= me gusta...）のように現在の gustar 構文と同じような表現法が用いられた。スペイン語にも **placer**「うれしく思う」という自動詞として継承されているが、実際には "Es un placer conocerle."「知り合いになれて嬉しい」のように、名詞として使用されることが多い。なお、派生動詞の **complacer** は「喜ばせる」という他動詞である。

「～したい、欲しい」を意味するスペイン語の願望動詞として最も一般的なのは **querer** である。しかし、この語の語源となるラテン語 *quaerere* は現在と意味が大きく異なり、「探す」を示した。ここから意味が拡張し、「得ようと努める、探求する」といった「追求」に関係する用法へと発展した。スペイン語の中にも語尾が -querir または -quirir で終わる動詞がいくつかあるが、これらはすべて querer の派生動詞である。**requerir**「要求する」（<*re-* 再び + *quaerere* 求める）、**adquirir**「獲得する」（<*ad-* ～へ + *quaerere* 求める）、**inquirir**「調査する」（<*in-* 中に + *quaerere* 求める）などがそうである。ラテン語 *quaerere* の過去分詞は *quaesītus* と変化した。また、名詞形は *quaestiō*（対格 *quaestiōnem*）といって、「捜索」を意味した。**requisito**「必要条件」、**adquisición**「獲得」、**inquisición**「異端審問」といった名詞形が -quis- という語根を持つのはそのためである。ラテン語の *quaestiō[nem]* がスペイン語の **cuestión**「問題、論点」（英語の question）になったことから、結果的に見ると cuestión は querer の名詞形ということになる。

　中世のイベリア半島は「レコンスタ（Reconquista）＝国土再征服」の時代であり、1492 年のレコンキスタ終焉は同時に新大陸の「コンキスタ（Conquista）＝征服」の開始へとつながった。スペインの歴史を彩るこれら二つのキータームに潜む語根 -quist- もやはり querer と同根である。元となるラテン語は接頭辞 *con-* と *quaerere* との合成語で *conquīrere* といい、「探し求める」を意味した。その過去分詞 *conquīsītus* を名詞化したものがスペイン語の **conquista**「征服」である。動詞の **conquistar**「征服する」はこの名詞から派生した。「征服する」とは未知の世界を「探し求めて進んで行く」ことだった。もちろん「再征服」の **reconquista** は接頭辞 re- を足して創作された語だ。

夢、睡眠、麻痺

　日本語の「夢」がそうであるように、スペイン語の **sueño** にも「睡

眠時の夢」と「願望・憧憬としての夢」の二義がある。動詞形 **soñar** の用法を観察してみると面白い。直説法を伴って "Soñé que volaba en el aire." と言えば「空中を飛んでいる夢を見た」と睡眠時の夢を意味するが、"Sueño que mi hijo sea futbolista." のように接続法を従えると「私は息子をサッカー選手にするのが夢だ」と願望としての夢になる。その意味では soñar も願望動詞の一種といえる。その一方で sueño には「眠気」という生理現象の意味でも用いられ、"Tengo sueño." という慣用表現の意味は「私は眠い」以上の何物でもない。

　そこで、sueño や soñar の語源についてだが、これが単純ではない。そもそもラテン語には *somnus*「睡眠」という男性名詞がある傍ら、*somnium*「夢」という中性名詞が姉妹語として存在し、意味の棲み分けを行っていた。語中子音群 -mn- > -ñ- という音韻変化法則を適用すれば *somnus*（対格 *somnum*）も *somnium* も sueño になり得る。これら両方のラテン語名詞のうちいずれか一方のみがスペイン語 sueño の語源だと断定することはできず、むしろ両者が混同された結果だと考えるのが自然だ。現に、中世の最初期の文献以来、sueño は「睡眠」と「夢」の双方の意味を担って登場している。なお、動詞形 soñar はラテン語 *somniāre*「夢を見る、夢想する」から来ており、こちらの語源は明確である。

　さて、-somn- が「睡眠」および「夢」を意味する語根だとわかれば、次の一見難解な教養語がたちまち身近に感じられるようにならないだろうか。たとえば、**somnífero**「睡眠薬」はラテン語の段階で *somnus* と *ferre*「運ぶ」とを組み合わせた複合語である。**somnoliento**「眠気を催す」という形容詞は *somnus* と *lentus*「のろい、ゆっくりした」（＝スペイン語の lento）との組み合わせであり、**somnílocuo**「寝言を言う人」は *somnus* と *loquī*「話す」との複合語である。**insomnio** といえば否定の接頭辞 *in-* を *somnus* に追加してあることから「不眠症」だとわかる。そして、**so(m)námbulo**「夢遊病者」の場合、-ámbulo の部分が *ambulāre*「歩き回る」[→ 29 頁] だとわかれば、その語構造を理解するのに時間はかからないであろう。

スペイン語の誉め言葉の一つに **estupendo**「素晴らしい」がある。口語表現でも頻度の高い語だ。ところが、語源をたどると、誉め言葉どころか正反対の意味を持った語が出発点となっている。ラテン語 *stupēre* という動詞の動形容詞である *stupendus* に由来し、意味は「呆然とする、麻痺する」である。動形容詞とは動詞を「〜されるべきところの」という意味に変える働きを持つ語形のことで、この場合は「呆然とすべきくらい素晴らしい」と意味がプラス・イメージに転化した結果だ。*stupēre* の過去分詞は *stupitus* といい、「呆然とした」を意味した。この語幹を基に「愚かな、鈍い」といったマイナス・イメージの形容詞 *stupidus* が出た。これがスペイン語の **estúpido**「愚かな」になった。つまり、同一の動詞が相反する意味の 2 種類の形容詞を生み出したことになる。そこで、-stup- という語根は「麻痺、愚鈍」を表し、この語根を含む語は estupendo を除いて基本的には否定的な意味になる。例を挙げると、**estupor**「仰天、失神」や **estupefacto**「呆気にとられた」（< *stupēre* 呆然とする + *factus* 作られた）などがある。

alma「魂」と「アニメ」は同根

　日本語で「誰もいない」ことを「人っ子一人いない」「まるで人気(ひとけ)がない」のように言い換えられるのと同様、スペイン語でも "No hay nadie." の意味で "No hay ni un alma." とよく言われる。**alma** とは「魂」であり、ここでは「人の気配」を意味している。また、"Él es el alma del equipo." と言えば、「彼はチームの柱だ」のことで、alma は「中心人物」の意味にもなり得る。この alma はラテン語の *anima* から来ている。語形変化の理由は、語中に含まれる二つの鼻音 n...m が異化によって l...m と変化したことによる。その後無強勢母音 -i- が消失した。すなわち、*anima*[*m*] > *alima > alma という変遷をたどったためである。ラテン語 *anima* は「そよ風、息」が原義で、そこから「活力、精神、霊」といった意味に転じた。現代スペイン語にも「煉獄における霊魂」のよ

うな宗教的に特化した意味で **ánima** という教養語は存在し、alma と二重語を形成している。

　さて、その一方で男性名詞の **ánimo** があり、こちらには「精神、意気」の意味で用いられる。たとえば、「頑張れ！」と声援を送るときに "¡Ánimo!" という。すでにラテン語の段階で女性名詞の *anima* とともに男性名詞の *animus* が「肉体」(*corpus*) に対する「精神」の意味で併用されていた。スペイン語の ánimo は *animus* の対格 *animum* が直接の語源だ。キリスト教の考えでは、肉体に精神が宿って初めて人間になれる。精神こそが身体を動かす原動力だと見なす。したがって、-anim-という語根の語彙群、**animal**「動物」、**animar**「励ます、活気づける」、**animación**「活気、動画制作」、**animado**「活気ある」、**animoso**「元気のよい」、**unánime**「満場一致の」(< *ūnus* 一つ + *animus* 精神)、**pusilánime**「憶病な」(< *pusillus* 小さい + *animus* 精神) をみれば、語根 -anim- は「活力」のことであるのが一目瞭然であろう。このように考えると、「アニメ、動画」のことを dibujos animados というのも頷ける。

コラム5：ラテン語の最上級・比較級に由来する語彙

　スペイン語には **último**「最後の、最近の」や **extremo**「極端な」のように、語尾が -mo で終わる形容詞がいくつかある。他に、**supremo**「最高の、至上の」、**sumo**「最高の」、**máximo**「最大の」、**mínimo**「最小の」、**óptimo**「最高の」などが挙げられる。これらの形容詞には意味上の共通点があるのに気づくであろう。それは「最も〜な」と、その語自体が最上級を表していることである。これらに共通する語尾の -mo はラテン語で形容詞の最上級を示す語尾 *-mus* のことである。現代スペイン語にも形容詞の絶対最上級を作るための語尾として -ísimo(-ísima) というのがある（たとえば、alto「高い」→ altísimo「非常に高い」）。último や extremo に見る語尾 -mo は絶対最上級の -ísimo とまったく同じ要素なのである。スペイン語で -mo で終わる形容詞が「最も〜な」という意味を表す理由は、その語源において最上級を示していたからに他ならない。

　一目では最上級と関係ないように見える **próximo**「次の、近くの」や **íntimo**「親密な」も実は同類である。前者 próximo の語源となるラテン語の *proximus* は *prope*「副接近して；前〜の近くに」という副詞かつ前置詞の最上級で、「最寄りの、最近の」という意味だった。後者 íntimo の語源であるラテン語 *intimus* は前置詞の *in*「〜の中に」もしくは副詞の *intrā*「内部に」の最上級で、「最も奥の、最も親密な」を表した。

　そこで、冒頭に挙げた7つの形容詞の由来を見てみよう。

último「最後の、最近の」< ラ *ultimus*「最も遠くの、最後の、最新の」
　< *ultrā*「向こう側に、もっと遠くに、より長く」
extremo「極端な」< ラ *extrēmus*「最も外側の、極度の」< *externus*「形
　外部の」

sumo / supremo「最高の、至上の」< ラ *suprēmus*「最も高い」/ *summus*「頂上の」< *superus*「形上の」/ *super*「前〜の上に」

máximo「最大の」< ラ *maximus*「最大の」< *magnus*「大きい」

mínimo「最小の」< ラ *minimus*「最も小さい」(= 文法的には *parvus*「小さい」の最上級だが、語源的には *minus*「副より少なく」と同根)

óptimo「最高の」< ラ *optimus*「最善の」(= 文法的には *bonus* の最上級だが、語源的にはラテン語 *ops*「能力」と同族語)

　中にはその起源において最上級であったことが忘れ去られた語がある。ラテン語で「〜の後ろに、〜した後で」を表す前置詞は *post* といい、その形容詞形を *posterus*「次の、後からの」といった。これの最上級は *postrēmus* と変化し、「最後の」を意味した。ところが、俗ラテン語では **postrarius* という語形になり、スペイン語に **postrero**「最後の」という語をもたらした。そして、この postrero から派生した語が **postre**「デザート」である。本来、この語は「コース料理の最後に食するもの」であった。

　primo「いとこ」も語尾が -mo であるのは、もともとが最上級だったからだ。語源の *prīmus* は「先頭の、第一の」を意味し、前置詞 *prae*「〜の前に」または *prō*「〜の前に、代わりに」の最上級だった。語形と意味から、序数 **primero**「第一の」も関連語であることがわかる。本来ラテン語の *prīmus* は「いとこ」とは無関係の語であり、*consobrīnus* という「いとこ」を表す立派な語があった。ただし、同じ「いとこ」でも、第二・第三のいとこと区別するために、「初いとこ」の意味で *consobrīnus prīmus* という言い方が好まれた。やがて、形容詞の *prīmus* が独立し、さらに「初の」という意味合いも消え、現代スペイン語の primo は最上級と何の関係もない語になったのである。

　最上級があれば必ず比較級がある。ラテン語の場合、形容詞の男性

形と女性形の主格には *-ior* を、中性形には *-ius* という語尾を付して比較級とした。たとえば、*altus*「高い」であれば、*altior*（男・単・主）が比較級で「より高い」の意味になる。したがって、*-or* で終わるスペイン語形容詞はラテン語の比較級がそのまま採り入れられたと見なして間違いない。**mejor**「より良い」、**peor**「より悪い」、**mayor**「年上の」、**menor**「年下の」のように、現代スペイン語文法の枠組みの中でも比較級と認識されている語は言うまでもない。

mejor「より良い」< ラ *melior*「より良い」（< IE *mel-yos-「より強い、より大きい」）

peor「より悪い」< ラ *pējor*「より悪い」（< IE *ped-yos < *ped-「足」: *ped- は「躓く」とも結びつき、そこに比較接尾辞 -yos をつけたものがインド・ヨーロッパ祖語語根となった）

mayor「年上の」< ラ *mājor*「より大きい」< *magnus*「大きい」（máximo と同根）

menor「年下の」< ラ *minor*「より小さい」（mínimo と同根で、menos は比較級中性形 *minus* に由来）

anterior「前の」< ラ *anterior*「以前の」< *ante* ［副前方に；前〜の前に］

posterior「後の」< ラ *posterior*「より後の」< *post* ［副後方に；前〜の後に］

interior「内部の」< ラ *interior*「内側の」< *in* ［前〜の中に］/ *intrā* ［副内部に］

exterior「外部の」< ラ *exterior*「外側の」< *externus* ［形外部の］

superior「上の」< ラ *superior*「より高い」< *superus* ［形上の］/ *super* ［前〜の上に］

inferior「下の」< ラ *inferior*「より低い」< *infernus* ［形下方の］/ *infrā* ［副下方に］

　「地獄」を意味する **infierno** は後期ラテン語 *infernus* を語源とし、こ
れは上記の *infernus*「下方の」が名詞に転用されたものである。つまり、
infierno と inferior の語形と意味は似るべくして似ているのである。

　ラテン語の比較級に端を発する意外な語がある。それは **señor**「紳士、
〜氏」である。直接の語源は *senior* で、これは「年老いた」を意味する
senex の比較級だった。英語には senior「年長者」という形で入り込ん
でいるが、スペイン語は音韻変化を経て señor になった。中世において
señor は「領主」を指していた。やがて、老若を問わず集団の統括者、
ひいては尊敬される人物を指すようになり、現代の意味へと引き継がれ
た。

6 知覚・認知・発話・思惟・信仰に関する語彙

「見る」と「聞く」：evidencia「証拠」、providencia「摂理」、envidia「羨望」のつながり

　スペイン語で「見る、会う」を表す最も一般的な動詞は **ver** である。語源はラテン語 *vidēre*「見る」で、語中に -d- を含んでいたが、ロマンス語になる際に消失した。中世のスペイン語では veer という語形で使用されており、後に ver へと一音節語に縮約した。線過去の活用が veía, veías... と不定詞より一音節増えて変化するように見えるのは、中世において veer から活用形を作っていたことの名残だ（leer が leía になるのと同じである）。ラテン語が *vidēre* であったことから、語根に -vid- を含む語は何らかの形で「見る」と関係する。その一例が、**evidencia**「証拠」とその形容詞形 **evidente**「明白な」であろう。これらは *vidēre* の現在分詞語幹に「外に」を表す接頭辞 *e[x]-* を足してできた *ēvidentia* および *ēvidens*（対格 *ēvidentem*）という合成語を受け継いだものである。スペイン語で「摂理」のことを **providencia** といい、ここにも -vid- が潜んでいる。これは *prōvidēre*「予見する」というラテン語動詞が基になっており、「神が前もって（*prō-*）見ること（*videntia*）」から「摂理」という難解な意味の語になった。この語の形容詞形が *prōvidens* で、スペイン語にも **providente**「先見の明のある」という形で存在するが、格式ばった文語であり、日常会話で頻出する語ではない。ラテン語にはこの *prōvidens* が縮約してできた姉妹語として *prūdens*「先が見えている、わきまえている」という形容詞もあり、これがスペイン語の **prudente**「慎重な、分別ある」になった。基盤となる動詞 ver との関係が、語形からはもちろん意味からももはや捉えられなくなってしまった。それでは、ラテン語動詞 *prōvidēre* はスペイン語でどうなったのだろうか。それは

語中子音 -d- が脱落し、**proveer**「支給する、供給する」となって存続している。物資の支給もまた「予見」の結果という発想であろう。ただし、名詞形 providencia との関係はまったく薄れてしまった。

「羨望、嫉妬」を意味する **envidia** にも -vid- という語根が潜んでいる。語源となるラテン語は *invidia*「羨望、嫉妬」（対格 *invidiam*）で、これは *invidēre* という動詞の名詞形である。字義的には「内面を（*in-*）見る（*vidēre*）」ことから、「横目で見る、羨望の眼差しを向ける、羨む」といった意味になった。動詞形の **envidiar**「羨む」は名詞の **envidia** から派生した。

ラテン語 *vidēre* の過去分詞は *vīsus* と変化する。スペイン語名詞の **visión**「視覚、光景、見方」、**viso**「光沢」（中世においては「視覚、顔」）、形容詞の **visible**「見える、可視的な」、**visual**「視覚の」といった派生語の語根が -vis- であるのは、ラテン語の過去分詞語幹が基になっているからだ。ここに接頭辞 re-「再び」を冠した合成語が **revisar**「点検する、見直す」であり、super-「上方から」を冠した合成語が **supervisar**「管理する、監督する」である。なお、revisar や supervisar に対応するラテン語動詞は存在しない。接頭辞 a[d]-「〜へ」を冠した **avisar**「知らせる」も同系語だが、こちらはフランス語 aviser「通知する」からの借用語だ。それから、テレビの発明以前には存在し得なかった **televisión**「テレビ」という語は、ギリシア語起源の接頭辞 tele-「遠くに」と visión を組み合わせた 20 世紀になってからの造語である。

スペイン語 ver の過去分詞が visto になる理由は、その出発点が俗ラテン語の **visitus* であったからだ。もちろん、**vista**「視覚、視界、眺め」といった派生名詞や **revista**「雑誌」のような合成語は過去分詞 visto が基盤となっている。

ver と同族関係にある意外な語に **visitar**「訪問する」がある。ラテン語には過去分詞 *vīsus* を基に創られた *vīsere*「注意深く見る、見に行く」という動詞があり、さらにここから派生した動詞が *vīsitāre*「たびたび会う、訪ねる」だった。つまり、visitar の語根 -vis- と visión や visto の語根 -vis- は同一の形態素である。

スペイン語で「（一点集中して）見る」は mirar で、これはもともと「驚嘆する」だった［→ 146 頁］。ラテン語でも「注視、観察、検査」のように、何か目的をもって凝視するときの「見る」は *spectāre* または *specere* といった。この動詞から派生したラテン語名詞が *speciēs*「注視、外観、姿、種類」で、スペイン語 **especie**「種類」の語源となる語だ。さらには、じっと眺めるべきものは「模範、手本」である。ここから **espécimen**「見本、標本」が出た。そして、especie の形容詞が **especial**「特別な」である。*specere* の過去分詞は *spectus* で、この形は「観察、表情」という名詞にもなった。ここに縮小辞 *-culum* が追加された *speculum* という語があった。これは「鏡」のことで、この語に音韻変化が加わって現れたスペイン語が **espejo**「鏡」である。

　そこで、-spec- または -spect- という語根を含む語を眺めてみると、いずれも「注視、凝視」の意味を備えていることに気づくであろう。列挙してみると、**aspecto**「外観、様子、局面、見方」（< *ad-* 〜へ + *spectus* 表情）、**espectáculo**「ショー、見世物」、**espectro**「亡霊、スペクトル」、**inspección**「検査、点検」（< *in-* 中を + *specere* 見る）、**perspectiva**「視野、見通し、眺望」および **perspicaz**「先見の明のある、洞察力のある」（< *per-* 〜を通して + *specere* 見る）、**expectativa**「予想、期待」（< *ex-* 外を + *spectāre* 見る）、**retrospección**「回顧」（< *retro-* 後戻り + *specere* 見る）など多数がある。なお、接頭辞 re-「再び」を付したラテン語 *respectus* は「振り返ること、顧みること」を第一義として「配慮、尊重」の意味に発展した。スペイン語ではほぼラテン語の語形を受け継いだ教養語の **respecto** と半教養語の **respeto** に分かれて存在する。前者の respecto は「関連、観点」といった抽象度の高い意味で、通常は "(con) respecto a..."「〜に関していえば」という慣用表現でのみ用いられる。後者の respeto は「尊敬、尊重」（英語の respect「尊敬［する］」）の意味で、動詞 **respetar**「尊敬する、尊重する」とともによく用いられる。

　ラテン語では「下に」を表す接頭辞 *sub-* と組み合わせた *suspectāre* もあり、「下（*sub-*）の隠れた部分を注視する（*spectāre*）」とは「疑いの目で見る、怪しむ」を意味した。この語に関しては音韻変化が起こり、ス

ペイン語では **sospechar**「疑う、怪しく思う」という民衆語として存続している。

　もう一つ、関連性が非常にわかりづらい語がある。**auspicio**「前兆」という語だ。語源はラテン語の *auspicium* で、*au-* と *-spicium* に分けられる。後半の *-spicium* は *specere*「見る」の異形である。それでは前半の *au-* とは何か。正体は **ave**「鳥」である。字義的には「鳥を観察する」ことだが、実際は「鳥占い」のことだった（*augurium* ともいった）。古代ローマにおいて鳥占いは国事の吉兆を左右するきわめて重要な宗教行事だった。

　「観察すること」や「番をすること」もまた「注視」という行為の一つである。「観察する」のスペイン語 **observar** の ob- は「方向・対置」を表す接頭辞であり、-servar という語幹の部分はラテン語 *servāre*「番をする、観察する、保つ」のことである。この語を受け継ぐスペイン語動詞が単独の形では存在しない。しかし、**reservar**「予約する、取っておく、控える」（*re-* 再び + *servāre* 保つ）、**conservar**「保存する」（< *con-* 共に + *servāre* 保つ）、**preservar**「予防する、保護する」（< *prae-* 前もって + *servāre* 番をする）といった合成語の語幹として用いられており、いずれも「保存、見張り」という潜在的な意味が共通している。最初に挙げた observar は「（決まり事を）遵守する」という意味でも用いられる。この動詞が名詞になると、「観察」の意味なら **observación**、「遵守」の意味なら **observancia** という語形上の棲み分けがなされる。conservar の場合は「保存」の意味なら **conservación** だが、別に **conserva** という語もあり、こちらは「缶詰」のことである。「保存」という概念から形容詞形の **conservador** は「保守的な」という政治的な意味になる。

　「聞く」についてはどうだろうか。スペイン語で「傾聴する」というニュアンスは **escuchar** で、「自然と聞こえてくる」場合は **oír** を用いて区別する。前者はラテン語 *auscultāre*「傾聴する」が音韻変化を経てできた語で、教養語の **auscultar**「聴診する」は医療用語に限定される。一方、**oír** の語源は *audīre*「聞く」である。スペイン語で **audición**「聴取、オーディション」、**auditivo**「聴覚の」、**audiencia**「謁見」、

auditorio「講堂、聴衆」、**inaudito**「前代未聞の」（< *in-* 否定 + *audītus* 聞いた）など、-audi- という語根を含む語はすべて「聴覚」に関係していることは明らかである。なお、**audiovisual**「視聴覚の」という語は英語から導入した新語である。

「話す」：同一語源の hablar「話す」、fama「名声」、fatal「致命的な」

　ロマンス諸語で「話す」を表す基礎語彙は、スペイン語 **hablar**、ポルトガル語 falar、カタルーニャ語 parlar、フランス語 parler、イタリア語 parlare となり、語源的には前二者 *fābulārī* 系と、後三者 *parabolāre* 系に分かれる。古典ラテン語において *fābulārī* は名詞 *fābula*「寓話、伝承、作り話」の動詞形（形式受動動詞）であり、「雑談する、作り話をする」のような特化された話し方に用いられた。一方、*parabolāre* という動詞形は古典ラテン語になく、ギリシア語由来の *parabola*「寓話」から出た後期ラテン語における創作である。この *parabola* はスペイン語に **palabra**「単語」となって広く用いられている。ラ *parabola* > ス palabra の語形変化は、r...l > l...r という流音同士の音位転換が起こったことによる。

　ラテン語の *fābula* は、古くはインド・ヨーロッパ祖語 *bhā-「話す」にまで遡る。この *bhā- という語根はラテン語に *fāma*「評判」という別の語も提供した。これがスペイン語の **fama**「名声」や **famoso**「有名な」として受け継がれる。基盤となるラテン語 *fāma* の動詞形は *fārī*「話す」という（ただし、この動詞はごく限られた活用形の用例しか文献上で確認できない特異な語だった）。スペイン語の **afable**「愛想の良い」という形容詞はここから派生した。この語は《a[d]- 〜へ + -fab- 話す + -ble 可能な》と分析できることから「話しかけやすい」が元の意味だったとわかる。

　fārī の過去分詞は *fātus* といった。これの中性形が名詞化した *fātum* は字義的に解釈すると「話されたこと」だが、この場合は特に「神に

よって述べられたこと＝神託」の意味で用いられた。これがスペイン語の形容詞 **fatal**「致命的な」を生み出す（現代スペイン語の口語表現において fatal は「最悪の」のような意味で頻繁に聞かれる）。スペイン語の hablar（中世では fablar といった）に関しては、語頭子音 f->h->[無音] の音韻変化が起こったために fama や fatal との語形上のつながりが完全に失われてしまった。結果的に見れば、hablar（fablar）、fama/famoso、afable、そして fatal は「話すこと」と「世間の意見としての名声」という共通項で結ばれた親縁関係にある意外な同族語群だと言えよう。

　それでは、ラテン語で最も一般的な「話す」は何だろうか。それは *loquī* である。これもまた形式受動動詞で、直説法現在1単は *locuor* と変化した。スペイン語動詞にこれを受け継ぐ動詞は存在しないが、**locutor**「アナウンサー」、**locuaz**「多弁な」、**coloquio**「対話」（< *co*[*n*]- 共に + *loquī* 話す）、**elocuencia**「雄弁」（< *e*[*x*]- 外へ + *loquentia* 話すこと）、**circunloquio**「遠回しな言い方」（< *circum*- 周りに + *loquī* 話す）など、-loc- という語根を含む一連の語にその名残を留めている。

「言う」を表す -dic-、「叫ぶ」を表す -clam-

　同じ発話動詞でも「言う」に相当するスペイン語は **decir** が最も一般的である。ラテン語の場合、不定詞は *dīcere* で、完了形は *dīxī, dīxistī, dīxit...* と変化した。スペイン語の点過去が dije, dijiste, dijo... であるのはラテン語の完了形が音韻変化を経た語源形を採用しているためだ。スペイン語過去分詞の dicho もラテン語 *dictus* に由来する語源形である。ラテン語は形容詞・過去分詞の中性複数形が抽象名詞として用いられたことから、*dicta*（中・複）「言われたこと」がスペイン語女性名詞の **dicha**「幸運」になった。この場合は意味のずれが気になるところだが、「神が述べたこと」という限定された用法から出発したと考えれば納得がいく。すなわち「神託→幸運」という換喩が理由である。形容詞形の **dichoso**「幸運な」はここから派生した。

ラテン語不定詞が *dīcere* であったことから、-dic- という語根を含むスペイン語の多くは decir と関連する教養語であると考えてよい。**dicción**「言い回し」や **diccionario**「辞書」をはじめとして、**contradicción**「矛盾」（< *contrā-* 反して + *dictiō* 言うこと）、**predicción**「予言」（< *prae-* 前もって + *dictiō* 言うこと）などがそうした例である。ただし、動詞形には **contradecir**「矛盾する」、**predecir**「予言する」のように民衆語に基づいた語形を用いる。**dictar**「書きとらせる」や **dictado**「口述、ディクテーション」も -dic- を含んだ同族語である。それでは、**dictador**「独裁者」はどうなのか。形態論的には明らかに類似していることから、間違いなく dictar からの派生語である。「独裁者」とは「自らの発言を書き取られる人」のことで、ここでも換喩が作用した。なお、**bendecir**「祝福する」（< *bene* 良く + *dīcere* 言う）、**maldecir**「呪う」（< *male* 悪く + *dīcere* 言う）、**desdecirse**「撤回する」といった語が、形態論的にも意味論的にも decir に基づく複合語であることは明らかであろう。

　語根に -dic- を含む別のタイプの語がある。**dedicar**「捧げる」、**indicar**「指示する」、**predicar**「説教する」などである。これらの基盤となるラテン語動詞は *dicāre* であり、「（神に）奉献する、捧げる」ことを意味した。この *dicāre* と上述の *dīcere* は姉妹語で、同族関係にあった。神に捧げものをするのは、大勢の前で儀礼的なことばを述べること、つまり「厳かに公言すること」である。したがって、「公言」という発話行為が *dicāre*、個別的な発言が *dīcere* ということになる。スペイン語の **indicar**「指示する」の語源であるラテン語 *indicāre*（< *in-* 中に + *dicāre* 公言する）は「密告する」ことであり、「公表する」ことでもあった。そのためラテン語で「密告者」のことを *index*「密告者」（対格 *indicem*）といい、この語がスペイン語の **índice**「目次、人差し指」になった。また、ラテン語 *indicāre* は *indicium*「公表、暴露、密告」という名詞形も生み出した。これがスペイン語 **indicio**「兆候」の語源である。

　スペイン語 **predicar**「説教する」はラテン語 *praedicāre*「告知する、称賛する、説教する」から来た教養語である。布教活動としての説教とは文字通り「人前で（*prae-*）公言する（*dicāre*）」ことである。なお、中

世のスペイン語で「説教する」を表す動詞は predicar と並んで preigar という民衆語形も用いられた。やがて民衆語は淘汰され、今日では教養語の predicar の方が生き残った。

abdicar「（王位から）退く」も -dicar の仲間である。接頭辞 ab- は「分離」を意味し、ラテン語の *abdicāre* は「否認する、辞任する」の意味だった。これがスペイン語では「王位・官職からの退位」あるいは「権利の放棄」という特化された文脈でのみ用いられるようになった。

-dic- を語根とする意外な同族語として、**juzgar**「判断する」が挙げられる［→ 185 頁］。直接の語源は *jūdicāre* で、これは -dic- > -dig- > -dg- > -zg- という音韻変化を経た民衆語である。ラテン語の *jūdicāre* は《*jūs* 法律 + *dicāre* 言い渡す》という複合語だった。

もう一つ、意外な同族語がある。**vengar**「復讐する」である。語源は *vindicāre* といい、本来は「所有権を主張する」という法廷用語だった。これは *vīs*「力」（対格 *vim*）と *dicāre* を合成した動詞で、「力を示す」が原義だった。スペイン語でも誹謗中傷などに対して文書などで「擁護する」といった場合に **vindicar** という教養語が使用されることがある。この vindicar と vengar は二重語である。また、法的な意味で「（所有権を）主張する、要求する」といったときに **reivindicar** という語が用いられる。こちらは、*vindicāre* と「物」を意味する *rēs* の属格 *reī* を合成した後期ラテン語の動詞が元になっている。

「言う」にちなんで、「呼ぶ」について触れておこう。スペイン語で「呼ぶ、連絡する」を意味する最も一般的な動詞は **llamar** で、この語は **clamar**「叫ぶ」と二重語の関係にある。つまり、語源が同じで、いずれもラテン語の *clāmāre*「叫ぶ、宣言する」に由来する。前者が民衆語で、その語形は語頭子音群 cl-[kl] > ll- という音韻変化による。一方、教養語が clamar なので、-clam- という語根が入った語はすべて「声高に叫ぶこと」や「宣言すること」に関係する。たとえば、**declamar**「大声で読み上げる、朗読する」（< *dē-* 分離 + *clāmāre* 叫ぶ）、**reclamar**「要求する」（< *re-* 再び + *clāmāre* 叫ぶ）、**proclamar**「発表する、宣言する」（*prō-* 前に + *clāmāre* 叫ぶ）、**exclamar**「叫ぶ、驚嘆の声を上げる」（*ex-* 外

に + *clāmāre* 叫ぶ）などがある。

「ドクター」とは「教える人」

　教えることもまた「言い伝え」の一種である。現代スペイン語で「教える」は **enseñar** で、この語は俗ラテン語 **insignāre* から出ており［→ 242 頁］、その大元となる古典ラテン語の *insignīre* は「印をつける」という意味だった。古典ラテン語で「教える」は *docēre* といい、この語自体はスペイン語に継承されなかった。ただし、-doc- という語根が入った語はいくつかあり、いずれも「教える」ことに関連している。そう聞いて最初に思い浮かぶ語といえば **doctor**「博士、医師」ではないだろうか。もちろん **doctrina**「教義」、**docto**「形博学な；名博識者」といった語も *docēre* からの派生語である（最後の docto はラテン語の過去分詞 *doctus* の継承である）。もっとも、現代人が doctor を「博士」と認識するのは、大学というものが制度化された時代に生きているからであり、まだ大学が存在しなかった古代ローマにおいてラテン語の *doctor*（対格 *doctōrem*）に「教える人、教師」以上の意味はなかった。「教育」という名詞はスペイン語で enseñanza や educación が一般的だが、「教育の」という形容詞は **docente** がよく用いられる（たとえば、centro docente といえば「教育センター」のことだ）。これは *docēre* の現在分詞に由来する。

　語根に -doc- を含むものの、意味からは即座に「教える」との関係性に気づきにくい語がある。その一つが **dócil**「従順な」で、ラテン語では *docilis* と言った。fácil「簡単な」や útil「有用な」がそうであるように、-il という形容詞語尾は「その行為の行いやすさ」を含みにする。それゆえ、dócil は「教えやすい」が原義で、そこから「従順な、素直な」の意味になった。**documento**「文書」にも -doc- が含まれることから「教える」を核とする同族語である。語源となるラテン語の *documentum* の意味はスペイン語と大きく異なり、「前例、教訓」のことだった。「前例」は何かの「証拠」になる。ここから、後期ラテン語に

おける *documentum* は「公文書」の意味で用いられるようになり、現代語の意味の元になった。なお、dócil も documento も 16 世紀になってから文献に現れるようになった教養語である。

　ラテン語 *docēre* の反義語が *discere*「習う」である。スペイン語で「習う」は **aprender**（< *ad-* 〜へ + *prehendere* つかむ＝理解する）に取って代わったため、*discere* は生き残れなかった。しかし、**discípulo**「弟子」という語に辛うじて面影が確認される。また、*docēre* から doctrina「教義」という名詞が創られたのと同じ方法で、*discere* から **disciplina** が出た。ラテン語では「訓練、規律」のことであり、スペイン語にも同じ意味が受け継がれている。ただし、スペイン語の disciplina は「学問分野、ディシプリン」の意味で用いられることも多い。

「認識」に関する語彙

　英語の know「知っている」に相当するスペイン語には **saber** と **conocer** がある。前者は情報や知的活動の結果としての知識であるのに対し、後者は経験的な知識を表す。saber の由来となったラテン語動詞は *sapere* で、意味は「味がする」だった。つまり、「味が分かる」ことから広く「判断力がある」の意味に発展し、スペイン語では「知っている」というきわめて頻度が高い語になった。ただし、自動詞として "saber a..." という形で用いれば「味がする」というラテン語本来の用法になる。また、名詞の **sabor**「味」（< ラ *sapor*）と形容詞の **sabroso**「おいしい」にも本来の味覚の意味が見られる。ちなみに、現代スペイン語の saber が担う「精通」という意味での「知っている」をラテン語では *scīre* といった。今日、この動詞の語根は **ciencia**「科学、学問」や **conciencia**「良心、意識」といった少数の語に見られる程度である。

　一方、**conocer** をラテン語に遡ると *cognoscere*「知っている、知るようになる」にたどり着く。この語を形態素に分解すると、接頭辞の *co[n]-*「共に」と語幹の *-gnoscere* に分かれる。語幹の部分はインド・

ヨーロッパ祖語の語根 *gnō- から発しており、英語の know とも同根である。ラテン語では起動相を表す動詞語尾 -escere と結びつき、語頭子音の g- が落ちた結果、*noscere* という語が「知っている」を表す基本動詞になった。スペイン語 conocer の直接的な派生語を見渡せば、**conocimiento**「知識」、**desconocer**「知らない」、**reconocer**「識別する、認める」など、いずれも -conoc- が基本となっている。しかし、「認知、知識」を意味する本来の語根は -gno- だった。この語根を完全な形で残しているのが **ignorar**「知らない」である。ラテン語では、「〜に精通している」という意味の形容詞 *gnārus* に「否定」を表す *in-* を組み合わせた *ignārus*「未熟な、無知な」という形容詞があり、これを動詞化したものが *ignōrāre* だった。また、ギリシア語起源の接頭辞で「〜を通って、横切って」を表す dia- と組み合わせた **diagnóstico**「診断」（< dia- 〜を通じて + -*gnōsis*- 知る）という語にも -gno- が残っている。

「天気予報」のことをスペイン語で pronóstico del tiempo という。**pronóstico** という語自体は「予測」であり、その動詞形は **pronosticar**「予想する」である。しかし、この語もラテン語に遡ると語形が *prognosticus*「予測の」となっており、《*prō*- 前もって + -*gnōsis*- 知る》という語構成だったことがわかる。さらには、「観念」を意味する名詞 **noción**、そして「周知の」を意味する形容詞 **notorio** もまたラテン語 *noscere* に由来する派生語であり、いずれも語根に -no(t)- が含まれているのは、インド・ヨーロッパ祖語の *gnō- から g- が脱落した形を引き継いでいるためである。興味深いのは、**noble**「高貴な」の語幹部分 no- もまた同根であることだ。字義的には「知られやすい」であったことから、ラテン語時代の *nōbilis* という語は「著名な、高名な」を第一義とした。ここから「家柄の良い、高貴な」という意味に発展した。つまりは、pronóstico、noción、notorio、そして noble はいずれも語根 -no- の部分が conocer の -no- と同じ要素であり、同族語の関係ということになる。

ラテン語動詞 *noscere* の過去分詞は *nōtus* と変化した。この -not- という語根から新たな動詞 *notāre* が創られた。これがスペイン語の **notar**

「気づく」になる。この -not- という過去分詞語幹が **nota**「メモ、注、成績、音符」、**noticia**「知らせ」、**notable**「顕著な」、**anotar**「メモする」といった「認識、気づき、記録」に関連する一連のスペイン語語彙を生み出した。

-fall-/-fals-/-falt- の原義は「騙す」

　「騙す」もまた発話行為の一種と見なせなくはない。現代スペイン語における「騙す」は **engañar** である。直接の語源となる語は俗ラテン語の *_inganniāre_ といい、これは古典ラテン語の _gannīre_「（犬が）吠える、（人が）がみがみ言う」に接頭辞 _in-_ を付したもので、意味は「愚弄する」に変化していたようだ。

　一方、ラテン語で「騙す、裏切る」は _fallere_ といった。この語はスペイン語で **fallecer**「死ぬ」となって存続している。「死ぬ」は morir（<ラ _morī_）の方が一般的だが、改まった言い方をするとき、日本語なら「他界する」と言い換えるように、スペイン語では fallecer が用いられる。ところが、fallecer は中世の早い段階から文献に現れるものの、「欠けている」の意味で、すなわち現代語の faltar の意味で使用されていた。中世においてはラテン語 _fallere_ の本来の意味を受け継いでいたことになる。とはいえ、スペイン語の **falla**「傷、欠陥」や **fallo**「失敗」といった名詞にラテン語 _fallere_ の面影を見ることができる。この _fallere_ の過去分詞が _falsus_ で、スペイン語で **falso**「偽りの」となり、今では独立した形容詞という認識で使用されている。

　さて、falso と双子の兄弟のような関係にある語が存在する。それは **falta**「欠乏、欠陥」である。ラテン語 _fallere_ の俗ラテン語における過去分詞は *_fallitus_ といった。この女性形が名詞化して今日の falta になった。動詞の **faltar** は名詞の falta を基盤として創られた。結果として、fallo, falla, fallecer, falso, falta など語根に -fall-, -fals-, -falt- を持つ語はすべて同族語ということになる。

「感覚」を表す -sent-、「触覚」を表す -tact-

　「感覚」に関する語については、**sentir**「感じる、残念に思う」を代表として挙げることができる。ラテン語で「感じる」は不定詞が *sentīre*、過去分詞が *sensus* である。そのため、-sent- のみならず -sens- を語根とする語は必ず「感覚、感性」に関係する。**sentido**「意味、感覚」、**sentimiento**「感情」、**sentimental**「感傷的な」などは sentir からの直接的な派生語であり、**sensitivo**「感覚の」、**sensible**「敏感な、感受性豊かな」、**sensual**「官能的な」、**sensato**「良識のある」、**sensación**「感覚、感動」など -sens- を語根とする語はすべて、ラテン語の過去分詞語幹に由来する。なお、ラテン語の *sensus* 自体は語中子音群 -ns- > -s- という音韻変化を被り、**seso**「脳、分別」という民衆語の形でスペイン語に存続している。sentir を語幹とした合成語には **consentir**「許す、同意する」(< *con-* 共に + *sentīre* 感じる) や **presentir**「予感がする」(< *prae-* 前もって + *sentīre* 感じる) などがある。語根に -sent- を含みながら、「感覚」という意味と結びつきにくい語がある。「判決、格言」を意味する **sentencia** である。語源となるラテン語 *sententia* は *sentīre* の現在分詞から発しており、「今感じていること」すなわち「意見、意向」を第一義とした。これが発展して「判決、格言、意味、文章」などの意味が加わった（英語で sentence は通常文法用語として「文」の意味で用いられるが、法律用語としての「判決」の意味にもなる）。

　「感覚」の意味と関連して、「触覚」や「接触」について見ておこう。スペイン語で「触る」を表す最も一般的な語は tocar だが、古典ラテン語に語源となる明確な語は存在せず、俗ラテン語の *toccāre に由来する [→ 246 頁]。ラテン語では *tangere* が「触る」を意味する最も基本的な動詞で、過去分詞は *tactus* と変化した。ラテン語 *tangere* 自体はスペイン語で **tañer**「（楽器を）弾く」となって存続しているものの、同じ意味を tocar が担うようになったために、頻度はそれほど高くない。また、**atañer**「関係する」という語の中にも含まれている。スペイン語で、-tact- という過去分詞の語根を持つ代表的な語といえば、**tacto**「触

覚」と **contacto**「接触、連絡」が挙げられよう。これらの派生語として **táctil**「感触のある」、**intacto**「手つかずのままの」、**contactar**「連絡する」などが思い浮かぶ。ラテン語不定詞の *tangere* の語根をそのまま留める語といえば、**tangible**「触れられる」のような用法の限定された教養語くらいだ。本来の語根 -tang- から -n- の脱落した -tag- という変異形を持つのが **contagiar**「感染させる」である。直接の語源はラテン語の *contingere* で、「触る」を本義としながら「塗る」や「汚染する」の意味で用いられた。もちろん、古代ローマで細菌やウイルスの存在は知られていなかったため、「感染症」という概念はまだなかった。現代の意味は近代医学の発達以降のものである。

　ラテン語 *tangere* に由来する同族語は、-tang- という語根の原形を留めることなく大きな変形を経たケースが多々見受けられる。結果として、-tang- と同じ要素が意外な語彙の中に見られることがある。もともとラテン語には「否定」の *in-* と *tangere* を合成して創られた *integer* という形容詞があった。その原義が「手をつけていない、未使用の」であることから、「無傷の、完全な、健全な」という肯定的な意味で使用された。この *integer* の対格形は *integrum* といい、これがスペイン語の **entero**「全体の」の語源になった。「完全な」という意味の *integer* を基に、ラテン語では *integrāre*「回復させる、完全にする」という動詞が現れた。スペイン語にもほぼこのままの語形で **integrar** という教養語が「統合する、構成する」の意味で受け継がれ、名詞形 **integración** は数学用語の「積分法」の意味で、形容詞形 **integral** は「総合的な、完全な」の意味で使用されている。その傍ら、ラテン語 *integrāre* に音韻変化が加わり、スペイン語に民衆語をもたらした。しかし、従来の音韻法則のみならず、語中 -tegr- の -r- の位置が音位転換により前方へ移動し、-tregr- という配列に変わった。その結果できたスペイン語が **entregar**「渡す」である。つまり、語根 -tregr- の部分がラテン語 *tangere* の変異形なのである。それに加え、*integrāre* は語中子音 -g- を落とした異形態もスペイン語に伝えた。それが **enterar**「知らせる」である（再帰動詞 **enterarse** は「気づく、知っている」）。entregar は「物」を、enterar は

「情報」を他者に譲渡することで、「（その他者に）欠けていたものを埋め合わせ、完全なものとする」という発想から、このような転意が起こった。結果として、教養語 integrar と二つの民衆語 entregar および enterar が三重語を形成することとなったのである。

精神、意向、記憶：-ment-/-memo- が表すもの

スペイン語の形容詞を様態の副詞に変換したいとき、その形容詞を女性形にして -mente という小辞を追加すればよい。たとえば、claro「明らかな」から claramente「明らかに」へ、fácil「容易な」から fácilmente「容易に」へと変換する場合だ。元来、古典ラテン語にそのようなルールはなかった。たとえば、clārus「明瞭な」という形容詞を「明瞭に」という副詞として使用するには clārē という語形に変化させる必要があった。ところが、文法規則を簡略化する傾向のあった俗ラテン語においては、「精神、知性」を意味する名詞 mens の奪格形 mente を形容詞とともに用いることで、形容詞の副詞化と見なされるようになった。スペイン語で -mente 副詞を作る際に形容詞を女性形に変えるのは、ラテン語の mens が女性名詞だったからである。こうして、古典ラテン語の clārē「明らかに」は俗ラテン語で clārā mente と表されるようになり、スペイン語の claramente はこの俗ラテン語方式を踏襲したのだった。もっとも、この方法による形容詞の副詞化はスペイン語に限定されない汎ロマンス諸語の現象である。中世においては、小辞 -mente のみならず、-miente や -mientre といった変異形も併用されていたが、やがて淘汰され、今日の -mente に落ち着いた。

一方、スペイン語には「知能」を意味する名詞としての mente も存在する。こちらは mens の対格形 mentem から出たものだ。形容詞形の mental「心の」をはじめ、mentalidad「心性、メンタリティー」、mentar「言及する」、comentar「論評する、言う」、comentario「論評、コメント」など、-ment- を語根に持つ語はいずれもラテン語 mens に

由来する同族語で、「精神、心の状態」という共通項で結ばれていることがわかる。副詞語尾 -mente との形態上の類似は必然の結果なのである。さらに、**mentir**「嘘をつく」にも -ment- が含まれる。語源となるラテン語 *mentīrī*「嘘をつく」も *mens* からの派生であることは知られており、やはり同族語である。

　mens はインド・ヨーロッパ祖語 *men-「考える」に遡る。この語根はラテン語に *meminisse*「覚えている」という動詞も供給した。この動詞は完了形でしか存在し得ず（ただし、意味は不完了）、語頭の memi- の部分はラテン語完了形によくある畳音による変化形である（たとえば、*pendere → pependī* のように、ラテン語では同一音節を繰り返して完了時制を作る動詞が多数存在した）。この *meminisse* が基となったのが、**memoria**「記憶」、**memorizar**「暗記する」、**conmemorar**「記念する」（< *con*- 共に + *memorāre* 思い出させる）といった「記憶」に関する一連の語彙である。なお、「言及」を意味する **mención**（< ラ *mentiō*[*nem*]）もラテン語 *meminisse* から出た派生名詞である。

信用、信仰、神聖

　「信じる」という行為は社会的意味での「信用、信頼」と、宗教的意味での「信仰」がある。「思う」に近い「信じる」を意味する最も頻度の高い動詞であれば **creer** である。派生語には名詞の **creencia**「確信、信念」、あるいは形容詞の **creíble**「信じられる」や **increíble**「信じられない」がある。語源はラテン語の *crēdere* で、語幹に子音の -d- が含まれていた。そのため、教養語の語根は必ず -cred- になる。たとえば「クレジットカード」のことを tarjeta de crédito というように、**crédito**「信用（貸し）」という語を見ればわかる。ラテン語で *crēditus* は不定詞 *crēdere* の過去分詞だった。他に **acreditar**「証明する、保証する」、**credencial**「身分証明書」、**crédulo**「信じやすい」などが挙げられ、語形と意味の関連性はいずれも明白である。

社会的信用と宗教的信仰の両方の意味を兼ね備えた名詞が **fe** である。
"tener fe en..." という言い回しで「〜を信用している」、"dar fe" なら
「証明する」になる。この単音節語はラテン語 *fidēs*「信頼、信用」（対格
fidem）から来ており、母音間の -d- が消失したことにより語形が縮まっ
たものだ。fe の動詞形は **fiar**「保証する、信用する」で、こちらは直接
の語源が古典ラテン語ではなく俗ラテン語の **fidāre* に由来する（古典
ラテン語は *fidere* といった）。名詞の場合と同様、母音間の -d- の脱落で
fiar という語形になった。したがって、語根が -fia- や -fie- など -fi +
母音- になっている語はいずれも民衆語としての同族語で、具体的には
fiable「信頼できる」、**fiel**「忠実な」、**confiar**「信頼する」、**afianzar**「確
実なものにする、保証する」などが該当する。そして、語根に -fide- が
混じっていれば、ラテン語 *fidēs* をそのまま受け継いだ形の教養語とい
うことになる。たとえば、先述の fiel の名詞形が **fidelidad**「忠実」に
なるのは、形容詞が音韻変化を経た民衆語で、名詞は音韻変化を免れた
教養語だからである。「機密文書」のことを documento confidencial と
いうように、「秘密」を表す **confidencia** やその形容詞 **confidencial**「秘
密の」という語がある。これを分析すると、《*con-* 共に + *fidēs* 信頼 +
-entia 現在分詞語尾》となる。語根 -fide- が「信頼」のことだと知れば、
fidedigno という形容詞と出合ったとき、《fide- 信頼 + digno ふさわし
い》と分析できることから「信頼に値する」の意味だとわかるであろう。
　ラテン語 *fidēs* はさらにインド・ヨーロッパ祖語の **bheidh-*「説得す
る」にまで遡る。これがラテン語に *fidēs* とは別に、*foedus*「同盟、契約」
という語をもたらしている。その動詞形 *foederāre*「調印する」がスペイ
ン語の **federar**「連合させる」になる。名詞形は **federación**「連邦」と
いい、これが接頭辞 con- と組み合わさって **confederación**「連合、連
盟」を生み出した。これらに共通の語根 -feder- は、「信用、信仰」の
語根 -fid- と遺伝子を共有する遠戚関係にある。
　「信仰」につきものの概念として「神聖」についても触れておこう。
バルセロナのランドマークとして世界的に有名な Sagrada Familia「サグ
ラダ・ファミリア＝聖家族贖罪教会」で馴染みがあるように、「神聖な」

を表すスペイン語は **sagrado** である。そして、これに対応するラテン語は *sacer* という（女性形は *sacra*、中性形は *sacrum* と変化する）。**sacrificio**「犠牲、供儀」や **sacramento**「秘跡」などに共通する -sacr- が sagrado と同じ語根である。また、「司祭」を指す **sacerdote** の -sacer- もラテン語の *sacer* のことである。究極的にはインド・ヨーロッパ祖語の *sak-「供儀を捧げる」にまで遡る。

　Santo Tomás「聖トマス」や San Francisco「聖フランシスコ」のように、聖者名の前に付ける **santo/san** はラテン語 *sanctus* を受け継いだ半教養語である。この語が音韻変化を被ると人名の Sancho になる。この *sanctus* もインド・ヨーロッパ祖語の *sak- を起源とするため、*sacer* と同根である。本来は「（宗教儀式により法律・条約などを）批准する」という意味の動詞 *sancire* の過去分詞で、「神聖と認められた、不可侵の」が本義だった。このラテン語動詞は現代スペイン語で **sancionar**「批准する」となって存続している。santo 以外で -sant- という語根が混じった語といえば、**santuario**「礼拝堂、神殿」や **santiguar**「十字を切る」などがあり、例外なく宗教用語である。この -sant- と sancionar が同根であるのは、宗教儀礼（＝信仰）と社会契約（＝信用）とが不可分だった時代の産物である。

コラム 6：実は否定に由来する語彙

　「商売、ビジネス」のことを **negocio** という。ラテン語にも *negōtium*「仕事」が存在し、これが negocio の直接の語源である。しかし、ラテン語の *negōtium* をさらに形態素に分解すると、*nec-*「否定辞」と *ōtium*「暇」（＝スペイン語 ocio「暇」の語源）に分けられる。つまり、*negōtium* の直訳は「非 - 余暇」という否定の語が出発点だったとわかる。

　同様のことは「発展、発達」を意味する **desarrollo**（動詞形 desarrollar）についても当てはまる。そもそも、この語の直接的な語源となる語がラテン語に存在しない。形態素は des-「否定・分離」＋ a-「～へ」＋ rollo「巻いたもの」の 3 要素に分けられ、**rollo**（英 roll）が基本形ということになる。スペイン語 rollo はラテン語 *rota*「車輪」（＝スペイン語 **rueda**「車輪」の語源）に縮小辞を付した *rotulus* から来た。スペイン語で「（長いものを）巻き取る」ことを **enrollar** または **arrollar** というのは、ロマンス語になって rollo という名詞が定着してから接頭辞 en- や a- を追加して創ったことによる。そこで、これらの動詞に「否定・分離」を表す接頭辞 des- を足してみると、**desenrollar** と **desarrollar** ができ上がる。いずれも「（丸めてあったものを）広げる」の意味であり、後者については「展開する」というイメージがさらに拡大し、「発展させる」の意味が加わった。desarrollo は「発展」という前向きな意味であるだけに、この語が実際は **desgracia**「不幸」や **deshonra**「不名誉」と同系列の des- という否定辞付きの語であるということをつい忘れてしまう。

　否定の des- で始まりながら否定の意味が忘れ去られた語として **desayuno**「朝食」がある。語幹の ayuno は「断食」（＜俗ラ *jājūnus* ＜ラ *jējūnus*）のことなので、desayuno を字義的に解釈すれば「断食を破ること」である〔→ 213 頁〕。

　これら 3 例に限らず、nec-（neg-）、des-、in-、あるいはギリシア語

系の a- といった接頭辞付きの語彙が、本来の否定的意味を失って定着
した例は少なくない。いくつか拾い出してみよう。

neutro「中立的な」（＜ラ *neuter*）：*ne-*「否定」＋ *uter*「いずれか一方
の」。原義は「いずれでもない」。

necesario「必要な」（＜ラ *necesse*）：*ne-*「否定」＋ *cēdere*「立ち去る」。
原義は「放置して立ち去るわけにはいかない」。

necio「愚かな」（＜ラ *nescius*）：*ne-*「否定」＋ *scīre*「知っている」。原義
は「知らない」。南仏オック語からの借用語。

desastre「災難」：*dis-*「分離・反対」＋ *astrum*「星」。原義は「良い星
の下にない」。

desierto「砂漠」（＜ラ *dēsertus*）：*dē-*「分離・反対」＋ *sertus*「結合した」
（＝ *serere*「絡み合わせる、結合する」の過去分詞）。原義は「見捨てられ
た（土地）」。

difunto「死亡した、亡き」（＜ラ *dēfunctus*）：*dē-*「反対」＋ *functus*「実
行した」（＝ *fungī*「実行する」の過去分詞）。ラテン語 *functus* の語根は
スペイン語の función「機能」や funcionario「公務員」の -func- と
同じ。原義は「機能しない」。

individuo「個人」（＜ラ *indīviduus*）：*in-*「否定」＋ *dīviduus*「分割可能
な」。原義は「これ以上分割できない」。

infante「幼児、王子」（＜ラ *infantem*＜*infans* の対格）：*in-*「否定」＋ *fārī*
「話す」。原義は「話すことができない」。

inmediato「すぐ近くの、即座の」（＜ラ *immediātus*）：*in-*「否定」＋
mediātus「中間の」。原義は「間がない、間髪を入れない」。

inmenso「広大な」（＜ラ *immensus*）：*in-*「否定」＋ *mensus*「計測され
た」（＝ *mētīrī*「計る」の過去分詞）。原義は「計り知れない」。

escapar「逃げる」（＜俗ラ **excappāre*）：*ex-*「外へ」＋ *cappa*「外套」。原

義は「(動きにくい) 外套を脱ぐ」で、「障害や束縛から抜け出す」に転義した。

átomo「原子」(＜ラ *atomus* ＜ギ ἄτομός)：*a-*「否定」＋ tomós「切り分け」。原義は「これ以上切り分けられない」。

amnistía「恩赦」(＜ラ *amnēstia* ＜ギ ἀμνηστία)：*a-*「否定」＋ mnâsthai「記憶」。原義は「故意に忘れる、無かったことにする」。

　日本語話者が否定接頭辞を含む「未完成」「無制限」「不注意」といった語を用いる場合、元となる反義語の「完成」「制限」「注意」を意識しているにちがいない。それだけに、これらの語には否定辞の「未-」「無-」「不-」の果たす役割が際立つ。ところが、「未練」「無邪気」「不思議」ならどうだろう。「未練」は「修業が練達していない」が原義であったことから「諦めきれない」を意味するようになった。「無邪気」については、「病を引き起こす悪い気」を意味する「邪気」に否定辞を付したことで、「悪気がない」すなわち「純真無垢な」を表している。「不思議」を正確に表せば「不可思議」となり、本来は「想像 (＝思議)が不可能なほど偉大な」というきわめて肯定的な意味を持つ仏教用語だった。それが今では「理解できない、妙な」というややマイナスの意味に転じてしまった。これらはいずれも出発点においては難語であったと思われるが、時代とともに使用頻度が高まり、現代において原義はすでに喪失してしまった。その結果、今の日本語話者がこれらの語句を用いる際には、もはや「未-」「無-」「不-」に本来の否定の機能を感じなくなっているのではないだろうか。

　このように、否定辞が否定の形態素として意識されなくなったという例はスペイン語にも日本語にも同様に見られるのである。

7 法・権利・義務・誓約に関する語彙

「集める、選ぶ、読む、法律」を基軸とする大同族語群：-leg-/-lec-/-lig-

　社会秩序を維持するために不可欠なのが法律である。世界史上、成文律の始まりとされるのが紀元前450年頃の十二表法で、これがローマ法の基本となる。それまでの慣習法を明文化したことで、神官が牛耳っていた訴訟手続きが、市民の手による裁判という形に取って代わった。古代ローマにおいては土木建築とともに成文律の体系化がこの大帝国の長期にわたる存続を可能にした要因といっても過言ではない。そこで本章では「法律」から話を始めよう。

　スペイン語の **ley**「法律」はラテン語の *lex*（対格 *lēgem*）に由来する。ley の形容詞である **legal**「法律上の、合法的な」、**ilegal**「違法の」、**legítimo**「合法的な」、**ilegítimo**「非合法的な」のいずれにも -leg- が含まれているのは、ラテン語 *lex* の斜格の語幹 leg- に基づく派生語 *lēgālis* と *lēgitimus* を教養語として受け継いだからだ。これら legal にも legítimo にも音韻変化を経た民衆語の相棒として、**leal**「忠実な」と **lindo**「きれいな、かわいい」がある。すなわち、legal と leal、legítimo と lindo はそれぞれ二重語の関係にある。lindo という語形は、legitimu- > *leídimo > *liídimo > *lídimo > *lídmo > lindo という長いプロセスを経た結果で、最終的に音位転換が起こったことで、語形が語源から大きく変貌した。

　では、ラテン語の *lex* はどこから来たのか。これは動詞 *legere*「拾い集める、選ぶ、読む」の名詞形であり、さらにこの動詞はインド・ヨーロッパ祖語 *leg-「拾い集める」にまで遡る。「諸規則を拾い集め、精選したもの」という概念が「法律」という洗練された意味へと転化した。

この legere 自体は語中子音 -g- が消失して **leer**「読む」になる。また、legere の過去分詞は lectus であることから、**lectura**「読書」や **lección**「レッスン」のように、-lec- という語根は「読むこと」に関係している（英語で「講義」を lecture というのは、中世の授業がひたすら教師が読んだことを書き写す作業だったからだ）。古代において「読む」とは「書物の文章から意味を拾い出す」行為と見なされていた。語根は -lec- ではないが、**leyenda**「伝説」という語もラテン語 legere の動形容詞の中性複数形 legenda が元になっているために関連語の一つである。なお、ラテン語においては「読まれるべきもの」という意味だった。

　ラテン語 legere もまた、さまざまな接頭辞と組み合わさって多様な語彙群を供給した。ともかく -leg- や -lec(t)-、あるいは変異形としての -lig- を語中に含む語は legere、すなわちスペイン語の leer の同族語だと考えてよい。ただし、legere の意味は「読む」のみならず、「拾い集める」と「選ぶ」であったことは常に念頭においておきたい。たとえば、「選ぶ」の意味の legere が ex-「外へ」と結びつくと ēligere「引き抜く、選ぶ」になり、スペイン語に **elegir**「選ぶ」をもたらした。派生語として名詞形の **elección**「選択、選挙」（<ラ ēlectiō[nem]）のみならず、**elegante**「洗練された、優雅な」があることも見過ごせない。直接の語源は ēlegans だが、これは本来 ēligere の現在分詞で、「選び抜こうとする」が原義であることから、「好みのうるさい、洗練された」の意味になった。elección の類義語である **selección**「選択」も legere の仲間で、接頭辞の se- とは「切り離し」を意味する［→ 227 頁］。つまり、選び抜いて他と切り離しておくのが「精選」である。なお、動詞 **seleccionar** はロマンス語になって以降、名詞から創られた語形だ。同様の考え方は **predilección**「偏愛、ひいき」にも当てはまる。語源となる praeēligere とは「前もって（prae-）選ぶ（ēligere）」ことから「優先する」の意味で使用されていた。「分離」を表す接頭辞 di[s]- を付した dīligere もラテン語に存在し、「他と切り離して（dī-）選ぶ（legere）」を原義として「尊重する」を意味した。この動詞の現在分詞 dīligens「注意深い、入念な」から生まれたのがスペイン語の **diligente**「勤勉な」である。さらには、

「間に」を表す *inter-* を前置すると *intellegere* になり、「理解する」を意味する語として用いられた。そのラテン語名詞が *intellectus*「理解（力）」であり、形容詞が *intelligens*「理解力のある」だった。これらを基にスペイン語に出現した語彙が **inteligente**「頭の良い」、**inteligible**「理解しやすい」、**intelectual**「知的な」といった一連の教養語である。

　それでは接頭辞 *con-*「共に」を *legere* と組み合わせてみよう。ラテン語動詞 *colligere* とは「集める」であり、これの名詞形が *collectiō*（対格 *collectiōnem*）、つまりスペイン語の **colección**「収集、コレクション」である。ここから動詞の **coleccionar**「収集する」が創られた。さらに、ラテン語過去分詞は *collectus* といい、この語幹に基づいて **colecta**「募金」および **colectar**「集金する、徴収する」が出た。スペイン語にも **colegir**「推論する」という教養語がラテン語動詞 *colligere* の継承形として存在するものの、頻度の高い語ではない。しかしながら、ラテン語の *colligere* は音韻変化を経た民衆語の形で頻度の高い動詞をスペイン語に提供した。それが **coger**「つかむ」である（ただし、ラテンアメリカ諸国では卑猥語として忌避されている）。この coger は中世の時代に cogecha という名詞形を生み出した。これが現代語の **cosecha**「収穫」である。なお、coger を含んだ動詞として **recoger**「拾う、集める」と **acoger**「受け容れる」がある。前者はラテン語 *recolligere*「再び集める」が、後者は俗ラテン語 **acolligere*「受け取る」が直接の発祥元である。

　語根 -leg- を含みながら、ラテン語 *legere* との関連性が全く見えなくなった語彙がある。たとえば **legumbre**「豆」がそうだ。語源はラテン語の *legūmen*「豆」で、やはり「拾い集める作物」のイメージから来ている。これとは別に、ラテン語の *lignum*「薪、木材」という語を見ても、語中に -lig- が含まれているうえに、「薪」もたしかに「拾い集める木」である。つまり、*legere* に基づく派生語であることが見て取れる。*lignum* は中性名詞であり、単数形はスペイン語に男性名詞の **leño**「丸太」として姿を変え（つまり民衆語）、複数形の *ligna* は女性名詞の **leña** になり、「薪」という本来の意味をもって受け継がれた。もっとも、現在では leño と leña は別個の語彙として認識されている。さて、そうな

ると、legumbre、leño、leña といった語に含まれる語頭の le- の部分が語源的には leer の le- と同じ起源を共有するということになり、たいへん興味深い。

ラテン語では、同一の語根を共有する *-āre* 型動詞と *-ere* 型動詞が姉妹語のペアをなすことが多々ある。たとえば *dicāre* と *dīcere*[→ 163 頁]がそうだ。本節で話題にしている *legere* にも *legāre* という姉妹語があり、「派遣する、委任する、遺贈する」を意味した。この動詞は名詞の *lex*「法律」から派生しているようだ。スペイン語にも **legar**「遺贈する」は存在し、合成語として **delegar**「(権限を) 委任する」がある。また、「(職場の) 同僚」のことをスペイン語で **colega** という。今でこそこの語は男女両用だが、元となるラテン語の *collēga* は男性名詞だった。このラテン語名詞は *con-*「共に」と *legāre*「派遣する」の複合として発生した。その *collēga* の集まり、すなわち政務官などの団体のことを *collēgium* といった。これがスペイン語 **colegio**「学校」の語源となる。中世の 12 〜 13 世紀頃からヨーロッパ各地に大学が設置されるようになると、*collēgium* は「学寮」を表す語として使用されるようになったが、後に「大学」を指すようになった。この意味を忠実に受け継いでいるのはむしろ英語の college であり、現代スペイン語の colegio は特に「初等教育の学校」を指す。ただし、colegio mayor といえば大学などの「学寮」の意味になり、中世の *collēgium* の名残が垣間見られる。

「王、支配、正義」を基軸とする同族語群：-rec-/-reg-/-rig-

「王」を意味する **rey** もまた同族語の大家族を形成している。ラテン語で「王」は *rex*(対格 *rēgem*)であり、形容詞形は *rēgālis*「王の」という。そして、*rex* を生み出したのが動詞の *regere*「支配する」(過去分詞 *rectus*)である。語形に着目すると、前節の *lex-lēgālis-legere-lectus* とよく似ているのがわかるであろう(語頭子音の r- と l- を入れ替えれば何もかも同じである)。なお、*regere* はインド・ヨーロッパ祖語 *reg-* にまで遡

り、「まっすぐ動かす」を意味したとされる。

ラテン語 *lex* の対格 *lēgem* がスペイン語 ley に、そして *lēgālis* が leal になったのと同様に、*rex* の対格 *rēgem* が rey に、形容詞の *rēgālis* が **real** になった（「本当の」を意味する real の語源は別で、こちらはラテン語で「物」を意味する *rēs* の形容詞形 *reālis* に由来する）。「王直属の」を意味する **realengo** という形容詞もあるが、語尾の -engo はゲルマン起源で、realengo という語はラテン系とゲルマン系の合成という珍しいケースだ［→ 79 頁］。

動詞形 *regere* の第一義は「境界画定をする」だった。そこから「導く、指揮する、支配する、正す」のような意味が派生した。この事実から、スペイン語の **región** という -reg- を含む名詞がなぜ「地方」という意味で用いられているのかがわかる。語源となる *regiō*（対格 *regiōnem*）は「境界線、行政区」のことで、*regere* から派生した名詞形であり、もとはといえば「支配する必要性から地図上に引かれた境界線」だった。ここから、「中心都市」に対する「地方」という認識へと転じた。

ラテン語動詞 *regere* を受け継いだスペイン語動詞は **regir**「統治する」である。この動詞と並行して用いられる **reinar**「君臨する」も同根で、こちらは *regnāre*「支配する、君臨する」から来ている。ラテン語で「王権、王国」のことを *regnum* といい、この名詞の動詞形が *regnāre* である。そして、*regnum* はスペイン語の **reino**「王国」になった。つまり、母音間の -g- を残した regir は教養語であり、reinar は音韻変化が途中で止まった半教養語である（音韻変化を全うしていれば *reñar になっていたはずである）。

名詞形 **régimen**「体制」を見れば明らかなように、-reg- という語根は「王」および「統治」を表す形態素だ。*regere* の過去分詞は語中子音 -g- が無声化した *rectus* であり、これがスペイン語の形容詞 **recto**「まっすぐの」になる。統治に「歪み」は許されない。統治や支配という概念は「実直、まっすぐあるべき状態」というイメージに連なっていく。-reg- を語根とし、「まっすぐ」のイメージを保持する語として **regla**「規則、定規」や **reg(u)lar**「規制する、統制する」、さらには接頭辞

a[d]- との合成語である **arreglar**「調整する、整理する、手配する」がある。

ラテン語では基本動詞 *regere* を基盤とした合成語が創られる際、語根は -rig- と変化した。たとえば、「分離」を表す接頭辞 *di[s]*- と *regere* が組み合わさると *dirigere* という形で現れた。これがスペイン語の **dirigir**「導く、統率する、（ある方向に）向ける」になる。**corregir**「訂正する、矯正する」（< *con*- 共に + *regere* 正す）や **erigir**「建てる、建立する」（< *e[x]*- 外へ + *regere* 正す）など、語根に -rig- を含む動詞はいずれも「歪みをまっすぐにする」という点で共通している。

ラテン語 *dirigere*「整列させる、向ける」の過去分詞は *directus* という。スペイン語 dirigir の名詞形が **dirección**「指導、方向、住所」と、語根が -rec- に変化するのは、過去分詞語幹に基づいているためだ。そして、ラテン語過去分詞 *directus* が音韻変化を経ずにスペイン語化した語が **directo**「まっすぐな、直接の」であり、音韻変化を経ると **derecho** になる。つまり、directo と derecho は二重語である。

ところで、derecho は多義語である。形容詞なら「右の、まっすぐの」を意味し、名詞になると「法（学）、権利、道理」などの意味を持つ。これらの多様な意味を統括するキーコンセプトは何だろうか。それは「正しくあること」である。とはいえ、「右の」という意味は異質で気になるところであろう。ラテン語の *directus* に「右の」の意味はない。「右の」はラテン語で *dexter*（女性 *dextra*; 中性 *dextrum*）といい、この語はスペイン語において **diestro**「右利きの、巧みな」と若干ニュアンスを変えて伝わっている。つまり、derecho に「右の」の意味が加わるのは、ロマンス語になって以降ということになる。インド・ヨーロッパ語族に共通してみられる固定観念の一つに「右＝正当、吉；左＝邪悪、不吉」という考え方がある。鳥占いにおいて、右方向に飛べば吉、左方向なら凶とされたことにも窺える。ラテン語で「左の」を意味する *sinister* がスペイン語では **siniestro** となり、「不吉な、邪悪な」の意味で用いられることが裏づけとなろう。物事を正当に行うのは右手でなければならず、右側という方向が正当性の暗喩になっているのである。

「司法、正義」を共通項とする -jur-/-jud-/-just-

　古代から人間社会に諍いはつきものである。それに決着をつける司法の役割はきわめて重要だ。キケローなど古代ローマの思想家・雄弁家が確立した弁論術とは、もとはといえば裁判で言い負かす技術のことであった。

　スペイン語で「司法」や「裁判」に関する語彙をいくつか拾い出してみると、**justicia**「裁判、正義」をはじめとして、**juez**「裁判官」、**juicio**「判断、裁判」、**juzgado**「裁判所、法廷」、**juzgar**「裁く、判断する」、**judicial**「司法上の」など、見事に ju- で始まる語が揃う。もちろんこうした形態論上の統一性は偶然ではなく、同一の語根を共有するからである。その最も基本となるラテン語語彙の大元は *jūs*「法律、司法権、法廷」で、ここから二つの動詞が派生した。一つは *jubēre*「命令する」でもう一つは *jūrāre*「誓う」である。前者はスペイン語に伝わらなかったが、後者は **jurar**「誓う」として語形・意味ともラテン語を忠実に受け継いでいる。ラテン語名詞 *jūs* の属格 *jūris*、対格は *jūrem* のように、主格以外の格（＝斜格）に変化したときの語根は -jūr- になる。これが、**jurídico**「法律の」、**jurista**「法学者」、**jurisdicción**「司法権」、**jurisprudencia**「法律学」のように「法律」に関わる語彙が -jur- という語根を持つ理由である。同時に、審理を行う際には証言者が真実を話すことを「誓う」ことが先決である。だからこそ jurar「誓う」という行為と司法は不可分なのである。スペイン語で「審査員」のことを **jurado** というのは、「公正な評価をする誓いを立てた者」だからである。

　裁判で「判決を下す」とは「法的根拠を言い渡すこと」である。ここから、ラテン語では *jūs*「法律」と *dicāre*「捧げる、公言する」を合体させた *jūdicāre*「判決を下す、裁く」が生み出された。この動詞に音韻変化が加わったため、中世スペイン語の judgar を経て現代語の **juzgar**「裁く、判断する」になった。そして、ラテン語で *jūdicāre* を実行する人物が *jūdex*（対格 *jūdicem*）、すなわち「裁判官」であり、その場所が *jūdicium*、すなわち「法廷、裁判」である。これらの2語については

母音間の -d- が消失した結果、前者はスペイン語で **juez**「裁判官」、後者は **juicio**「判断、裁判」となって存続している。他方、音韻変化を免れたのが形容詞の **judicial**「司法上の」である。ここから、語根 -juz- や -jud- もまた「法律・裁判」でつながる同族語であることが明らかになる。ラテン語の *jūdicium* に「前に」を表す接頭辞 *prae-* を付けた *praejūdicium* は文字通り「前もっての判断」すなわち「予審・先入観」のことだった。これがスペイン語の **prejuicio**「先入観」（頻度は低いが異形態として教養語の prejudicio も存在する）になるのは明らかだが、もう一つ別の語を供給している。それは **perjuicio**「損害」である。語頭のper- は、この場合、音位転換によって pre-（<ラ *prae*）の -r- と -e- の位置が入れ替わった結果であり、「完全に」を意味する接頭辞の per- ではない。「先入観」は「不利益」につながるという換喩から、perjuicioは「損害」という意味になり、二重語の片割れである prejuicio「先入観」と意味の棲み分けを行っている。

　さて、ラテン語の *jūs* には形容詞形もあり、*justus*「正当な、合法的な、適切な」といった。これがスペイン語の **justo**「公正な、ちょうどの」（英語の just）の語源である。そうなると、-just- という語根が混在した語も結局は -jur- や -jud- とともに「法律・裁判」に関する同族語ということになる。-just- を語根に持つ語は「正義、的確、適合」という意味合いで共通しており、**justicia**「正義、裁判」、**justificar**「正当化する」、**ajustar**「合わせる、調整する」などの語を並べると一目瞭然であろう。

権利としての市民、義務としての市民

　スペイン語で「都市」を表す語は **ciudad** である。今でこそ「都市」という具体名詞として機能しているこの ciudad は、語尾が「性質」を表す -dad（<ラ *-tātem*）であることから、もとは抽象名詞だった。古代ローマ人は西暦 212 年のアントニヌス勅法を境として、それまで出自によって制限されていた「市民権」がすべてのローマ人に付与される

ようになった。このように公認された「市民」のことをラテン語では *cīvis*（対格 *cīvem*）といい、この *cīvis* であることの権利、すなわち「市民権」のことを *cīvitās*（対格 *cīvitātem*）と呼んだ。つまり、ciudad の語源である *cīvitās* は本来抽象的な意味の語だった。現代語の「都市」の意味への転化は *cīvitās* が *cīvis* の集合体を表すこともできたことによる。さらに、**civil**「市民の」や **civilización**「文明」といった語に含まれる語根 -civ- もまた ciudad の -ciu- のことであることを付け加えておこう。ちなみに「都市」はラテン語で *urbs*（対格 *urbem*）であり、スペイン語には **urbano**「都市の、都会的な」や **suburbio**「郊外、スラム街」（< *sub-* 下に + *urbs* 都市）といった語にその姿を潜めている。

　スペイン語で「市立の」というときに用いるのは ciudad の関連語ではなく、**municipal** という語である（たとえば、「市立図書館」は biblioteca municipal という）。こちらの語源はラテン語の *mūnia / mūnus*「義務、賦役」に遡り、「自治都市の市民」のことは *mūniceps*、そして「自治都市」のことは *mūnicipium* と呼ばれていた。スペイン語で、地方に対する「都市」ではなく、「自治体としての都市」を指し示すときは **municipio** という。この *mūnicipium* の形容詞が *mūnicipālis*「自治都市の」、つまりスペイン語の municipal である。初期の王政時代のローマ市民は、軍務はもちろんのこと、農地の耕作や公共建築の建設といった賦役を義務として負っていた。こうした賦役のことはラテン語で *mūnia* と呼ばれ、その義務を果たす市民の集合が *commūnitās* であった。その形容詞は *commūnis*（< *con-* 共に + *mūnus* 義務）といい、「共有の、公共の」を意味した。スペイン語の **comunidad**「共同体」や **común**「共通の」、あるいは **comunicar**「伝える」に含まれる -mun- とは municipal の -mun- と同じ形態素で、本来は「義務」であった。なお、comunicar は教養語であり、二重語のペアとして **comulgar**「聖体拝領を受ける」という民衆語がある。もともと común が「（義務の）分かち合い」を出発点としていたと知るや、comulgar は「聖体拝領を行う」すなわち「キリストの聖体を分かち合うこと」だとわかる。もちろん教養語名詞 comunicación とペアをなす民衆語名詞 **comunión**「聖体拝領」も同じ

である。さらには、-mun- を語根に含む別の語として **remunerar**「報酬を与える」がある。接頭辞 re- で始まることから、「再び義務を果たす」を出発点とし、「仕事の代償を支払う」となった。

このように見てみると、同じ「都市（民）」でもラテン語では権利を重視するか義務に重きを置くかで使い分けがあり、その結果が -ciu-/-civ- という語根と -mun- という語根の語彙群を生み出したことになる。

訴訟、証言、判決：同一語源の dañar「害を与える」と condenar「有罪判決を下す」

英語で見知らぬ人への第一声は何はともあれ、"Excuse me."「すみません」であろう。スペイン語にも **excusar** という動詞は存在するが、「言い訳をする」という意味で用いられ、英語の excuse ほど頻度が高くないうえに、ニュアンスが多少異なる。

それでは、excusar はどのように分析できるであろうか。ex- は「外へ」を表す接頭辞であるのは明白だとしても、語根 -cusa- とは何なのだろうか。これは **causa**「原因」の異形態である。すでにラテン語にも *excūsāre* という動詞は存在したが、これの意味は「弁護する」という裁判用語であった。ラテン語の *causa* の第一義はスペイン語と同様「原因・理由」である。しかし、*causa* は多義語であり、「責任、口実、訴訟」などの意味もあった。というのは、ある行いの原因は「責任」でもあり「口実」でもあるからだ。ここから「諍いの始まり」、すなわち「訴訟」の意味へと発展した。スペイン語の causa にも「訴訟」の意味があるのはラテン語のこの語法を受け継いでいるためである。したがって、人を訴訟の方向へ（ad-）と差し向ける行為が **acusar**「告発する」であり、訴訟の外へ（ex-）と逃す行為、すなわち「弁護する、言い訳する」が excusar である。元来、excusar と acusar は反義関係にあった。

ラテン語の *causa* は裁判用語とは別に「主題、テーマ」の意味でもよく用いられた。こちらの *causa* が音韻変化を経てできたスペイン語が

cosa「物、事」で、意味が完全に中立化した。結果的に causa と cosa は二重語であり、acusar や excusar などの語根 -cus- と同じ要素である。

　裁判には証人が不可欠である。スペイン語で「証人」は **testigo**（男女両用名詞）であり、「証言」は **testimonio**、そして「証言する」は **testimoniar** という。いずれも -test- という語根で共通するのは、ラテン語で「証人」を *testis*（対格 *testem*）、「証言する」を *testārī* といったからだ。そうすると、他に -test- を含む **testamento**「遺書、聖書」（*testis* 証人 + *mens* 意図）、**testificar**「証言する」（< *testis* 証人 + *facere* 作る）、**atestiguar**「立証する」といった明らかな裁判関係の語彙のみならず、**contestar**「答える」（< *con-* 共に + *testārī* 証言する）や **protestar**「抗議する」（< *prō-* 前に + *testārī* 証言する）のような、一見裁判と無関係の語も「証人、証言」という共通項で結ばれた同族語だということになる。現にラテン語で *contestārī* は「証人として呼ばれる」ことであり、*prōtestārī* には「証言する」という意味しかなかった。

　さて、裁判は最終的に判決で決着する。「判決」はスペイン語で **sentencia** である。この語自体は語根が -sent- であることから sentir「感じる」と同根である［→ 169 頁］。スペイン語で「（有罪・無罪を問わず）判決を下す」という言い回しは "dictar una sentencia" という。この言い回しとは別に、「有罪判決を言い渡す」ときは **condenar** という動詞が用いられる。たとえば、"condenar a cinco años de prisión" といえば、「5 年の禁固刑に処す」の意味である。この condenar の基となったラテン語は *condemnāre*「有罪判決を下す」で、語中に "m" が余分に混じっている。その理由は、この語が《*con-* 共に + *damnāre*》という合成によるからであり、語幹 *damnāre* の本来の意味は「損害を与える」だった。この語が音韻変化を被ると、語中の -mn- が口蓋音化を起こして -ñ- になる。その結果がスペイン語の **dañar**「害を与える」である。古代ローマにおいては犯罪者に損害を与えることが「有罪判決」と見なされ、この行為をラテン語で *damnātiō* といった。こう考えると、dañar と condenar という一見無関係に見える語彙の同族関係が明らかになるであろう。そして、dañar の語源が *damnāre* だったと知れば、-damn-

もしくは -demn- という語根を含む語はすべて dañar と起源を同じくする関連語だとわかる。例を挙げると、**damnificar**「害を与える」（< *damnum* 害 + *facere* 作る）、**indemne**「無傷の」（< *in-* 否定 + *damnum* 害）、**indemnizar**「賠償する＝無傷の状態に戻す」などが該当する。

契約、協定、和平：-pac-/-pag- を含む多彩な語彙群

「法」や「規則」は社会的約束である。「誓約する」ことをラテン語で *spondēre* といった。これに接頭辞 *re-* を足すと *respondēre*、つまりスペイン語の **responder**「答える」になり、さらに *con-* を付けると *correspondēre*、つまり **corresponder**「応じる、相当する」になる。また、*spondēre* の過去分詞は *sponsus* と変化した。これが名詞化すると「誓約した者＝婚約者」の意味になる。ここに音韻変化法則を加えてみると、語頭の s- は es- に、語中の -ns- は単音の -s- になる。そこで出現するのが **esposo**「夫」である（**esposa**「妻」は女性形 *sponsa*[*m*] から）。さらには、*sponsus* を基に *sponsor*「保証人」というラテン語名詞もあり、これが英語に入ったのが sponsor「スポンサー」である。この -spons- という語根は responder の形容詞形である **responsable**「責任のある」に見られる。

「協定、契約」を表すスペイン語には contrato、convenio、pacto などいくつかの語彙がある。contrato は traer の［→ 59 頁］、convenio は venir の同族語である［→ 26 頁］。そこで本章では、**pacto** について取り上げることにしよう。たとえば、「紳士協定」のような場合、スペイン語では pacto de caballeros という。そもそも語末が -cto という終わり方をしている語はおおよそラテン語過去分詞の語尾だと考えてよい。pacto も例に漏れず、語源を遡るとラテン語動詞 *pangere* に、さらにはインド・ヨーロッパ祖語 *pak-「固定する」にまでたどり着く。ラテン語 *pangere* は「打ち込んで固定する」が原義で、「固定」のイメージが拡大して、「話をまとめる、取り決める、協約を結ぶ」の意味になった。その過去分詞が *pa*[*n*]*ctus*、すなわちスペイン語の pacto の直接の語源だ。意外に

映るかもしれないが、「ページ」を意味する **página** もここから出ている。ラテン語で *pāgina* といえば「書物の一葉」（つまり「ページ」）のことで、書物編纂のために用紙の端を打ち込んで固定したからであった。

　-pact- という語根を含む語として **impacto**「衝撃」と **compacto**「密集した」がある。前者はラテン語 *impingere*「強く打ち込む、押しつける」（< *in-* 中に + *pangere* 打ち込む）の過去分詞 *impactus* が名詞化したもので、後者は *compingere*「組み立てる、閉じ込める」（< *con-* 共に + *pangere* 打ち込む）が形容詞化したものである。つまり、impacto とは強く打ち込まれたがための「衝撃」であり、compacto の方はしっかりと組み立てられたことで「小型ながら中身が詰まった」状態である。

　「宣伝」を意味する **propaganda** と動詞形 **propagar**「広める」に見られる -pag- という語根も pacto と同根である。ある木の枝を別の木に打ち込んだもの、すなわち「挿し木」のことをラテン語で *propāgēs* といった。これは《*prō-* 前に + *pangere* 打ち込む》と分析でき、ここから動詞 *propāgāre* が派生した。原義は「挿し木によって繁殖させる」で、これが一族の繁栄のイメージと重なり、「伝統を後世に伝える」の意味になり、さらには一般的な意味で「情報などを広める」になった。スペイン語の propagar には「広める、普及させる」の他に「増殖させる」の意味もあり、かつての名残が垣間見られる。

　ラテン語 *pangere* には *paciscī*「協定を結ぶ」という姉妹語があり、過去分詞は *pangere* と同じ *pactus* だった。この *paciscī* は *pax*「平和、講和」という名詞を生み出し、さらに名詞 *pax* が *pācāre*「平和にする、平定する」という新たな動詞を生み出した。いずれも語根に -pac- が含まれ、「協定、和平」といった争いのない状態を表している。そこで、名詞の *pax*（対格 *pācem*）はスペイン語の **paz**「平和、講和」になり、動詞の *pācāre* は **pagar**「支払う、償う」へと発展した。中世のスペイン語をひもとくと、pagar は「満足させる」の意味で用いられることがたいへん多かった。こうしたことから、pagar とは「双方不満の出ない状態にすること」、つまり「争いのない状態にすること」だったとわかる。これが「支払う」の始まりである。なお、pagar の名詞形 **pago**「支払い」

と **paga**「賃金」や、接頭辞 a- を足した **apagar**「消す」などは、スペイン語になってから二次的に創作された語である。

paz の形容詞形は **pacífico**「平和的な」で、こちらはラテン語 *pācificus*「平和的な」（< *pax* 平和 + *facere* 作る）をそのまま採り入れた教養語である。この形容詞を基にした動詞としては、**pacificar**「平定する」（< ラ *pācificāre*「和を結ぶ」）という教養語と並んで **apaciguar**「なだめる」という民衆語がある。後者は接頭辞 a- を追加しているため、厳密な意味で両語を二重語と呼んでもよいかどうかは議論の余地があるものの、事実上、二重語の関係になっているのは確かだ。このように見渡してみると、語根 -pac(t)- および -pag- は「協定、和平」を共通項とした実に多彩な語彙群の家族を形成していると言えるであろう。

-tribu- は「貢ぎ」と「割り当て」

納税もまた義務の一つである。「税金」はスペイン語で **impuesto** または **tributo** という。前者は imponer「課する」の過去分詞が名詞化した語である。後者はラテン語 *tribūtum*「租税」の継承で、元はローマ最初期の 3 部族（*tribus*）であるラムネス、ティティエス、ルケレスに課せられた租税が始まりである。この語は tribuere「配分する、割り当てる、授ける、〜に帰する」という動詞の過去分詞中性形が名詞化したものである。ここから、スペイン語で語根に -tribu- を持つ語は「貢ぐこと」や「割り当て、分け与え」という共通項で結ばれることになる。この語根を持つ動詞は多く、**contribuir**「貢献する」（< *con-* 共に + *tribuere* 貢ぐ）、**distribuir**「分配する、配布する」（< *dis-* 分けて + *tribuere* 割り当てる）、**retribuir**「報酬を与える」（< *re-* 再び + *tibuere* 貢ぐ）、**atribuir**「〜の作品とみなす、〜に起因させる」（< *a[d]-* 〜へ + *tribuere* 割り当てる）などがその例で、いずれも語形成と意味の関係は明白であろう。

ところで、ラテン語 *tribuere* に音韻変化が生じた民衆語はスペイン語に存在するのだろうか。語形からも意味からも一目で判断するのは難し

いが、それは **atreverse**「大胆にも〜する、挑む」である。語頭の a- は
ロマンス語になってから付け足されたもので、この部分はラテン語の継
承ではない。また、この動詞は再帰形でしか用いられない。つまり、何
かを行う際に、それをする能力が「自分自身にあるとみなす」というの
が元の意味で、困難な行いに対する強い自信の表れを指すようになっ
た。名詞の **atrevimiento**「大胆さ」や形容詞の **atrevido**「大胆な」は
動詞 atreverse を基に創られたものだ。

pedir「頼む」と apetito「食欲」の関係？

　何かの「要求」や「依頼」という行為も権利と義務の関係が発生する
社会的行為の一種である。「頼む、求める、注文する」といった「依頼」
に関する行為を表すために最も頻度が高い動詞は **pedir** である。語源は
ラテン語の *petere* だが、この語は「追求する、追跡する、襲う」といっ
た攻撃的な意味が第一義だった。何かを追い求めるイメージが転じて
「要求する、請う」など依頼に関する意味で使用されるようになった。
こちらの意味だけが今日のスペイン語 pedir に伝わったわけだ。民衆語
の pedir を語根に持つ合成語に **despedir**「見送る、解雇する」（再帰動詞
で「別れる」）がある。語源はラテン語 *expetere*「追求する」で、最古の
スペイン語文学では espedirse という語形で現れる。「外へ（ex-）求める
（pedir）」ことから「暇を乞う」の意味で用いられた。これは「別れる」
ことであり、場合によっては「解雇する」ことにもつながる。こうした
換喩に基づく意味変化が生じたことにより、語形は pedir と同根である
のが明らかでありながら、意味の関連が捉えづらい語になった。なお、
語頭に「分離」の接頭辞 d[e]- をさらに追加した despedir(se) の語形は
13 世紀の段階ですでに文献に見られる。
　pedir から派生した名詞形は **pedido** で、意味は「注文、要求」であ
る。しかしその傍らで、「嘆願、申請（書）」といった少し異なるニュ
アンスを帯びた名詞には **petición** という教養語が用いられる（＜ラ

petītiō[*nem*]「追求、懇願、立候補、求婚」)。pedir のように、語中子音が有声化して語根が -ped- になっているものが民衆語で、無声音 -t- で留まっている -pet- が教養語である。この -pet- を語根とする合成語を拾い出してみると、**competir**「競う」、**competencia**「競争、権限、能力」**repetir**「繰り返す」などがある。スペイン語 competir の語源 *competere* とは「複数の人間が同時に（*con-*）求める（*petere*）」ことから、「競う、張り合う」になった。ただし、ラテン語には「出会う、一致する、適合する」の意味もあった。repetir の語源である *repetere* は文字通り「再び（*re-*）求める（*petere*）」ことから「繰り返す」の意味になった。もっとも、ラテン語では「回復する、思い出す、返還要求する」といった意味での用例が見られた。

　ラテン語には *appetere*（< *a*[*d*]- ～へ + *petere* 求める）という動詞も存在し、接頭辞 *a*[*d*]- によって要求の方向性が強調されることから「～を取ろうと手を伸ばす、熱望する」を意味した。スペイン語ではこの動詞形に起動相の語尾が追加され、**apetecer** という語形に創り変えられた。その結果、pedir との同族関係が隠れてしまった。日常的には、"¿Te apetece ir conmigo?"「私と一緒に行く気はないかい？」のように、gustar 型構文の自動詞として用いられている。この apetecer に訳語を充当するなら、「～する気にさせる、食欲・やる気をそそる」といったところであろう。「食欲」を意味するスペイン語 **apetito** は apetecer の名詞形であり、ラテン語 *appetitus*「熱望」を受け継いだものである。

　語根 -pet- を含みながら pedir との関係が見えにくい語についてさらに二つ言及しておこう。まずは、「永続的な、終身の」を意味する形容詞 **perpetuo** である。語源は *perpetuus* で、「完全に（*per-*）求める（*petere*）」ことから、「絶え間ない、永続的な、一生の」の意味になった。もう一つは **ímpetu**「激しさ、熱意」で、この語はスペイン語には珍しく語末が -u で終わることから、教養語というよりもラテン語法（latinismo）といってよい。元となるラテン語 *impetus* は *impetere*「襲う」の名詞形で、「突進、襲撃」を第一義とした。ここから「激しさ、衝動」といった比喩的意味が生じ、スペイン語に受け継がれた。

コラム 7：色彩名の語源

　色彩名は世界共通ではない。地球上には「白」「黒」「赤」の 3 種類しか色彩名がない言語があるかと思えば、「白」と「黒」の 2 種類しかない言語さえ存在するという。また、たとえ色彩を表す名称を数種類持っていたとしても適用範囲が他の言語と同じであるとは限らない。現に日本語の「青」は「青葉」「青りんご」など現実には「緑」のものも指すが、スペイン語では "hoja verde"、"manzana verde" と「緑」を指す verde で表現する。日本語の「緑」はもともと「新芽」のことであり、色彩語彙体系の外にあった語である。今でも「青葉」や「青りんご」というのは、「緑」という語が色彩語彙に転用される以前の名残である。スペイン語の色彩名もすべてがラテン語の色彩語彙をそのまま引き継いだわけではなく、他から転用された語や外来語も含まれる。

negro「黒」＜ラ *niger*「黒い」：語形・意味ともラテン語の継承。派生語に **negrear**「黒くなる、黒ずむ」という動詞がある。また、形容詞女性形が名詞化した **negra** という語は「四分音符」のことである。

blanco「白」＜ゲルマン語 blank「白い、輝く」：ゲルマン語からの借用語で、英語の blank「白紙」と同根。ラテン語で「白」は二つがあり、「つやのある純白」は *candidus*、「灰がかった白」は *albus* といった。前者は「候補者」を意味する **candidato** の語源になった。古代ローマでは公職志願者が白いトガ（*toga*）を着て身の潔白を示したことに由来する。また、**encender**「点ける」の語根 -cend- は、ラ *candidus* の動詞形 *candēre*「きらめく」のことである。後者 *albus* は女性形が名詞化し、**alba**「暁」という語としてスペイン語に存続している。さらに、中性形がスペイン語化した **álbum**「アルバム」も同語源で、ラテン語では「公的な告示や私的な広告を記すための白色掲示板」のこ

とだった。

rojo「赤」＜ラ *russus*「赤い」＜IE*reudh-「赤みがかった」：語形・意味ともラテン語からの継承で、語根はインド・ヨーロッパ祖語にまで遡る。ラテン語で「赤い」を意味する語は *russus* よりむしろ同族語の *ruber* のほうが一般的だった。ラテン語 *ruber* は *rōbeus* という同義の姉妹語もあり、これがスペイン語の **rubio**「赤毛の」になった。*ruber* を基にした名詞形は **rubor**「真紅」としてスペイン語に存続している。さらには動詞形もあり、それが **rubricar**「署名する、調印する」である。元は「朱書きする」を表していたことから現在の意味になった。

amarillo「黄」＜中世ラ *amarellus*＜ラ *amārus*「苦い」＜IE*om-「生の、苦い」：直接の語源は中世ラテン語 *amarellus* で、これは古典ラテン語 *amārus* に縮小辞を付した語である。なお、古典ラテン語の *amārus* はスペイン語で **amargo**「苦い」となって受け継がれていることから、amarillo と amargo は同族関係ということになる。黄胆汁の分泌の異常によって発症する黄疸を患った人は、顔色が悪くなることから、「苦味」と「黄色」が結びついたとされる説が有力である。

azul「青」＜俗アラビア語 *lāzūrd＜アラビア語 lāzaward「青金石、瑠璃」＜ペルシャ語 lāzhward「青い」：アラビア語からの借用語で、起源はペルシャ語に遡る。ちなみに、ラテン語で「青い」は *caeruleus* といい、これは *caelum*「空」からの派生語である。スペイン語にも「スカイブルー」を指す場合に azul cielo という言い方がある。

verde「緑」＜ラ *viridis*「緑の」：語形・意味ともラテン語からの継承である。派生語として **verdura**「野菜」がある。

　日本語で「茶色」「黄土色」「空色」のように、中間色を表す方法としてよく用いられるのは、当該の色を持った自然の文物を色彩名称に代用することである。スペイン語もそうした例には事欠かない。他方で、中

間色を表す独自の語も存在する。

gris「灰色」＜フランク語 gris「灰色」：ゲルマン系言語に由来する借用
　語。

rosa「ピンク」＜ラ *rosa*[*m*]「薔薇」：「薔薇」を指す名詞 rosa が性数不
　変化の形容詞として転用されている。なお、**rosado** という純粋な形
　容詞形もあり、「ロゼ・ワイン」は vino rosado という。

bermejo「朱色、深紅色」＜ラ *vermiculum*（＜*vermiculus* の対格）「幼虫」：
　ローマ時代から幼虫は朱色の染料の原料だった。ケルメスナラという
　木に寄生するカイガラムシ科のエンジムシという昆虫のようだ。

grana「深紅色」＜ラ *grāna*（＜*grānum* の複数）「穀粒、種子」：起源にお
　いては「穀粒」のことだったが、中世においては深紅色の染料を採る
　ための原料とされた虫を指した。具体的には上記と同じエンジムシの
　ことである。現在では、azul と grana を複合させた **azulgrana** という
　語がスペイン・サッカーの名門チーム FC バルセロナのチームカラー
　を指し、「FC バルセロナの」という性数不変化の形容詞として用い
　られている。

naranja「オレンジ色」＜アラビア語 nāránğ＜ペルシャ語 naráng＜サン
　スクリット語 nāranga「オレンジ」：「オレンジの実」を指す名詞が性
　数不変化の形容詞に転用されている。オレンジの原産地はインドで
　あることから、起源はサンスクリット語に遡り、ペルシャ語を経て、
　イベリア半島へはアラビア語話者がもたらした。二次的に創られた
　anaranjado「オレンジ色の」という形容詞もある。

púrpura「赤紫」＜ラ *purpura*[*m*]＜ギ πορφύρα「アクキ貝」：語源はギリ
　シア系ラテン語で、この種類の貝から紫色の染料が採れたことに由来
　する。純粋な形容詞形として **purpúreo** という語がある。

morado「紫」＜ラ *mōra*（＜*mōrum* の複数形）「桑の実」：同じ「紫」でも

赤みの強い púrpura に対して、青みの強い紫は morado という。語源はラテン語の「桑の実」で、語尾の -ado はスペイン語になってから足されたものである。

violeta「すみれ色」< 仏 violette < ラ *viola*「すみれ」：語源はラテン語だが、スペイン語へは古フランス語を通じて外来語として入り込んだ。フランス語の語尾 -ette は縮小辞である。

marrón「茶色」< 仏 marron「栗」：語源となるフランス語は「栗」を指す名詞だった。

8 社会制度・道具・生活習慣に関する語彙

鍵

　防犯対策の基本が「鍵」、つまり「ロックすること」であるのは今も昔も変わりない。現代人にとっても鍵は毎日持ち歩く重要な道具の一つであろう。その「鍵」を指し示すスペイン語は **llave** と **clave** の2語である。前者は "cerrar la puerta con la llave"「その鍵でドアを閉める」のように物理的な意味で、後者は "palabra clave"「キーワード」や "clave de la caja fuerte"「金庫の暗証番号」のように、「手がかり、暗示、暗号としての鍵」という比喩的・抽象的な意味で用いられる。いずれも語源は同じで、ラテン語の *clāvis*（対格 *clāvem*）から来ている。ラテン語の子音群 cl-[kl] が語頭にあるとき -l- は口蓋音化を起こし、最初の c- が落ちて ll- になった。つまり、llave は音韻変化を経た民衆語で、clave はラテン語をそのまま取り込んだ教養語ということになり、両者は二重語を形成している。なお、clave と語形が類似した語として **clavo**「釘」（<ラ *clāvus*「釘」）があり、やはり姉妹語の関係にある。

　ラテン語子音の v は現在と違い、[w] の発音だった。つまり、母音の u に限りなく近いために、v と u は頻繁に交代した（中世の文献でも v と u の表記の区別は曖昧だった）。そこで、ラテン語においては *clāvis* から *claudere*「閉じる、完結する」という動詞が出る結果となった。動詞 *claudere* の語根 *clau-* とは、*clāvis* の *clāv-* のことである。その過去分詞は *clausus* で、英語 close「近接した」はこの語形に由来する。スペイン語では母音間の有声音 -d- が消失し、-cluir という語形に変化した。この語形が単独の語彙として現代スペイン語に存在するわけではないが、**incluir**「含む」（<*inclūdere*「閉じ込める」<*in-* 中に + *claudere* 閉じる）、**excluir**「排除する」（<*exclūdere*「締め出す」<*ex-* 外に + *claudere* 閉

じる）、**concluir**「結論づける」（< *conclūdere*「終わらせる」< *con-* 共に +
claudere 閉める）、そして **recluir**「監禁する、幽閉する」（< *reclūdere*「開
ける」< *re-* 再び + *claudere* 閉める）など、さまざまな接頭辞と組み合わせ
た合成動詞として存在感を示している。そして、これらの動詞の共通
語根 -clu- は clave のことだと読み替えることができる。また、それぞ
れの名詞形が、**inclusión**「含有」、**exclusión**「排斥」、**conclusión**「結
論」、**reclusión**「幽閉」と語根 -clus- を含んでいるのは、過去分詞語幹
clausus が基になっていることによる。意味に関して一つ興味深い点は、
スペイン語の recluir とラテン語の *reclūdere* が反義であることだ。ラテ
ン語の場合は、すでに閉めた扉に再び（re-）鍵を差し込むことは「開け
る」行為だと捉えていたのに対し、スペイン語では「幾重にも鍵をかけ
て絶対に出させない＝監禁する」と再解釈したことになる。

糸と布

　糸は衣類の素材として太古の時代から不可欠なものだった。スペイ
ン語で「糸」は **hilo** であり、ラテン語で「糸」は *filum* といった。語
頭の f- は f->h->[無音] という変化が起こったために hilo となったが、
この音韻変化を免れた教養語が **filo**「刃」である。*filum* は中性名詞で
あるため、複数は *fila* と変化する。この中性複数形も **fila**「列」という
別個の語彙としてスペイン語に入ったが、-a で終わることから女性単
数形と認識されるようになった。結果的に、hilo、filo、fila の 3 語はす
べて同一の語を発生源とする三重語を形成している。男性形 filo から
の派生語としては、接頭辞 a[d]- を前に付した **afilar**「研ぐ」や **afilado**
「鋭利な」がある。

　古代ローマでは *dominus*「主人」の正妻、すなわち *domina*［→ 206 頁］と
呼ばれた女主人の仕事はもっぱら糸紡ぎと機織りで、炊事や洗濯は奴
隷に任されていた。この「機織り」のことをラテン語で *textūra* といい、
織られてでき上がった「布地」のことを中性名詞で *textum*、「織物、編

み物」のことを男性名詞で *textus* といった。そして、これらの基となる動詞が *texere* だった。音韻変化法則により、語中の -x-[ks] は中世の [ʃ]（つづりは x）を経て現在の [x]（つづりは j）になったため、「織る」を意味するスペイン語は **tejer** として定着した。スペイン語では、「織物」という名詞はここから派生した **tejido** が用いられる一方で、ラテン語から教養語として採り入れた **textura** も併用されている。ラテン語の *textūra* や *textum / textus* もそうだが、編まれた糸が複雑に入り組んだ状態のイメージから、tejido や textura は動植物や物質の「組織、構造」の意味も併せもつ。傾向としては、「細胞組織」のことを tejido celular というように、有機物を構成する「組織」には tejido が、物質や作品など無機物の「組織」や「構造」という意味では textura が用いられる。

　スペイン語には、「繊維の」を表す形容詞として **textil**（たとえば「繊維産業」のことを industria textil という）という語が存在する。語根の -tex(t)- がラテン語 *texere* から来ていることは意味から明らかであろう。この語根 -tex(t)- を含む語といえば、「文献、教科書、原文」などを意味する **texto** を忘れるわけにはいかない。語源となるラテン語は男性名詞の *textus*（対格 *textum*）で、「複雑な組織・構造」の比喩として「文体」を意味するようになった。現代スペイン語の texto から本来の「編み物」という意味が完全に消えてしまったことで textura や textil との意味の関連性が見えにくくなっているかもしれないが、これらは立派な同族語で、「複雑に絡み合ってできた構造体」という共通項で結ばれているのである。

　「文章構成」とは「織る、編む」の比喩から派生したものだと考えれば、**contexto**「文脈」や **pretexto**「口実」という語の形成過程が簡単にわかるようになる。前者は「共に（*con-*）編む（*texere*）＝編み合わせる」ことから、語源となるラテン語の *contextus* は「（途切れることのない）連続性、成り行き、経過」の意味で用いられ、スペイン語では「文脈」の意味になった。後者は「前もって（*prae-*）編まれた文体（*textum*）」であることから「予め準備しておいた言い訳」、すなわち「口実」を表すようになった。

ラテン語では、*texere* の語幹 tex- に縮小辞 -la を足した **texla* という語形がかつて存在したと想定され、古典ラテン語では *tēla*「織物、布」という語形で定着する。これがスペイン語 **tela**「布」の語源だ。「幕」を意味する **telón**（< tela + 増大辞 -ón）や **telaraña**「クモの巣」（< tela 布 + araña クモ）はスペイン語になってからの造語である。

船

人類が鉄道や自動車を発明するまで、輸送手段の主役は「船」だった。特に種類にこだわることなく「船」を表す最も一般的なスペイン語は **barco** だが、意外にもこの語の直接的な語源となる語がラテン語に存在しない。ラテン語に *barca* は存在したが、むしろ「小舟」に限定された。現代スペイン語でも **barca** といえば釣り船のような「小舟」だけを指す。barco という男性形は女性形の barca からロマンス語になって以降に創られた語だ。

中近世の地中海では囚人に「ガレー船」（galera）を漕がせていた。これは想像を絶するような重労働であったようで、"condenar a galeras" と言えば「漕手刑に処す」という懲罰を意味した。さらには、16 世紀にマニラからメキシコへの太平洋帰還ルートが発見されたことで始まったガレオン貿易は「ガレオン船」（galeón）という大型帆船によって中国産の生糸や陶磁器とメキシコ産の銀が貿易商品として運搬された。こうした歴史上に登場する大型船のことをスペイン語で **nave** といい、その語源となる *nāvis*（対格 *nāvem*）こそがラテン語では最も一般的な「船」だった。

語根に -nav- または変異形の -nau- を含む「船」に関連する語を並べてみると、**navío**「大型の船舶」、**naval**「船の、海軍の」、**navegar**「航海する」、**naufragio**「難破、遭難」（< *nau* 船 + *frangere* 砕く）、**náusea**「吐き気」（元は「船酔い」）などがある。「星」を意味するギリシア語由来の astro- を前に付けると **astronauta**「宇宙飛行士」になり、こちら

は海ではなく空を向いた意味になる。

商　　売

　スペイン語で「水曜日」は **miércoles** である。この曜日名の由来は
diēs Mercuriī で、本来は「メルクリウスの日」という意味だった。古
代ローマ神話のメルクリウスは雄弁、商売の神とされた。現代では
Mercurio と大文字で書けば「水星」、**mercurio** と小文字で書けば「水
銀」のことになる。曜日名の miércoles に限っては r...r > r...l という異化
が生じたことから、「水星」の Mercurio との関連が見えにくくなって
いるのである。

　さて、この商売神の名前である *Mercurius* の語根に着目してみよ
う。-merc- と聞いてどのような語が思い浮かぶであろうか。**mercado**
「市場」、**supermercado**「スーパーマーケット」、**mercancía**「商品」、
comercio「商業」など、いずれも「商売」にかかわる語であろう。こ
の語根の発祥元はラテン語の *merx*「商品」である。その対格は *mercem*
であるため、語根は -merc- と -c- の文字が入る。商品が捌けたら「利
益」が生まれることから、この語は同時に「利益」の意味でもあった。
対応する動詞は *merēre* といい、「儲ける」を意味した。これがスペイン
語の **merecer**「値する、価値がある」になった。「長所」、「短所」のこ
とを日本語でも「メリット」「デメリット」というように、スペイン語
にも **mérito**「長所」、**demérito**「短所」という語が存在する。これらは
merēre の過去分詞 *meritus* が名詞化したものである。

　-merc- が商売のみならず「利益」も意味したことがわかれば、スペ
イン語の **merced** がなぜ「恩恵」という意味なのかも理解できる。こ
れと同じ語源のフランス語が merci で、謝意を表す最も一般的な語と
して広まった。一方、スペイン語では 16 世紀頃に vuestra と merced が
結びつき、vuestra merced「あなた様の恩恵」という言い回しが新しい
敬称代名詞として広まった。これが短縮されて現代の人称代名詞 **usted**

になった。そうなると、mercado「市場」、miércoles「水曜日」、mérito「長所」、そして usted「あなた」と、一見無関係な語群が実は「商売、利益、恩恵」を意味する語根 -merc- でつながった関連語だったことが判明し、興味深い。

火、水、鉄

　人類学上、火の使用が確認されるのは今から 50 万年前の北京原人からとされる。火こそが人類最初の道具である。「火」はラテン語で *ignis* といい、この語自体はスペイン語に伝わらず、**ignición**「発火」といった教養語に痕跡を留める程度である。スペイン語で「火」を表す **fuego** の語源はラテン語の *focus*（対格 *focum*）で、これは「炉」を指した。この *focus* はスペイン語にもう一つ別の語を供給した。**foco**「焦点」である。つまり、fuego と foco は二重語である。**enfocar**「光を当てる、焦点を合わせる」という動詞は foco を基に 19 世紀になってから創作された。スペイン語における「炉」は **hogar** といい、比喩的に「家庭」も指すが、こちらは *focus* の形容詞として後期ラテン語で登場するようになった **focaris* が直接の語源である。fuego という語が民衆語であるにもかかわらず、語頭の f- が h- にならずに保存されているのは、二重母音の -ue- が後続する場合に f->h- の変化が妨げられやすかったからだ。そのため、スペイン語の fuego と hogar は本来同族語でありながら、語形上に大きな違いが見られるようになったのである。しかし、**fogata**「焚火」や **fogón**「かまど、コンロ」が fuego の姉妹語であることは比較的見えやすいであろう。

　水もまた人間生活に不可欠である。スペイン語の **agua**「水」の語源はラテン語 *aqua* であるため、-agu- のみならず、-acu- を語根に含んでいれば基本的に「水」と関係することになる。agua の直接的な派生語や複合語は **aguar**「水で薄める、水を差す」、**aguacero**「にわか雨」、**aguanoso**「水のしみ込んだ」、**aguardiente**「蒸留酒」（< agua 水

＋ ardiente 燃えるような）などがあり、これらは民衆語である。一方、**acuático**「水生の、水上の、水中の」、**acuario**「水族館」、**acueducto**「水路、水道橋」（＜ *aqua* 水 ＋ *ductus* 引いてくること）のように無声子音の -acu- を持つものは教養語である。

　鉄の使用は紀元前 3000 年頃のメソポタミア文明まで遡るという。しかし、鉄器文化となるともっと時代が下り、紀元前 15 世紀のヒッタイトがその始まりとされる。いずれにせよ、人類と鉄のかかわりは古く、鉄器使用こそ文明化の第一歩だと言っても過言ではない。スペイン語で「鉄」は **hierro** で、**herrero** と言えば「鍛冶屋」のことである。工具の多くが鉄からできていることを反映して、「工具、道具一式」のことを **herramienta** という。現在では IT 用語として「ツール」の意味で使用されるようになった。また、馬の「蹄鉄」を **herradura** というが、ここにも -herr- が含まれ、hierro の派生語であることは明らかだ。語源となるラテン語の「鉄」は *ferrum* である。先述の *filum* ＞ hilo「糸」と同様に、語頭の f- は h- を経て、最終的に発音されなくなった。そこで、語根に -ferr- を持つ語も必ず「鉄」に関係することになる。たとえば、**férreo**「鉄の」という形容詞をはじめとして、**ferrocarril**「鉄道」（＜ferro- 鉄 ＋ carril 軌条）や **ferroviario**「鉄道員」（＜ferro- 鉄 ＋ via 道 ＋ -ario 形容詞語尾）といった語がある。「接近」を表す接頭辞 a[d]- を冠した **aferrar**「（力強く）つかむ」にも -ferr- が含まれ、これも hierro の同族語ということになる。古来より鉄は「固さ」や「力強さ」の暗喩だった。

「家主＝支配者」のイメージ

　Don Fernando や Doña Isabel のように成人の洗礼名の前に付す **don**（男性形）と **doña**（女性形）は敬称である。現代人にも 17 世紀のティルソ・デ・モリーナ作の戯曲に登場する主人公 Don Juan で馴染みがあるように、かつては貴族や高位聖職者など一定以上の社会的地位にある人物に敬称として用いていた。現在でも式典のような改まった場で用い

られる。この don/doña はそれぞれ **dueño**「主人」/**dueña**「女主」と二重語を成す。つまり語源が同じで、don と dueño はラテン語 *dominus*「主人」（対格 *dominum*）に、doña と dueña はその女性形 *domina*「女主」（対格 *dominam*）に由来する。男性形の *dominus* はキリスト教における「主（しゅ）」でもあり、ここから出たのが *diēs dominicus*「主の日」、すなわち **domingo**「日曜日」だ。そして、*dominus* や *domina* の基本となった語が *domus*「家」である。スペイン語で「家」を指す最も一般的な語は **casa** だが、ラテン語で *casa* といえば「小屋」にすぎなかった。反対に、ラテン語 *domus* を受け継ぐスペイン語 **domo** は、指示対象が「丸天井、ドーム」といった特異な建築様式へと限定されるようになった。

　古代ローマにおける *domus* は富裕層が住む戸建ての邸宅を指す（都市部の大衆は *insula* と呼ばれる集合住宅に住んでいた）。この *domus* で絶大の権力を揮っていたのが上述の *dominus* だ。それゆえ、語根 -dom- は「家主」であると同時に「支配者」をも意味した。現代スペイン語の **dominio** は「支配、統治、熟知、マスター」などと訳される。ところが、この名詞の語源であるラテン語 *dominium* は、元来「家長としての権利」、すなわち「家父長権、所有権」のことだった。このイメージが **dominar**「支配する、マスターする」や **predominar**「優勢である」といった語を生み出した。他方、-dom- は「住居としての家」でもあることから、**doméstico**「家庭の、飼い慣らされた、国内の」、**domar**「調教する」、**domicilio**「住所」といった「家」に関する語彙をもたらした。

　もう一つ、関連語について触れておこう。たとえば「フラメンコの魅力」のことを "duende del flamenco" と言い表すことがある。**duende** はたいへん日本語に訳しにくい語だが、「妖しさを秘めた魅力、妖精、魂」のように解釈される。由来は、dueño de casa で、文字通り「家主」である。これが duen de casa へと短縮し、さらに casa が省略されて残ったのが duende である。

仕事に関する語

　ある研究によると、古代ローマの富裕層では1世帯あたり少なくとも5人、多い場合は10人以上の奴隷がいたという。前述のように、調理や洗濯のような家事をこなすのが奴隷の務めだった。この「奴隷、奉公人」を表す語がラテン語に数種類あり、*famulus* / *famula*、*servus* / *serva*、*minister* / *ministra* などがあった。最初の *famulus* は familia「家族」の基盤となり［→ 131頁］、2番目の *servus* は **servir**「奉仕する、役立つ」や **servicio**「奉仕」を生み出した（ラテン語の *servitium* は「奴隷の身分」のことであった）。3番目の *minister*（対格 *ministrum*）は現代スペイン語の **ministro**「大臣」へと意味が飛躍的に昇格した。その ministro の職域である **ministerio**「省庁」の元となるラテン語 *ministerium* には「奉仕」の意味しかなかった。この *ministerium* が音韻変化を経ると **menester**「必要、勤め」になる。**administrar**「管理する」（< *ad-* 〜へ + *ministrāre* 奉仕する）や **suministrar**「供給する」（< *sub-* 下に + *ministrāre* 奉仕する）に共通する -ministr- という語根は、ministro と同根である。

　同じ仕事でも、「奉公」ではなく「重労働としての仕事」に重点が置かれると、ラテン語は名詞として *labor*「労働、骨折り」（対格 *labōrem*）を、動詞としては *labōrāre*「働く、努力する」を用いた。スペイン語には **labor**「労働」や **laborar**「耕す、努力する」など語形も意味もラテン語以来ほぼ手つかずのままで受け継がれている（一般に「働く」を表す trabajar と違い、laborar には重労働感が滲み出ている。なお、trabajar の語源については 230頁参照）。ただし、laborar は教養語であり、これと二重語のペアを成す民衆語として **labrar** も存在する。こちらは「彫る、細工する、耕す、刺繍する、建てる」など専門性・具体性の高い労働のあり方を表すようになった。また、週の中の「休日」を día festivo というのに対し、「平日」は día laboral という。この形容詞 **laboral** は直接の語源となる語がラテン語になく、ロマンス語以降の派生語である。

　語根に -labor- を含む語として派生語の **laboratorio**「研究室」をはじめとして、接頭辞 e[x]-「外へ」と結びついた **elaborar**「加工する、練

り上げる」や、con-「共に」と結びついた **colaborar**「協力する」など
があり、いずれも語の成り立ちは見えやすい。

仕事を「作業」として捉えた場合のラテン語名詞が *opus* である。こ
れは中性名詞で、複数形は *opera* と変化する。いわゆる歌劇としての
「オペラ」の起源がこれだが、スペイン語の **ópera**「オペラ」という語
はイタリア語から借用された。これとは別に、ラテン語 *opera* が音韻変
化を経てスペイン語になった語が **obra**「作品、仕事」である。ラテン
語 *opus / opera* の動詞形は形式受動動詞で *operārī* という。ここから出た
スペイン語はやはり二重語の形で二つあり、民衆語が **obrar**「振舞う」
で、教養語が **operar**「手術する、引き起こす、操作する」である。そ
して、後者 operar に接頭辞 co[n]- を付した動詞が **cooperar**「協力する」
である。

社会的身分や個人のアイデンティティとしての「仕事」、すなわち
「職業」という捉え方をしたときのスペイン語は **profesión** という。ラ
テン語に *profitērī* という動詞があり、「公言する、名乗る」を基本的な
意味としていた。これが発展して「職業が〜である」という意味にも
なった。過去分詞は *professus* で、この語幹からできた名詞が *professiō*
「公言、申告、職業」（対格 *professiōnem*）だった。今では、幼稚園から大
学まで一般に「教師」を指すスペイン語の **profesor** の語源は「公言を
する人」（<ラ *professor*）であり、転じて「専門家、教師」になった。な
お、語根の -fes- は、ラテン語動詞 *fatērī*「真実を認める、告白する」の
過去分詞 *fassus* の変異形で、**confesar**「告白する」に見られる -fes- と
同じ要素である。

名前と苗字

人名の名乗り方には時代と場所によって大きな違いが見られる。スペ
イン語圏では《個人名（nombre de pila）＋父方姓（apellido paterno）＋母
方姓（apellido materno）》がフルネームになる。たとえば、《アランフエ

ス協奏曲》で有名な作曲家ホアキン・ロドリーゴの場合、フルネーム
である Joaquín Rodrigo Vidre の Joaquín が個人名、Rodrigo が父方姓、
Vidre が母方姓である。なお、個人名を複合名として二つ持っている人
も多い。

　スペイン語 **nombre**「名前」の語源がラテン語の *nōmen*「名前」で
あることは明らかだが、なぜ -mbre という語尾になったのかは単純で
はない。*nōmen* は中性名詞なので主格と対格が同形になる。したがっ
て、nombre という語形を導き出すには *nōminem という古典ラテン語
にはない形を想定しなければならない。つまり、ラテン語 *homō*「人
間」の対格 *hominem* がスペイン語の hombre に変化したのと同様の音
韻変化を経て、今日の nombre になったと考えざるを得ない。派生語の
nombrar「名前を呼ぶ、指名する」、**sobrenombre**「通称」、**renombre**
「評判」は語根が -nombr- なので民衆語であるのに対して、**nominar**
「指名する、任命する」、**denominar**「名づける」、**nomenclatura**「専門
用語」（< *nōmen* 名前 + *calāre* 呼ぶ＝命名法）など、語根の部分が -nom-
である語は教養語である。つまり、nombrar と nominar は二重語とい
うことになる。

　スペインで「苗字」を意味する **apellido** はラテン語動詞 *appellitāre*
「呼び習わす」の過去分詞から来ている。*appellitāre* は *appellāre*「呼びか
ける、懇願する、控訴する」に縮小辞 -it- を接中辞として加えた動詞な
ので、現代スペイン語の **apelar**「訴える」と同根ということになる（英
語は appeal）。

　「あだ名」もまた名前の一種である。スペイン語では **apodo** といい、
apodar「あだ名をつける」という動詞もある。しかし、由来を探ると
意外な一面が露になる。直接の語源となる語が古典ラテン語にはなく、
「思案する、評価する、みなす」を意味する *putāre* に「接近」を表す接
頭辞 *a[d]-* を追加して創った後期ラテン語 *apputāre* が apodar になった。
したがって、中世のスペイン語で apodar といえば、「計算する、評価す
る、比較する」などの意味で用いられており、まだラテン語法の名残が
強かった。名詞の apodo が文献に登場するのは 16 世紀以降であり、し

かも当初は「計算、比較」といった、現代とはまったく異なる意味で使用されていた。ここから、「あだ名」の起源は「他者への評価」だったことがわかる。なお、古典ラテン語の *putāre* は現代語に **computar**「計算する」（<*con*- 共に + *putāre* 評価する）という形で存続している。ということは、apodo の語根 -pod- は **computadora**「コンピューター」に含まれる -put- と同根ということになるわけだ。

武器、芸術、関節の共通点：語根 -ar- の表すもの

　総称的に「武器」を意味するスペイン語は **arma** である。16 世紀のフェリペ 2 世治下のスペインが 1588 年にイギリス艦隊に敗れるまで無敵を誇っていた艦隊を指して、armada invencible と呼ばれていたことは歴史の語り草になっている。スペイン語で arma は女性名詞と認識されているが、ラテン語の *arma* はこれ自体が中性名詞の複数形で、集合的に武具一式を表した。派生語 **armar**「武装する」、**desarme**「武装解除、軍縮」、**armadura**「鎧兜」などは言うまでもなく「武器」に関係する。加えて、「洋服だんす、戸棚」を指す **armario** は「武器を含めた道具や工具を保管する棚」であったことを知れば、意味が「武器」と結びつく（ただし、ラテン語の *armārium* は「戸棚」のことだった）。古代ローマでは有事の際、「武器を取れ！」の号令として *"Ad arma!"* と言っていた。これがスペイン語に "al arma" という形で受け継がれ、もともとの 2 語が一体化したことで **alarma**「警報（器）」という自律的な名詞ができた。スペイン語の文献に alarma が初めて現れるのは 16 世紀半ばである。ラテン語（あるいはスペイン語）の arma を構成要素で分けるとするなら、ar- と -ma になる。前半の ar- がインド・ヨーロッパ祖語の語根 *ar- から来ており、これは「配置する、調整する、合わせる」などの意味を持っていたとされる。後半の -ma は接尾辞にすぎない。ラテン語で *arma* が「武器」を意味するのは、その起源において「武具一式が置かれた場所」、すなわち「兵器庫」を指していたからのようだ。

インド・ヨーロッパ祖語の *ar- という語根にさまざまな要素が加わった結果、arma 以外にもラテン語に多様な語彙がもたらされた。たとえば、スペイン語 **arte**「芸術」の語源である ars（対格 artem）もその一つだ。もともと *ar- に -ti- という接尾辞が加わったもので、主格単数以外の語形においては art- という語根を保持したが、主格単数だけは最後の母音が脱落したために ars という形になった。このラテン語 ars を「芸術」の意味で用いるようになったのは後のことで、「手先の技術」が第一義だった。スペイン語でも中近世においては「話し方」のことを "arte de hablar" などのように表すことがよくあり、「技術、方法」を意味したラテン語 ars の用法が残っていた。現代スペイン語の中にも、**artefacto**「装置」（< ars 技術 + factus 作られた）、**artificio**「策略」（< ラ artificium 巧妙な技術 < ars 技術 + facere 作る）、**artesanía**「工芸品」など arte を語幹とした合成語が多数あり、arte は美を追求する「芸術」よりも、巧みさやコツを追求する「技術」が本義であったことを物語っている。

　ラテン語の ars がもともと「技術」を意味したのは、artus「関節」とかかわるためだ。繊細で巧みな技術は指の関節による微調整が生み出すものであり、インド・ヨーロッパ祖語 *ar- の「調整する」という意味と直結する。*ar- に -tu- という接尾辞を加えて現れたラテン語が artus で、さらにこれに縮小辞 -culus を追加した語が articulus、すなわちスペイン語の **artículo** である。ラテン語 articulus の第一義は「関節」である。ここから談話や文章の「一節」の意味にも用いられるようになり、この比喩がスペイン語 artículo に「記事、論文、（法律文の）条項」といった意味を付与した。動詞形の **articular** が「（1音1音をはっきりと）発音する」を意味するのは、語源となるラテン語 articulāre の「節目で分ける」という本来の意味が転じたためだ。なお、スペイン語で「関節」の意味は、ラテン語 articulus（対格 articulum）に音韻変化が生じてできた **artejo** という民衆語が受け継いだ。一見、語形も意味も関連性があるとは感じられない artículo と artejo は、それぞれ同一の源から発した立派な二重語である。さらには、arma、arte、artículo / artejo とい

う一連の語彙は、語根 -ar- を共通項とする遠戚関係にあり、「配置」や「調整」という意味でつながった同族語なのである。

-al- で結ばれる「生徒」と「栄養」の関係

　世界史的に見て、全児童の就学が当然視されるようになった歴史はまだ浅い。もっとも、古代ローマに学校と呼べるものがなかったわけではなく、一般の子供に読み書きと計算という最低限の教育は授けられていた。しかし、中等以上の教育となると、主に貴族の子弟を対象とした私塾的なもので、教師や生徒の家庭で授業が行われることが常だった（初等教育の場合は、屋外の列柱廊で公衆の面前で行われていた）。

　時代が下り、中世になると、一般大衆はおろか貴族でさえ識字率は驚くほど低下する。この時代、読み書きを基盤とした知の営みは聖職者が独占していた。中世人にとって、とりわけ農村部で子供は立派な労働力であり、「小さな成人」として扱われ、教育を授けるという発想が根本的に欠如していた。聖職者以外の人々に（まだエリート層に限定されていたが）読み書きが浸透し始めるのは、大学の創設が始まった中世後期のことである。

　こうした歴史的背景を考慮すれば、**alumno**「生徒」という語がスペイン語の文献に初めて登場したのが 17 世紀であり、しかも当初はそれほど頻度の高い語ではなかった理由が理解できるようになる。語源は古典ラテン語 *alumnus*（対格 *alumnum*）に遡り、たしかにローマ時代から存在していた語ではあった。ところが、意味は「生徒」のみならず「養子」でもあり「徒弟」でもあった。つまり、教育を受ける子供というよりは、他者に養育された子供という感覚で用いられていた。基本となる語根は -al- で、古くはインド・ヨーロッパ祖語 *al-「育つ」にまで遡り、ラテン語では *alere*「養う」という動詞となって現れた。語根 -al- が「養育」のことだとわかると、スペイン語の **alimento**「食糧」や **alimentar**「食べ物を与える」がなぜ al- で始まるのか明確であろう。これらの語

彙は **alumno** と同族語だったのである。他方、このインド・ヨーロッパ祖語の語根 *al- はラテン語の形容詞 *altus* 「高い」の源でもあった。つまり、スペイン語の **alto** 「高い」である。ラテン語動詞 *alere* の過去分詞は *alitus* または *altus* というが、形容詞の *altus* とは別物のようである。とはいえ、alumno や alimento が alto と遠戚筋にあることは確かである。

食　　事

　「食べる」を意味する最も一般的なスペイン語 **comer** は、*comedere* 「食べ尽くす」から来ている。本来、ラテン語で「食べる」を中立的に表す基本語は *edere* だった。ここに接頭辞 con- を追加して意味を強化した語が *comedere* である。古代ローマ人は現代同様、1 日 3 食の摂取を基本としており、「朝食」を *jentāculum*、「昼食」を *prandium* （「遅い朝食」をも意味した）、そして正餐としての「夕食」を *cēna* と呼んでいた。この中で最後の *cēna* だけがスペイン語に **cena** 「夕食」として存続している。中世になると、大食を好しとしないキリスト教会の影響で、1 日 2 食が庶民の食生活の基本となる（もっとも、農民は 1 日何食という規範に縛られず、数回に分けて食べたいときに食べていたようである）。そのため、中世のスペイン語に現代語と同じ感覚で 3 食を表す語彙を求めることはできない。**desayuno** 「朝食」は「断食」を意味する ayuno （<俗ラ *jājūnus* 「飢えた」）に「反対」を表す接頭辞 des- を足した造語で ［→ 175 頁］、1 日の最初に取る食事を指した。**almuerzo** 「昼食」は俗ラテン語 *admordium* から出ており、これはラテン語 *mordēre* 「かじる」（＞ s morder）に接頭辞 ad- を付けたもので、現代スペイン語の接頭辞 al- はアラビア語冠詞 al- の影響とされる。

　pan 「パン」については、すでに紀元前 6000 年から 4000 年頃の古代メソポタミアでその原型となるものが食されていたとされ、発酵させたパンを開発したのは紀元前 4000 年から 3000 年頃の古代エジプトにおいてであるという。古代ローマには紀元前 300 年頃にギリシアのパン

職人を通じて伝わり、ラテン語で *pānis* と呼ばれるようになった。この語に「共に」を表す接頭辞 *con-* を付けた **compania* 「(共にパンを食べる)仲間」という語が俗ラテン語に現れた（ただし、古典ラテン語には存在しない）。これがスペイン語の **compañía** 「会社、同伴」、**compañero** 「仲間」、**acompañar** 「同伴する」といった一連の語彙の基となった。つまり、これらに共通の語根は -pan- 「パン」である。

　食事を取る際、フォーク、ナイフ、スプーンの3点セット、いわゆる **cubierto** は欠かせない。ところが、現代風の食事マナーの歴史は思いのほか新しく、フォークを使って食べ物を口に運ぶ習慣がスペインに導入されたのは宮廷でさえ17世紀になってからであり、一般庶民に広まったのは19世紀のことであった。それまでは、王侯貴族でさえ手摑みで食べていた。ゆえに、「フォーク」を意味する **tenedor** という語は近代になってからの新語である（「所有者」という意味での tenedor なら、すでに中世の文献に登場する）。ちなみに、英語の fork はラテン語の *furca* 「熊手」から来ており、スペイン語の **horca** 「熊手、絞首台」と同根である。一方、ナイフとスプーンは古くまで歴史を遡るようで、**cuchillo** 「ナイフ」という語も **cuchara** 「スプーン」という語もラテン語に起源を持つ。前者はラテン語 *cultellus* 「小刀」（対格 *cultellum*）に、後者は *cochlear* 「さじ」（対格 *cochleārem*）に由来する。さらに言えば、ラテン語 *cochlear* はギリシア語で「かたつむり」を意味した κοχλίας からの借用であった。*cochlear* とはかたつむりを殻から搔き出して食べるための道具だったからという説がある一方で、かたつむりや貝などの軟体動物の殻も *cochlear* といったことから、その殻に柄を付けたものが「さじ」の始まりだったという説がある。

場所と土地

　人間が何か社会活動を行う際、一定の場所や空間を確保しなければならない。何らかの形で「場所」に関する語彙を各種集めてみよう。

まず、最も一般的な意味で「場所」に相当する語といえば **lugar** で、この名詞の語源はラテン語形容詞 *locālis*「場所の」である。スペイン語 lugar の語末子音が -r で終わっているのは、l...l > l...r という異化によるものだ。したがって、名詞の lugar と形容詞の **local**「局地的な」が二重語の関係ということになる。ラテン語で「場所」を意味する名詞は *locus*（対格 *locum*）という。この語を受け継ぐスペイン語名詞は存在しないものの、代わりに副詞が存在する。それが **luego**「後で」だ。語源となる語形は俗ラテン語における奪格形の *locō* で、これは古典ラテン語の *īlicō*「その場で、即座に」の俗語形である。本来、*īlicō* は "*in locō*" という 2 語が合体したものであった。現代スペイン語の luego が「後で」の意味に移行したのは 16 世紀以降である。

　教養語の local には **localidad**「地方、地元、予約席」や **localizar**「居場所を特定する」などの派生語がある。その他、語根に -loc- を含む「場所」に関係する語としては、**colocar**「配置する、就職させる」（< *co[n]*- 共に + *locāre* 配置する）や **dislocar**「脱臼させる、位置を変える、歪曲する」（< *dis*- 分離 + *locāre* 配置する）などが挙げられる。

　colocar は元のラテン語と語形が大きく変化していないことから教養語である。この語が音韻変化を経ると **colgar**「吊るす、掛ける」になる。つまり、colocar と colgar も二重語である。

　lugar と並んで **sitio** もまた「場所」の意味で広く使用される。こちらはラテン語の *sinere* という動詞が語源となる。この動詞の意味は「残す、〜させておく」で、ちょうど現代スペイン語の dejar の用法に近かった。この *sinere* の過去分詞を名詞化した *situs*「場所」（対格 *situm*）という語があった。この語を基盤として生まれたのが sitio である。ここに見られる語根 -sit- を基にスペイン語の **situar**「据える、配置する」や **situación**「状況、位置」が創られた。なお、sitio という語形の -io という語尾は、「包囲」を意味する **asedio** の影響か、もしくはオック語で「座る」を意味する sitiar の影響と言われているが、真偽は定かでない。

　「場所」に関連が深い「土地」についてはどうだろうか。「海」に対する陸地としての「土地」を表す一般的な語は **tierra** で、大文字で

Tierra と書くと「地球」になる。語源はラテン語 terra「陸、土地」（対格 terram）で、スペイン語と語形・意味とも大差ない。そこで、語根に -terr- が混じった語はすべて「土地」に関係していることになる。たとえば「耕作するための土地」のように、一定の目的をもった「土地、所有地、地表」を話題にするときは terreno が用いられ、それが「国土」という大規模なレベルでの土地を指すなら territorio となる。tierra の形容詞は terrestre「陸上の、地球の」であり、語尾に増大辞 -ón を付けると terrón「土塊、塊」になる。「逸脱」を表す接頭辞 extra- と組み合わせた extraterrestre「形 地球外の；名 地球外生物」といった合成語もある。関連する動詞は「中に」を表す接頭辞 en（＜ラ in）を前に付けた enterrar「埋める、埋葬する」（＜俗ラ *interrāre）、「分離」を表す des-（＜ラ dē ex）を足した desterrar「追放する」、接頭辞の a-「〜へ」と動詞接尾辞 -izar「〜化する」とを組み合わせた aterrizar「着陸する」などがある。「下に」を表す接頭辞 sub- を付した subterráneo が「形 地下の；名 地下室」の意味になるのは当然の帰結と言ってよい（アルゼンチンでは「地下鉄」を指し、日常的には subte と短縮した語形で用いられている）。さらに、「地震」のことをなぜ terremoto というのもこれで説明できる。この語は terre-「土地」と -moto「動き」（＜ラ mōtus = movēre「動かす」の過去分詞）という二つの形態素からなる複合語だからである。

「文化」の源は「耕作」

かつての日本社会もそうだが、古代ローマもまた社会的基盤は農耕にあった。それゆえ、現代のスペイン語では農耕と無関係に見える語彙が、その起源にはおいては農耕関係の用語だったという例は枚挙に暇がない。その典型例が cultura「文化、教養」であろう。この語の出発点はラテン語動詞 colere「耕す」である。「植民地」のことを colonia というのは、ラテン語 colere の関連語だからだ。本来、ラテン語で colōnus は「農夫」のことで、土地を開墾する人であることから「植民者」の意

味もあった。

　ラテン語動詞 *colere* の過去分詞は *cultus* といい、スペイン語には **culto**「图礼拝；形教養のある」という語で存続している。ラテン文法では過去分詞の語幹に *-ūrus*（男）/ *-ūra*（女）/ *-ūrum*（中）という語尾を足すと未来分詞という形に変化し、「〜するであろうところの」という意味を表す形容詞になった。そこで、*colere* から未来分詞を作ると *cultūrus* ができる。そしてラテン語は形容詞の中性複数を抽象名詞に転用することができたことから名詞 *cultūra* が出現した。ところが、ラテン語の *cultūra* の第一義は「耕作」であり、比喩的に「修養」の意味で用いられることがあった程度で、現代人が好んで用いる「文化」という概念にはまだ程遠かった。形容詞形の **cultural**「文化的な」と「間に」を表す接頭辞 inter- とを組み合わせた **intercultural**「異文化間の」といった合成語は近代になって登場した新語である。しかしながら、スペイン語の **cultivar**「耕す、栽培する」とその名詞形 **cultivo**「耕作、栽培」は本来 -cult- という語根が持っている「耕作」の意味を現代に伝えている。なお、「農業」のことを **agricultura** というのは、agri- という要素がラテン語の *ager*「耕地」（後述）に由来するものであり、文字通り「耕地を（agri-）耕すこと（cultura）」だからである。

　農耕を語るうえで、ラテン語の *ager*（対格 *agrum*）という語は欠かせない。これは「領地、所有地、耕地、畑」などを意味し、前述の agricultura「農業」や **agrario**「耕地の、農業の」といった語彙の一部を形成している。これらの語彙の関連性は語形からも意味からも比較的見えやすいであろう。しかし、**peregrino**「图巡礼者；形移動する」という語もまたラテン語 *ager* に由来すると言われたら、今度は関連性を見抜くことが容易ではないであろう。現代スペイン語の peregrino は「巡礼者」であるとともに、たとえば「渡り鳥」のことを ave peregrina というように、「（長距離を）移動する」という形容詞でもある。しかし、中世から近世にかけての文献に現れる peregrino は、むしろ「外国の」の意味で用いられることが多かった。たとえば「外国語」のことを中近世においては lengua peregrina と表現していた。これはラテン語

peregrīnus「外国の」の用法の名残で、「外国で」を意味する副詞 *peregrī* が本来の出発点である。この副詞を形態素に分析すると、「～を通過して、～を越えて」を表す接頭辞 *per-* と、*ager*（属格 *agrī*）の異形態である -*egrī* という語根から成り立つ。つまり、「領地を越えて」が元の意味だったことになる。古代ローマ帝国は初期の段階から多様な民族の坩堝（るつぼ）だった。奴隷制度を基盤に成り立っていただけに、ローマ帝国外のゲルマン民族やアフリカ出身者、中近東出身者といった異国人が数えきれないほど連れてこられていた。したがって、古代ローマにおける「外国人」の定義は単純ではないが、「帝国内に在住する市民権を持たない自由身分の者」を *peregrīnus* と呼んでいたようである。

さまざまな「道」

「すべての道はローマに通ず」（"Todos los caminos conducen a Roma."）はあまりにも有名なことわざだ。古代ローマ帝国の長期にわたる広大な領土の支配は道路網の整備があってこそ可能だった。場所にちなむ重要な概念として「道」もまた不可欠である。スペイン語で「道」を表す語は多様だ。一般語としては **camino** だが、起源はケルト語で、語源となる語が古典ラテン語に存在しない。ケルト語からいったん俗ラテン語に *cammīnus* という形で入り、これがスペイン語 camino の出発点となった［→ 247 頁］。動詞 **caminar**「歩く」や派生名詞 **caminata**「ハイキング」などはロマンス語になってからの創作である。

都市部の街路は **calle** であり、「道」という概念を表すスペイン語としてはおそらく最も頻度が高い。しかし、語源となるラテン語の *callis*（対格 *callem*）は現代と違って「山道、小道」を指していた。その「小道」のことはスペイン語で **sendero** といい、こちらはラテン語の *sēmitārius*「小道の」（< *sēmita*「小道」）から来ている。反対に、都市部の並木が植えてあるような大通りは **avenida** で、これは venir の関連語である［→ 27 頁］。

帝政期における古代ローマの首都は 100 万人以上もの人口を抱えながら、街路は概して狭かったと言われる。「大通り」と呼べるものは数えるほどしかなく、道幅といってもせいぜい荷車がすれ違える程度にすぎなかったという。こうした当時のメインストリート（？）のことをラテン語で *via*（対格 *viam*）と呼んでいた。有名な「アッピア街道」のことは *Via Appia* である。スペイン語にも **vía** は存続しているが、むしろ鉄道の「車線、番線」や「航路」のようにすでにルートの定まった軌道を指し示す場合や、"por vía aérea"「航空便で」のように比喩的な意味で用いることが多い。

　ラテン語の *via*（すなわちスペイン語の *vía*）をインド・ヨーロッパ祖語にまで遡ると、*wegh-「行く、乗り物で移動する」という語根にたどり着く。この語根は英語の way「道」の語源でもある。したがって、英語の way とスペイン語の vía は遠戚筋に当たることになる。さらには、ラテン語の *vehere*「（乗り物で）行く」という動詞も同じ語根から分出しており、これがスペイン語における **vehículo**「乗り物」という語の語源となっている。

　さて、スペイン語の vía からはさまざまな動詞が創られている。**enviar**「送る」（<en- 中に + vía 道）、**desviar**「かわす、逸脱させる」（<des- 分離、外れ + vía 道）、**extraviar**「道を誤らせる、堕落させる、置き忘れる」（<extra- 逸脱 + vía 道）などがそうであり、いずれも語の成り立ちは明らかである。

　viaje「旅行」もまた -via- が含まれるうえに「道」の概念ともつながるため、同族関係にあることは確かである。ただし、これはカタルーニャ語 viatge からの借用語であり、ラテン語から直接スペイン語に受け継がれた語ではない。語源はラテン語の *viāticum* で、旅行そのものではなく「旅費」を指し示していた。動詞の **viajar**「旅行する」は名詞から二次的に創作された新語で、スペイン語の文献における最初の記録は 18 世紀になってからである。

　vía を基底とする意外な形容詞を二つ挙げておこう。**previo**「事前の」と **obvio**「明白な」である。前者はラテン語 *praevius*「先立っての」か

ら来ており、文字通り「前に（*prae-*）＋進んでいく道（*via*）」という意味が元となった形容詞である。後者の語源は *obvius* で、「途中にある、行き交う、ありふれた」を意味した。接頭辞 ob- は「前に、〜に向かい合って」を表すことから、字義的には「進んで行く道に向かい合って」が本来の意味で、簡潔な訳語で言い換えると「行く手に」となる。いつも往来する道ならいくら進んでも、行く手に出合う光景はもはや「ありふれた」ものであることから、「明白な、明らかな」になった。元来、obvio が行く手を阻むイメージであったことの名残は、その動詞形 **obviar** が「（困難などを）回避する、未然に防ぐ」の意味で用いられている点に見られる。

コラム8：アメリカ先住民諸語からの借用語

　「カヌー」「バーベキュー」「トマト」「チョコレート」の共通点は？
――こう尋ねられたら、どのように答えればよいであろうか。正解は、
コロンブス以前にアメリカ大陸に住んでいた先住民の諸言語を起源と
し、スペイン語を介してヨーロッパに運ばれ、その後英語を通じて世界
各地に広まった語彙である。

　ヨーロッパ人が邂逅した最初のアメリカ先住民語は、大アンティル
諸島やバハマ諸島で話されていたアラワク語族の一つであるタイノ語
（taíno）だった。カリブ地域の先住民は、ヨーロッパ人がもたらした天
然痘などの疫病や過酷な強制労働によって絶滅に追い込まれたため、
タイノ語はたちまち死語となってしまった。しかしながら、幾多の借
用語をスペイン語に提供し、現在ではそうした語彙のいくつかが日本
語も含めた世界のさまざまな言語に浸透している。冒頭に出した「カ
ヌー」（**canoa**）や「バーベキュー」（**barbacoa**）がその好例だ。1495年
に刊行された『スペイン語・ラテン語辞典』には、すでに見出し語と
して canoa が掲載されており、この語がヨーロッパ諸語における新大陸
発祥の借用語第1号となった。そこで、canoa と barbacoa 以外でタイ
ノ語に起源を持つスペイン語語彙を拾い出してみると、**ají**「トウガラ
シ」（< ashí）、**cacique**「酋長」、**batata**「サツマイモ」（< batata）、**caimán**
「ワニ」（< kaimán）、**hamaca**「ハンモック」（< hamaca）、**iguana**「イグ
アナ」（< iwana）、**maíz**「トウモロコシ」（< mahís）、**maní**「ピーナッツ」
（< maní）などが挙げられる。同じアラワク系言語であり、現在のベネ
ズエラ、ガイアナ、スリナムなどに該当する地域で話されていたカリブ
語に起源を持つ語としては、**butaca**「安楽椅子」（< putaca）、**loro**「オウ
ム」（< roro）、**sabana**「草原、サバンナ」（< sabana）などがある。

　エルナン・コルテス率いるスペインの遠征隊は、トラスカラ族という

先住民と連合し、1521 年、現在のメキシコ高地に君臨していたアステカ王国を滅ぼした。テノチティトランというアステカの首都はメキシコ市というヌエバ・エスパーニャ副王領の首府に造り変えられた。それまでのアステカは、ナワトル語（nahua/náhuatl）を公用語としながら近隣の先住民を支配していた強大国だった。そのため、ナワトル語は多数の語彙をスペイン語に提供した。前述の「トマト」と「チョコレート」の出所もそうである。スペイン語の **tomate** の語源となったナワトル語は tomatl といい、**chocolate**「チョコレート」の場合は、「苦い」を意味するナワトル語 xoco と「水」を意味する atl との複合語 xocoatl が語源である。他には、**aguacate**「アボカド」（< ahuacatl）、**cacahuete**「ピーナッツ」（< cacáhuatl）、**cacao**「カカオ」（< cacáhua）、**chicle**「チューインガム」（< tzictli）、**chile**「トウガラシ」（< chilli）、**coyote**「コヨーテ」（< coyotl）、**nopal**「ウチワサボテン」（< nopalli）、**tiza**「チョーク」（< tizatl）などがある。現在、メキシコに 170 万人ほどのナワトル語話者が居住し、64 種類あると言われるメキシコ先住民語の中で最大の話者数を有している。

　スペイン人が南米大陸侵入を開始した当初、広範囲に及ぶアンデス地域にはペルーのクスコを中心としたインカ帝国が栄えていた。1533 年、そのインカ帝国の王アタワルパを処刑し、2 年後にリマ市を建設してペルー副王領の首府としたのがフランシスコ・ピサロとその一行である。インカ帝国もまたケチュア語という公用語を有していた。現在でもケチュア語話者は推定 800 万人ほど存在し、ペルーおよびボリビアにおいてスペイン語とともに公用語とされている。ケチュア語由来の語彙の中で最も重要なのが **papa**「ジャガイモ」（< papa）である。今では世界中のどの地域でも食材として欠かせないジャガイモの原産地はアンデス地域だ。そのジャガイモを旧大陸に導入したのはスペイン人であり、同時にケチュア語起源のその名称ももたらした。ただし、papa という語

は現在ラテンアメリカにおいてのみ用いられ、スペイン本国では **patata** が普通である。この語形は、先述のタイノ語起源の batata とケチュア語起源の papa との混淆によって生まれた二次的な語である。スペイン本国での patata が英語に入り、potato になった。

このジャガイモをはじめとして、ケチュア語起源のスペイン語語彙といえば、南米特有の動植物名や文物の名称がほとんどである。具体的には、**cóndor**「コンドル」（<cúntur）、**guanaco**「グアナコ」（<wanaku）、**llama**「リャマ」（<llama）、**puma**「ピューマ」（<puma）、**vicuña**「ビクーニャ」（<vicunna）といった動物名や、**coca**「コカの木」（<kuka：cocaína「コカイン」の語源）、**mate**「マテ茶」（<mati）、**pampa**「パンパ、大草原」（<pampa）といった自然や飲食物に関する語彙がそうである。現代スペイン語でテニスコートなどスポーツをするための「競技場、フィールド」を指す **cancha** という語もまたケチュア語由来であり、原語の kancha は「囲い場」を意味した。

ケチュア語と並んで今でも南米大陸に多くの使用者数を誇る先住民語はグアラニー語（またはトゥピ＝グアラニー語）である。話者数 400 万人以上のグアラニー語はパラグアイの公用語であるばかりか、国内人口の 80% 以上がこの言語の単一話者またはスペイン語との二言語話者である。

17 世紀から 18 世紀にかけて、イエズス会が現在のパラグアイやアルゼンチンで先住民教化村を建て、キリスト教の布教活動を精力的に行った。その際、伝道の媒介言語として用いられたのがグアラニー語であり、今日までグアラニー語が存在感を示す下地となった。グアラニー語起源のスペイン語語彙はタイノ語やナワトル語に比べるとそれほど多いとは言えない。例を挙げると、**jaguar**「ジャガー」（<yaguará）、**mandioca**「マンジョカ、キャッサバ」（<mandiog）、**maraca(s)**「マラカス［楽器］」（<m'baraká）などがある。今では日本にも馴染みを持つ人

が多くなった **tapioca**「タピオカ」もまたグアラニー語起源だ。語源は tïpïok といい、「凝固物」のことであった。まずはブラジルのポルトガル語に採り入れられ、そこからスペイン語に伝わったようだ。

　植民地時代、先住民人口が激減したことによる労働力の穴を埋めるため、アフリカから多数の黒人奴隷がアメリカ大陸に連れてこられた。これに伴い、わずかながらアフリカ起源の語彙がスペイン語に入り込んでいる。たとえば、**banana**「バナナ」や **marimba**「マリンバ［楽器］」などである。

9 数・分量・価値・抽象概念に関する語彙

数詞の「1」にまつわる語

　数詞の重要性は、数を数えるという日常的営みの必要性においてはもちろんのこと、その象徴的機能や比喩的機能にある。たとえば日本語で「八百八町」や「嘘八百」と言ったときの八百とは「多さ」を表象するにすぎず、スペイン語で "en cuatro días" と言った場合、文脈によっては文字通り「4日間で」の意味にもなるが、比喩的に「わずか数日で」の意味にもなり得る。このように、数詞は比喩的・象徴的転義を持つことから、さまざまな派生形態の基盤になり得る。中でも多くの派生語を生み出した数詞は「1」である。

　スペイン語の **uno**「1」は男性名詞の前で un、女性名詞の前で una と変化し、同時に不定冠詞の役割も果たす。ラテン語でも男性形 *ūnus*、女性形 *ūna*、中性形 *ūnum* と性変化を起こし、スペイン語もその点を継承した。uno は多くの派生語を提供しており、**unir**「一つにする、結びつける」、**unión**「結合、団結、組合」、**unidad**「単位、一致、一貫性」、**unificar**「統一する」（< *ūnus* 1 + *facere* 作る）などたちどころに例が浮かぶ。この中の unir と unión に接頭辞 re- を足したのが **reunir**「集める」および **reunión**「集会、会議」であり、a- を足して創った動詞が **aunar**「一つにする」である。uni- は接頭辞としてもよく用いられ、forma「形」と組み合わさると **uniforme**「形統一の；名ユニホーム」に、ánimo「魂」と組み合わさると **unánime**「満場一致の」ができる。とにかく語根に -uni- とあれば、それは「1」に関係する。また、「一つしかない」という唯一性の概念は「珍奇性」を連想させる。それゆえ、**único** は「唯一の」であると同時に「独特の」を表す。ラテン語で「回す、向きを変える」を意味する動詞 *vertere* の過去分詞 *versus*［→ 90 頁］と uni- と

が結びついてできた語が **universo**「宇宙」である。数詞「1」との関連が見えにくいかもしれないが、語源となるラテン語の *ūniversus* は「一つの方向へ、全体の」を表し、その名詞形 *ūniversum* は「全体性、宇宙」のことだった。「多くのものが一つの方向を向いた」というイメージから、形容詞の **universal**「普遍的な」が派生する。

　universidad「大学」もまた universo の派生語に相違ないが、こちらはさらに意味の関連性がわかりにくい。12 世紀末から 13 世紀にかけてボローニャ大学（イタリア）、パリ大学（フランス）、オックスフォード大学（イングランド）、サラマンカ大学（スペイン）など最初期の大学がヨーロッパ各地に創設され始めた。創設当初のこの時代において、「大学」のことをラテン語で *ūniversitās magistrōrum et scholārium* のような言い方をしており、逐語訳は「教師と学生の団体」である。本来、*ūniversitās* とは「一つの方向にまとまること＝団結」である。その起源において「人的団体」を指す概念であり、現代のような学部や学科といった組織を指すものではなく、ましてや建物やキャンパスといったハード面は関係なかった。

　ラテン語には基数と序数の他に「〜個ずつ」を意味する配分数詞と「回数」を意味する数副詞があった。「1 個ずつ」は *singulī*（男性）、*singulae*（女性）、*singula*（中性）といい、意味の性質上、通常は複数形で用いられた。ところが、俗ラテン語に **singellus* という単数形の異形態が現れ、これがスペイン語の **sencillo**「単純な、平易な」へと連なる（英語に入ると single になる）。ラテン語には *singulī* とは別に *singulāris*「独特の、単一の」という形容詞があり、こちらはスペイン語に **singular**「奇妙な、並外れた、（文法用語で）単数の」という教養語として入った。

　「1 回」というラテン語の数副詞は *semel* といった。現代スペイン語で「回数」を表したければ、数詞の後ろに vez/veces を付ければよい（中世では vez ではなく vegada といった）。そのため数副詞はスペイン語に生き残らなかった。ただし、ラテン語 *semel* と *plicāre*「折る」の複合として創られた形容詞 *simplex*「単純な」が、スペイン語には **simple**「単純な、素朴な」として受け継がれている ［→ 97 頁］。

「一つ」という意味にちなんで、**solo** についても言及してみたい。この語は形容詞なら「唯一の、孤独な」、副詞なら「単に〜だけ」を表す。直接の出所はラテン語の *sōlus*「単独の、孤独な」で、語形・意味ともラテン語を踏襲したにすぎない。しかし、このラテン語をさらに遡ってみると、インド・ヨーロッパ祖語の *sō-lo-* という想定形にたどり着く。この想定形の後半部 *-lo-* は単なる接尾辞（縮小辞）である。前半部の *sō-* は大元となる *s(w)e-* という語根の変異形で、これは再帰代名詞の **se**「自分自身を / に」（< ラ *sē*）の語源でもあるのだ。さらに興味深いのは、「切断」を表す接頭辞 *sē-* とも語源を共有することである。インド・ヨーロッパ祖語 *s(w)e-* はたしかに再帰代名詞であったが、「自分自身」という概念が「独立」という概念へと発展し、単独で切り離された状態を示す接頭辞 *sē-* を生み出した。さらには、接尾辞 *-lo-* と結合したものが「一つだけ独立した」すなわち「単独の」を意味する *sōlus* という語をラテン語に供給した。結果として、再帰代名詞の se と「切断」を表す接頭辞の se-、そして solo の発生源が同じであることから、それぞれに共通する語頭の s- は同じ要素だったということになる。

数詞の「2」と「3」にまつわる語

　スペイン語の **dos**「2」の語源を厳密に言えば、ラテン語の男性対格形 *duōs* から発したことになる。というのは、ラテン語には男性形（もしくは中性形）の *duo*「2」とは別に女性形の *duae*（対格 *duās*）があり、「2人の女性を」というときは *duās mulieres* と性一致させる必要があった。ということは、スペイン語の dos は本来あった性変化を放棄した結果であり、dos mujeres「2人の女性」という言い方は、歴史的に解釈すれば、女性名詞に形容詞男性形を付けたことになる。

　「二重の、2倍の」を表すスペイン語は **doble** である（ちなみに、本書にたびたび出てくる「二重語」のことは **doblete** という）。ラテン語で「2倍の」を表す語は二つあり、*duplus* と *duplex* という。後者 *duplex* につい

ては先述の *simplex* と同じで、《*du-* 2 + *plicāre* 折る》という複合語として成り立っている[→ 96 頁]。このうちのいずれがスペイン語 doble の直接的な語源になったのかを断定することはできないようである。動詞形は **doblar**「曲がる、折る」で、これは後期ラテン語 *duplāre* から来た。一方、スペイン語には **duplicar**「2 倍にする」という教養語も存在し、こちらは古典ラテン語 *duplicāre*「2 倍にする」そのものである。その他、「2」にかかわる語として **dual**「二重の、二元的な」や **docena**「12 個組、ダース」がある。docena は基数詞 **doce**「12」からの派生語であり、doce の語源はラテン語の *duodecim* だが、この語自体が《*duo* 2 + *decem* 10》という二つの基数詞から成る複合語である。

前述のことから、「2」にかかわる語根は -do- のみならず -du- もそうであることがわかる。そこで、語根 -du- を含む別の語として、スペイン語 **dudar**「疑う」との関連について触れておきたい。インド・ヨーロッパ祖語で「2」は *dwo-* といい、ラテン語の *dubium*「疑い」という語もここから出ていることが知られている。「疑う」とは「心が二つの間で揺れる」ことだ。ラテン語で「疑い」を *dubium*、動詞の「疑う」を *dubitāre* といったのはそのためである。このラテン語 *dubitāre* は中世スペイン語の dubdar を経て、現代の dudar になった。かつてラテン語が *dubitāre* であったことの名残は **dubitativo**「懐疑的な」という教養語に見られる。

「2 回」を表すラテン語数副詞は **bis** という。この bis はスペイン語で **bisabuelo**「曾祖父」や **bisabuela**「曾祖母」、**bisnieto/bisnieta**「曾孫」の接頭辞となって使用されている。さらに、「スポンジケーキ」を指す **bizcocho** における biz- も同じ要素である。この語の -cocho はラテン語 *coquere*「料理する、焼く」の過去分詞 *coctus* が音韻変化を経たものであることから、bizcocho とは「二度焼きした」が原義だったとわかる。

また、配分数詞の「2 個ずつ」は *bīnī* といった。この語はスペイン語に **combinar**「組み合わせる」という語の語根として存続している。後期ラテン語になってから *bīnī* に接頭辞 con- を足して創られた動詞が起源である。

基数詞の「3」はスペイン語で **tres**、ラテン語は長母音 ē を含んだ *trēs* である。ただし、ラテン語には *tria* という中性形が別に存在した。「3」という数字はゲルマン系である英語の three にせよ、スラブ系であるチェコ語の tři にせよ、"t" と "r" が共通して含まれているのは究極的に同一の起源、すなわちインド・ヨーロッパ祖語 *trei- にたどり着くためである。序数詞はスペイン語に **tercero** と **tercio** の 2 種類があり、「第 3 の」という意味では通常 tercero が用いられ、tercio はむしろ「3 分の 1」という名詞で用いられることが多い。ところが、ラテン語で「第 3 の」を表す序数詞は *tertius*（＞ス tercio）の方であり、tercero の語源である *tertiārius* には「3 分の 1（の）」の意味しかなかった。なお、どちらの語形も「3 回」を意味する数副詞 ter から分出したものである。

　スペイン語で「3」の意味を含みながら tri-（tre-）で始まる語といえば、**triple**「3 倍の」、**triplicar**「3 倍にする」、**trío**「3 人組、トリオ」、**trillizo**「三つ子」、**triángulo**「三角形」（< *tri-* 3 + *angulus* 角）、**trimestre**「3 か月、（3 学期制の）1 学期」、**trilingüe**「3 言語話者」、**trinidad**「三位一体」、**trípode**「三脚」（< *tri-* 3 + *pēs* 足）、**tricolor**「3 色（旗）の」、**triciclo**「三輪車」、**trenza**「三つ編み」、**trébol**「クローバー」（< *tri-* 3 + *folium* 葉）など枚挙に暇がない。ところが、現代スペイン語では語根に tri- を含みながら「3」の意味が完全に消えてしまった語もまた少なくない。たとえば、**trivial**「ありふれた、取るに足らない」がそうだ。本来この語は「三叉路」を意味する **trivio**（< *tri-* 3 + *via* 道）の形容詞形で、大勢の市民が往来する 3 本の街路の合流点（＝三叉路）は市中のどこにでもあるありふれた光景であったことから、trivial（<ラ *triviālis*「ありふれた」）は陳腐な様子を表す形容詞となった。

　もう一つ、tres と同族関係にある意外な語を紹介しておこう。それは **trabajo**「仕事」である。直接の語源は俗ラテン語 *tripalium で、字義的には「3 本の棒」である。これは 3 本の棒を組み合わせて作った「拷問台」のことで、「拷問の苦しみ」のイメージが暗喩となって、「仕事」になった。さて、この *tripalium に音韻変化の法則を当てはめると、trabajo ではなく、trebajo になる。現に中世のスペイン語文献には

trebajo の実例がいくつも確認される。後に、母音 e...a が母音調和という同化作用を引き起こし、trabajo になった。現代スペイン語に不可欠なこの基礎語彙は、意味はもちろん語形からも tres との関連性が極度に薄れてしまった興味深い例であろう。なお、動詞 **trabajar** も俗ラテン語 *tripaliāre*「拷問にかける」に由来することを付け加えておこう。

数詞の「4 〜 10」にまつわる語

　スペイン語基数詞の **cuatro**「4」はラテン語 *quattuor* から、序数詞の **cuarto**「第 4 の」は *quartus*「第 4 の、4 分の 1」から来ている。「三つ子」を trillizo、「3 か月間」を trimestre といったのと同様に、「四つ子」は **cuatrillizo**、「4 か月間」は **cuatrimestre** という。ラテン語において *quattuor* が接頭辞として機能するときは、語中子音の -t- が有声化した *quadri-* を用いることが多かった。そのため、「4」にかかわるスペイン語語彙はたいてい cuadr- という形態素を含むことになる。**cuadrado**「正方形、平方」、**cuádruple**「4 倍の」、**cuadruplicar**「4 倍にする」、**cuadrícula**「方眼、碁盤目」、**cuadrante**「四分円、日時計」、**cuadrúpedo**「四足獣」（<*quadr-* 4 + *pēs* 足）などがそうだ。「絵」の意味で用いることが多い **cuadro** も仲間で、語源となるラテン語の *quadrum* は単に「四角形」でしかなかった。スペイン語の cuadro にも「四角形」の意味は残っており、「フレーム」「格子縞」「図表」など四角のイメージをもつ概念の多くは cuadro という。「額縁」もまた四角いものの一つで、その換喩として「絵」の意味になったことは想像に難くない。なお、女性名詞の **cuadra** はラテンアメリカで「街の一区画、ブロック」を指す語として日常的に使用されている（スペイン本国で「ブロック」は manzana を用いる）。

　基数の「5」はスペイン語で **cinco**、ラテン語で *quinque* である。序数の「第 5 の」は **quinto** で、ラテン語の *quintus*「第 5 の」を受け継いだ語である。**quíntuplo**「5 倍の」、**quintuplicar**「5 倍にする」、

quintillizo「五つ子」のような quint- という形態素から成る語群の関連性は明白と言えるであろうが、**quinta**「別荘、徴兵」や **quintar**「徴兵する」の場合はそうはいかない。quinta はもともと「農園」であり、かつて小作農が収穫の 5 分の 1 を税として納めていたことが由来とされる。quintar の原義は「くじで 5 個から 1 個を選ぶ」で、ここから「人を兵に選ぶ」ことを意味するようになった。

　基数の「6」はスペイン語で **seis**、ラテン語で *sex* である。スペイン語序数詞の **sexto**「第 6 の」はラテン語 *sextus* を採り入れた教養語に他ならない。元は数字の「6」を起源としながら、今ではその意味が消失した語がある。**siesta**「シエスタ、昼寝」である。語源は *sexta hōra*「第六時」で、これは正午の時間帯であり、最も暑さを感じる時間帯でもあった。ここから「暑さ→暑さゆえの休憩時間→昼寝」へと意味が移行した。

　基数の「7」はスペイン語で **siete** であり、ラテン語の *septem* に由来する。なぜ序数の **séptimo**「第 7 の」に -p- という文字が混入しているのか、なぜ「北斗七星」のことを **Septentrión** というのか（小文字の **septentrión** は「北の方角」）といった疑問は、ラテン語で「7」が *septem* だと知った瞬間に解けてしまう。なお、今では「9 月」に該当する **septiembre** はもともと「第七月」だった。最初期（紀元前 8 世紀）の古代ローマでは 1 年が 10 か月しかなく、社会活動の少ない冬季は特に月名が定められておらず、1 年は 3 月始まりだった。これがロムルス暦で、12 か月制に改めたのは後のヌマ王である（ヌマ暦）。とはいえ、現在の **enero**「1 月」の語源 *Jānuārius* は「第十一月」であり、現在の **febrero**「2 月」の語源 *Februārius* は「第十二月」だった。時代は下り、*Jānuārius* を年初とし、元日を冬に定める現在の暦の原型が固まったのは紀元前 153 年になってからである。この暦をさらに改良したのが世に知られたユリウス暦（紀元前 43 年制定）だ。ここで、もともとラテン語で「第七月」のことだった *September* が 2 か月ずれて「第九月」を指すことが決定的になった。*Octōber*「第八月→第十月」（＞ス octubre「10 月」）、*November*「第九月→第十一月」（＞ス noviembre「11

月」)、*December*「第十月→第十二月」(＞ス diciembre「12 月」) がそれぞれ語源に反して「10 月」「11 月」「12 月」と 2 か月ずれた月を指すようになったのも同じ理由による。**octubre**「10 月」と **octavo**「第 8 の」、**noviembre**「11 月」と **noveno**「第 9 の」、**diciembre**「12 月」と **décimo**「第 10 の」を対比すれば、本来の意味が一目瞭然であろう。

　基数詞の「7」に発しながら、由来が見えにくくなった語として **semana**「週」を見過ごすわけにはいかない。そもそも週七曜制は旧約聖書に根拠を置くものであり、古代ローマ人の風習とは関係がなかった。「7 日間」のことをギリシア語で hebdomas といい、ラテン語にも借用されていた。これを本来語に直訳したのが *septimāna* (＜*septem* 7 + *māne* 朝) で、中世のスペイン語ではしばしば setmana という -t- を交えた語形で現れる。現代語の semana に見る語頭の se- はかつて *septem* であったことの名残が垣間見られる。

　基数の「8」はスペイン語で **ocho** であり、ラテン語は *octō* という。**ochenta**「80」のように、語根が -och- なら民衆語だが、序数の **octavo**「第 8 の」のように、語根が -oct- なら教養語である。例として **octágono**「八角形」、**octosílabo**「8 音節の詩」、**octava**「オクターブ」、**octubre**「10 月」などがある。男性の洗礼名に Octavio があり、原義は「八男」だった。

　基数の「9」はスペイン語が **nueve** でラテン語は *novem* という。したがって、**noventa**「90」や **novecientos**「900」、**noveno**「第 9 の」など、第一音節にアクセントがないときは二重母音化 (-ue-) が起こらない。同族語はあまり多くなく、**noviembre**「11 月」のみを挙げるに留めておく。なお、序数には **nono** (＜ラ *nōnus*) という異形態があり、英語の noon (元は「第九時」の意) と同根であることを付け加えておこう。

　基数の「10」にまつわる関連語は豊富である。スペイン語の **diez** はラテン語 *decem* から来ており、序数の **décimo**「第 10 の」は *decimus* に発する。したがって、-dec- という語根はおおよそ「10」に関係する。**decimal**「10 進法の」、**decena**「10 個組」、**década**「10 年間」などがそうした例だ。現代スペイン語で「学部長」を指す **decano** もまた diez と

同根である。意味が「10」と結びつかないかのように見えるが、語源のラテン語である *decānus* が、「10 人の長」という意味だったことを知ればたちまち納得がいく。

スペイン語で「お金」を意味する **dinero** も diez と関係がある。語源はラテン語 *dēnārius* で、古代ローマでは銀貨のことをこう呼んだ。金貨は *aureus*（<ラ *aurum*「金」）で、銅貨は *ās* といった。1 アウレウス（*aureus*）は 25 デナリウス（*dēnāriī*）、1 デナリウスは 10 アス（*asses*）と等価だった。銀貨を *dēnārius* と呼んだのは、銅貨 10 枚と等価であったことから、配分数詞 *dēnī*「10 個ずつの」が基になっていることによる。そのため、基数詞の *decem* が直接の語源ではないものの、姉妹語である *dēnī* が *dēnārius*、すなわちスペイン語 dinero の究極の語源であることから、diez の語頭子音 d- と dinero のそれとが同根ということになり、両者は遠戚筋に当たるといったところだ。

「多くの」と「中間の」

分量形容詞として最も一般的な **mucho**「多くの」はラテン語の *multus*「多くの」から来た。語中の -ult- という子音群に音韻法則が加わると、口蓋音化によって最終的には mucho になる。ただし、いきなりそのように語形変化したのではない。11 世紀頃のものとされる最古のスペイン語文献『サン・ミリャン注解』には muito という（現代ポルトガル語と同一の）語形で出ており、中間段階があったことが証明されている。この muito が語尾脱落を起こした結果が **muy**「とても」である。mucho と muy の関係は同一語の完全形と語尾脱落形であった。

さて、ラテン語で「多くの」が *multus* だとわかれば、mult- という形態素が接頭辞となった語はすべて「多-」を表し、現代語に欠かせない多様な語彙を供給していることに気づくであろう。**múltiple**「複合の、多様な」、**múltiplo**「（数学の）倍数」、**multiplicar**「増やす」、**multimedia**「マルチメディア」、**multicolor**「多色の」、**multilateral**「多

元的な」、**multiuso**「多目的の」などをはじめとして、**multilingüismo**「多言語主義」、**multinacional**「多国籍の」、**multicultural**「多文化の」、**multiétnico**「多民族の」、**multirracial**「多人種の」といった語は今日のグローバル社会に欠かせない語であろう。「群衆」を意味する**multitud**と類義語の**muchedumbre**「群衆、人込み」はいずれもラテン語 *multitūdō*（対格 *multitūdinem*）から出ており、両者は二重語である。

「中間の、平均の」を表すスペイン語は medio である。この語が名詞になると「中央、半分、手段、資産」といった意味になる。語源のラテン語にも「真ん中の」を意味する形容詞としての *medius/-a/-um* と、「中間」を意味する名詞としての *medium* があった。**mediodía**「正午」、**medianoche**「夜半」、**promedio**「平均」、**mediano**「中くらいの、並みの」、**mediocre**「凡庸な」、**medieval**「中世の」など語根 -med- を含む語はいずれも「中間」に関連することは明らかである。動詞形の **mediar**「仲裁する」の語源は古典ラテン語になく、後期ラテン語 *mediāre*「二等分する、仲介する」に由来する。

「ストッキング」のことを medias という。一説によると、日本語の「メリヤス」の語源がスペイン語の medias だという（ポルトガル語の meias から来た可能性もあるようだ）。意味は「中間」と結びつかないが、この語は medio の女性形が名詞化したもので、もともとの medias calzas「中間くらいの靴下＝ハイソックス」から形容詞部分だけが独立した結果であった。

「測る」と「量る」

日本語の「はかる」に漢字を当てようとすると「測る、計る、量る、図る、諮る」など幾通りもの候補がある。この中で、寸法などを「測る」場合はスペイン語で **medir** を用いる。語源はラテン語の *mētīrī*「測定する」という形式受動動詞で、過去分詞は *mensus* という。スペイン語の **medida**「測定、寸法、方法」や **contramedida**「対策」（< contra-

敵対＋medida 方法）が動詞 medir からの派生語であることは一目でわかる。一方、過去分詞語幹 -mens- に基づく語として **mesura** があり、「節度、慎重さ」を表す。この語形は民衆語で、語中子音群 -ns- > -s- という音韻変化を経た結果である。一見、medir と意味上無関係に思えるかもしれないが、語源は *mētīrī* の未来分詞 *mensūrus* の女性形が名詞化した *mensūra* であり、ラテン語では「測定、寸法」の意味で用いられた。スペイン語の「節度」という意味は後になって変化したものである。なお、mesura には **mesurar**「抑える」という動詞形もある。教養語の語幹 -mens- を残す語といえば **dimensión**「規模、次元」（< *dis-* 離れて＋ *mensus* 測られた）や **inmenso**「広大な」がある。inmenso の接頭辞 in- は「否定」を表し、《*in-* 否定＋ *mensus* 測られた》と分析できることから、「測りようがないほど広い」という肯定的な意味として定着した [→ 176 頁]。

　一方、重さを「量る」場合のスペイン語は **pesar** である。名詞の **peso**「重さ、重要性」や形容詞の **pesado**「重い、しつこい」はもちろん pesar の派生語だ。興味深いことに、その語源となるラテン語が *pensāre* であり、スペイン語 **pensar**「思う」の語源でもある。つまり、語中子音群 -ns- > -s- という音韻変化を経た民衆語が pesar、そうでない教養語が pensar で、両者は二重語である。ラテン語 *pensāre* の第一義は「重さを量る」で、この意味は pesar が受け継いだ。派生的意味として「支払う、埋め合わせをする、報いる、熟考する」などがあった。古代ローマ時代初期は、金属の重さが貨幣の価値を決定したため、「量る」行為は金銭取引と直結した。そしてさらに、「精神への負担をかける」という意味での「重み」のイメージが「熟考する」へと発展した。スペイン語の pensar はこの転義用法を引き継いでいるわけだ。それゆえ、名詞形の **pensamiento**「思考、思想」はスペイン語になってから創作された派生語ということになる。

　pensar を語幹とした合成語はそれほど多くない。いくつか拾い出してみると、**compensar**「埋め合わせる、相殺する」（< *con-* 合わせて＋ *pensāre* 量る＝埋め合わせをする）や **dispensar**「免除する」（< *dis-* 分

けて + *pensāre* 量る＝分配する）がある。なお、「必要不可欠な」の意味で **indispensable** という語が比較的高い頻度で用いられるが、これは dispensar の形容詞形 **dispensable**「免除し得る」と「否定」の接頭辞 in- との合成で、中世のラテン語 *indispensābilis*「分配不可能な」が直接の由来元である。

「価値」を意味する -prec- と -val-

「価値」や「値段」を意味するスペイン語の **precio** はラテン語 *pretium*「価値」から来ている。precio を基盤とする直接的な派生語 **precioso**「貴重な、素敵な」や **preciar**「評価する」（再帰形 **preciarse** は「自惚れる」）はもちろんのこと、その合成語のいずれを見ても語形と意味の関係は明らかである。具体的には、**apreciar**「尊重する、評価する」（< *a[d]*- 〜へ + *pretium* 価値 + *-āre* 動詞語尾）、**menospreciar**「過小評価する、侮る」（< menos- より少なく + preciar 評価する）、**despreciar**「軽蔑する、無視する」（< des- 反対 + preciar 評価する）などである。

「価値」の意味を担う語として **valor** という語もある。たしかにこの語には「価格、株式、資産」といった貨幣価値に関する意味もあるが、他方で「効力、勇気、（語の）意味」といった抽象化された「価値」の意味で用いられることが多い。valor から出る多様な派生形容詞を見てみると、**valioso** は「貴重な」だが、**valiente** は「勇敢な」であり、**válido** は「有効な」である。動詞形は **valer** と **valorar** があり、前者は「価値がある、有効である、（値段が）〜である」の意味で用いられ、後者は「評価する、真価を認める」になる。「査定する」や「（成績の）評価をする」というときは **evaluar** が好まれるが、この語はフランス語 évaluer からの借用語だ。

ラテン語にも *valēre* という動詞は存在したが、意味はスペイン語の valer と大きく異なり、「元気である、体力がある」と健康状態を表すのが基本用法だった。スペイン語の "¿Qué tal estás?"「ご機嫌いかが？」

に相当するラテン語の言い回しは *"Ut valēs?"* で、*"Estoy bien."*「元気だ」に相当する表現は *"Optimē valeō."* といった。また、別れ際や書簡の末尾に「さようなら」や「お元気で」の意味で *"Valē"* という命令形を用いるのが常だった。このラテン語はセルバンテスが『ドン・キホーテ』の序文の末尾で用いていることで有名だ。ところが、現代スペイン語で日常的に使用される "vale" は「オッケー、了解」のことである（しかもスペイン本国に限定される）。

その他、語根に -val- を含む別の語に **prevalecer**「優位を占める」（<ラ *praevalescere*「非常に強くなる」）、**convalecer**「健康を回復する」（<ラ *convalescere*「強くなる、健康を回復する」）、**convalidar**「（授業の単位を）読み替える」（<ラ *convalidāre*「有効にする」）などがある。

「試み、検査」に関する -prob- と -per(i)-

「試す、試みる」という動作も一種の価値判断である。スペイン語で「試す」は **probar** が一般的で、名詞形の **prueba** は「試用」という意味のみならず、「証拠、証明、試験」などの意味で幅広く使用されている。そして、probar の形容詞形が **probable**「ありそうな」で、副詞形の **probablemente** は事実上 probar からは独立して「おそらく、きっと」の意味で疑惑文の中で頻繁に用いられている。語源となるラテン語も *probāre* といい、「試す、吟味する、是認する、証明する」など、スペイン語の probar と形態・意味ともにほとんど同じであった。派生形容詞 probable の語源である *probābilis* は「容認できる、信用に足る」が本来の意味だった。もともとラテン語には「良質な、頑丈な、有能な、高潔な」などを意味した *probus* という形容詞があり、ここから派生した動詞が *probāre* だった。

スペイン語の probar を語幹とする合成語としては、**aprobar**「承認する、合格する」（<*ad-* 〜へ + *probāre* 是認する）、**comprobar**「確認する、検査する」（<*con-* 共に + *probāre* 是認する）、**reprobar**「非難する、拒絶

する」（＜ re- 反対して＋ probāre 是認する）が挙げられる。

　ラテン語には probāre とは別に、「試す、検査する、努める」を表す
動詞として experīrī という語もあった。語頭の ex- が接頭辞であり、基
盤となる語は perītus という「経験のある、熟練した」を意味した形容
詞である。スペイン語に存在する **pericia**「熟練」や **pericial**「鑑定家」
といった語がその直系筋に当たる。そして、ラテン語動詞 experīrī から
派生した語として、**experto**「専門家」（＜ラ expertus「経験を積んだ」）、
experiencia「経験」（＜ラ experientia「経験」）、**experimento**「実験」
（＜ラ experīmentum「実験」）などがある。いずれも、-peri- という語根は
「試み」と関連しており、「いかに多くを試みてきたか」が experiencia
であり、「多くを試みた人＝精通した人」が experto であると言えよう。

　この -peri- という語根から出た意外な同族語が **peligro**「危険」であ
る。語形からも意味からも関連性は捉えにくいであろう。語源はラテン
語の perīculum で、語尾の -culum は縮小辞である。この場合は、語中の
流音 r...l が音位転換を起こしたために、スペイン語では -r- と -l- の位
置が逆転してしまった（同じ現象は mīrāculum ＞ milagro「奇跡」にも起こっ
ている［→ 146 頁］）。ラテン語 perīculum の第一義は「（ちょっとした）試み」
であった。何かを試すことには失敗のリスクが常に付きまとうであろ
う。「危険」という意味はこうした換喩に基づいて派生した。結果とし
て、peligro という語は、本来 experiencia や experimento とともに「試
み」を表す -peri- という語根でつながった同族語であるにもかかわら
ず、今となっては関連性が隠れてしまったのである。

「方法」を表す -mod-、「形」を表す -form-

　「方法」を表す語は manera、modo、remedio、forma などがある。
manera については 136 頁で取り上げているため、ここでは **modo** につい
て見ていこう。modo の語源はラテン語の modus（対格 modum）であ
り、「方法」の意味の他に「大きさ、尺度、限度、抑制」などを意味

した。modo からの直接的な派生語として、**modal**「形様式の；名行儀」、**modelo**「モデル」、**moderar**「緩和する、調節する、抑制する」、**modificar**「修正する」（< *modus* 方法 + *facere* 作る）などがある。この中で modelo はイタリア語経由で入った外来語で、*modus* に縮小辞を付けたラテン語 *modulus*「測定単位」に由来する。このラテン語はスペイン語 **molde**「鋳型、模範、跡」の語源でもある。語中子音の d...l が音位転換を起こしたために -ld- となったもので、こちらは民衆語である。つまり、modelo と molde は二重語ということになる。女性形の **moda**「流行」も同じ語源だが、こちらは 18 世紀になってからフランス語の mode を借用したものである。

modesto「謙虚な、控えめな」にも語根 -mod- が含まれ、「抑制」という意味でラテン語 *modus* とつながっていることに気づくであろう。さらには、**cómodo**「快適な」も同族語で、「同じ（con-）方法（*modus*）」という発想から、「基準に適った、適切な、ぴったり合う」という意味になり、スペイン語の「快適な」へと発展した。疑問詞 **cómo**「どのように」の -mo の部分が、実は modo であることについても言及しておかなければならない。「どのように」を意味するラテン語は、*modus* の奪格 *modō* の前に疑問詞の奪格 *quō* を付けた *quōmodo* という複合的な疑問詞だった（*quō modo* と 2 語で書くこともあった）。ここに母音間の有声音 -d- の消失という音韻変化が生じたために、cómo と語形が縮約した。

ラテン語に *modus* をもたらしたインド・ヨーロッパ祖語の語根は *med- といい、「測る」もしくは「適切な処置を取る」を意味したとされる。この語根はラテン語に *medērī*「治療する、改善する」という別の語も供給している。この動詞から派生したのが *medicus*「治療の、医師」、すなわちスペイン語の **médico**「形医学の；名医者」である。もちろん、**medicina**「医学」や **remedio**「方法、手段、治療、薬」といった、-med- を語根に持ちながら「医療、対処」に関係する語はすべて同族語である。結果として、何らつながりがないように見える modo と médico が、究極的には起源を同じくする同族語ということになる。

スペイン語 **forma**「形」については多くの派生語や合成語が存在す

るものの、いずれも形成過程はわかりやすい。ラテン語でも「形」は *forma*（対格 *formam*）である。スペイン語における直接的な派生語は **formar**「形成する」、**formal**「形式的な」、**formalidad**「正規の手続き」、**fórmula**「形式、定型句、公式」、**formulario**「書式」、**formato**「判型、フォーマット」などがある。語根 -form- を含んだ合成語としては、接頭辞 con-「共に」と組み合わさった **conformar**「合わせる」、**conforme**「一致した、同意見の」、「分離」を表す *dē-* を付した **deformar**「変形させる」、**deforme**「歪曲した」、in-「中に」を付した **informar**「知らせる」、**información**「情報」、**informe**「報告書」、「再び」を表す re- を足した **reformar**「改革する、改装する」、**reforma**「改革」、そして「超過」を意味する接頭辞 trans- と結びついた **transformar**「変形させる」などが挙げられる。

　forma という語形は教養語で、音韻変化が適用されると語頭子音 f- が h- になり、消失する。そこで出現した民衆語が **horma** で、意味は靴や帽子などを製造するための「型」のことである。ラテン語の *forma* には *formōsus*「格好の良い」という形容詞があった。この語にも語頭子音に f->h->[無音] の音韻変化が加わり、そのうえ母音 o...o>e...o という異化が起こった。そこで生まれた民衆語が **hermoso**「美しい」だ。名詞の **hermosura**「美しさ」はスペイン語になってから hermoso より派生した。

mostrar「見せる」と monstruo「怪物」、señal「印」と sello「切手」のつながり

　「示す、見せる」を意味する最も一般的な語は **mostrar** である。接頭辞 de- と結びついた **demostrar**「示す、明らかにする」は語形からも意味からも関連性は非常に見えやすい。スペイン語 demostrar と同一語源の英語は demonstrate「証明する」である。語根に -n- が 1 文字多いのは、ラテン語の語形 *dēmonstrāre* を忠実に継承したからであり、スペイ

ン語の場合は語中子音群 -ns- > -s- の音韻変化が生じたために -n- が消えた。したがって、mostrar の語源も *monstrāre* で、語中に -n- があるのが本来の形だった。そうすると、語幹部分の monstr- は「怪物」を意味する **monstruo** を想起させる。語形の類似は決して偶然ではない。なぜなら、ラテン語 *monstrāre* は *monstrum* という名詞（つまりスペイン語の monstruo）から派生した動詞だからである。*monstrum* の mon- の部分はラテン語 *monēre*「気づかせる、警告する」という動詞の mon- と同根で、インド・ヨーロッパ祖語 *men-「考える」[→ 172 頁] の異形態である。字義的には「警告の塊」となり、これは神が啓示する不幸の「前兆」のことだった。言い換えれば「近い将来に起こる恐ろしい出来事」であることから、「怪物」や「極悪人」をも意味した。スペイン語には「怪物」の意味でのみ伝わり、本来の「前兆、前触れ」といった意味が消滅したため、mostrar との意味的つながりが完全に途絶えてしまった。現代スペイン語の枠組みの中で、mostrar の名詞形といえば **muestra**「見本、サンプル」であろう。

　ラテン語動詞 *monēre*「警告する」のスペイン語における痕跡は **monitor**「助言者、モニター装置」や **amonestar**「諭す」に見出すことができる。さらには、**monumento**「記念」における monu- も同根で、「思い出させるもの」が原義だった。

　señalar もまた「指摘する、印をつける」といった「指示」に関する類義語である。この動詞は名詞の **señal**「印、標識、合図」を基に創られたものであり、señal はまた **seña**「目印、身ぶり」の派生語である。seña の語源はラテン語 *signa* で、この形は中性名詞 *signum*「印、合図」の複数形である。つまり、「印、記号」を意味する同義語の **signo** と語源を共有していることになる。しかも、ラテン語 *signum* は語中子音 -g- を落とした **sino**「運命、宿命」という語もスペイン語に提供している。*signum* には人間の運命を司る「星座、十二宮」の意味もあり、スペイン語においてはそうした超自然的な意味だけが切り取られ、名詞の sino という形で独立したのだった（もっとも、現代スペイン語の signo にも「運命」や「十二宮」の意味はある）。したがって、seña、signo、sino は三

重語ということになり、語根に -señ- が入った語は民衆語の、-sign- が含まれていれば教養語の同族語である（sino は半教養語）。民衆語の同族語としては、**enseñar**「教える」（<俗ラ *in-* 中に + *signāre* 印をつける＝知らせる［→ 165 頁］）、**enseñanza**「教育」、**diseñar**「設計する」（< *dē-* ～について + *signāre* 印をつける）、**reseñar**「特徴を記述する、書評する」（< *re-* 再び・反対 + *signāre* 印をつける）などがある。一方、語根に -sign- を含む語であれば、**designar**「指名する」（diseñar と二重語）、**asignar**「割り当てる、選任する」（< *a[d]-* ～へ + *signāre* 印をつける）、**asignatura**「科目」などが挙げられる。**resignar**「辞任する、断念する、譲り渡す」も同類で、語源となるラテン語 *resignāre* は「封を切る、無効にする」という意味だった。スペイン語動詞の resignar は前述の reseñar と二重語ということになる。**significar**「意味する」という語も忘れてはならない。この動詞は《*signum* 印 + *facere* 作る》と分析できる。その他、**consignar**「（予算を）割り当てる」（< *con-* 共に + *signāre* 印をつける＝封印する、保証する）、**insignia**「記章、バッジ」、**insigne**「名高い」（< *in-* 中に + *signum* 印＝目立つ、卓越した）などがある。

　ラテン語 *signum* の由来はインド・ヨーロッパ祖語にまで遡る。ラテン語 *sequī*（＞ス seguir）の語根である *sek^w-「従う」に縮小接尾辞 -no- を足したものが *signum* であり、印とは「人が従うもの」という認識が意味の出発点となったようだ。そうすると、*singum* は sig- と -num という要素にさらに分けられることになり、-sig- という語根はラテン語の *sigillum*「彫像、図柄、印章」にも潜んでいることがわかる（語尾 *-illum* は縮小辞）。この *sigillum* が音韻変化を経ずに教養語としてスペイン語に入ると **sigilo**「封印、秘密」になり、音韻変化を経て民衆語の形で伝わると **sello**「切手、印紙、封印、スタンプ」になる。つまり、sigilo と sello も二重語である。結果として、語根が -señ- や -sign- から成る一連の語彙のみならず、sigilo や sello もまた「印、記号」の共通項で結ばれた関連語ということになる。

-circ- は「周辺」、-fund- は「土台」

　英語の circus「サーカス」、circle「サークル、円」、circuit「サーキット」をスペイン語に置き換えると、順に **circo**、**círculo**、**circuito** になる。共通する語根は -circ- で、これはギリシャ系ラテン語の *circus*「円弧、円形競技場」（対格 *circum*）のことである。ラテン語で「〜の周りで」を表す前置詞を *circā* というのは、この *circus* に由来するからである。ここから、「周辺、周囲」という位置関係とかかわる語は -circ- を含むことになる。たとえば、**circular**「循環する」、**circunstancia**「事情、状況」（< *circum-* 周りに + *stāre* 立つ［→ 20 頁］）、**circunloquio**「回りくどい言い方」（< *circum-* 周りに + *loquī* 話す）などがある。

　ラテン語の *circā* が音韻変化を受けてスペイン語化した語が **cerca**「近くに」である。つまり、語根が -circ- であれば教養語、-cerc- となっていれば民衆語である。-cerc- を含み、「近接」という概念にかかわる一連の語彙 **acercar**「近づける」、**cercano**「近くの」、**cercanía**「近郊」はすべて副詞の cerca から派生した。一方、民衆語の **cerco**「包囲」は前述の *circus* の変化形であり、circo と二重語を成している。動詞 **cercar**「囲む」も民衆語だが、こちらは後期ラテン語 *circāre* に由来し、「周囲を歩く」が元の意味だった。

　次に、話題を「周辺」から「土台」に移すこととしよう。スペイン語で基本となる語は **fondo** である。意味は「底、奥、背後、根本、基金、深度、蔵書」など多岐にわたるが、物事の「土台、基盤」というキーコンセプトで貫かれている。この点は、ラテン語における *fundus*（対格 *fundum*）が「底、基礎」のことであったことを見れば明らかであろう。ラテン語 *fundus* の動詞形は *fundāre*「土台を据える、確立する」で、これがスペイン語の **fundar**「創設する、根拠を置く」になった。

　スペイン語形容詞の **profundo**「深い」も同根である。語源となるラテン語 *profundus*「深い」（< *prō-* 前に + *fundus* 底）からほとんど語形が変化していないことから、profundo は教養語だとわかる。ラテン語の *profundus* から生まれ出た民衆語は語形を大きく変えた **hondo**「深い」

である。中世の 13 世紀頃における語形は fondo だった。そして、この語はカスティーリャ語ではないイベリア半島内の別の方言 perfondo から来たものだ。ラテン語接頭辞 *prō-* が音位転換により per- となり、この per- が増大辞の接頭辞と勘違いされた結果、カスティーリャ語に入ったときに脱落してしまったのである。現代スペイン語の fondo「底、基礎」と hondo「深い」の語形が類似しているうえに、意味にもつながりが感じられるのは決して偶然ではない。なお、教養語の名詞形 **profundidad**「深さ」はラテン語 *profunditās*（対格 *profunditātem*）の継承だが、民衆語の **hondura**「深さ」はロマンス語になってからの創作で、スペイン語の文献に初めて現れたのは 15 世紀末になってからである。

コラム9：擬音語・擬態音に由来する語彙

　日本語の大きな特徴の一つは擬態音、すなわちオノマトペ（onomatopeya）の多さである。スペイン語にも擬態音は存在するものの、日本語と比較にならないほど数は少ない。しかしながら、その起源において擬音語であったことが知られている語彙は一定数存在する。たとえば日本語で「カタカタ鳴る」「クルクル回る」「キラキラ輝く」のように、擬態音は同一の音節を繰り返すものが多い。スペイン語にも **murmurar**「つぶやく、ぶつぶつ言う」や **susurrar**「ささやく、つぶやく」のように語幹が同一音節の反復から成る語があり、それらの起源をたどるとたいてい擬音語である。それぞれラテン語の *murmurāre*「つぶやく、ざわめく」、*susurrāre*「ささやく」からの継承であり、前者は *murmur*「つぶやき、ざわめき」、後者は *susurrus*「ひそひそ話」という擬音語に基づく名詞から出た動詞形である。

　厳密に同一の音節の反復ではないにせよ、擬態音に端を発する畳語の他の例として、**bomba**「爆弾」、**chichear／sisear**「（注意喚起の合図として）シーッと言う」（人を黙らせるために言う「シーッ」のことを "¡chis!" という）、**fanfarronear／fanfarrear**「ほらを吹く」、**titilar**「震える、（星が）きらめく」（<ラ *tītillāre*「くすぐる」）、**títere**「あやつり人形」、**tiritar**「震える」、**tartajear**「たどたどしく話す」、**tartamudear**「どもる、口ごもる」（形態素 -mud- は mudo「言葉を発することができない」のこと）、**hipo**「しゃっくり」、**ganguear／gangosear**「鼻声で話す」、**gangoso**「鼻声の」などが挙げられる。

　「うがい」のことをスペイン語で **gárgara** という（「うがいする」は "hacer gárgaras"）。ここにも -gar- という同一音節の反復が見られるので擬音語である。ちょうど日本語でもうがいの音を「ガラガラ」と表現するのとよく似ている。スペイン語で「喉」を意味する **garganta** もまた

同族語で、-garg- という形態素が混在していれば、基本的に「喉」と関係する。たとえば関連語に **gargajear**「痰を吐く」という語がある。

　音節の反復がなくとも、擬態音であることが知られている語がある。その種の語でおそらく最も頻度が高いものは **tocar**「触れる、弾く」であろう。語源となる語が古典ラテン語には存在せず、鐘が鳴る音を俗ラテン語で "*toc toc*" と表現したことから、**toccāre* という動詞が創られ、スペイン語を含むロマンス諸語に広まった。

　その他、動物の鳴き声など自然音を基にした擬態音に端を発する語として、**chorro**「噴出、流出」、**zumbar**「ブーンとうなる、耳鳴りがする」、**maullar**「(猫が) ニャーと鳴く」、**piar**「(雛鳥・小鳥が) ピヨピヨ鳴く」、**mugir**「(牛が) モーッと鳴く」(＜ラ *mūgīre*「(牛が) 鳴く」)、**gruñir**「(豚が) ブーブー鳴く」(＜ラ *grunnīre*「(豚が) 鳴く」) などがある。最後の gruñir はインド・ヨーロッパ祖語にまで遡ることができ、豚の鳴き声を表す語根 *gru- が究極の語源である。それゆえ、英語で同じ意味の動詞 grunt と語形が似ているのは偶然ではない。

コラム 10：先ローマ期起源の語彙、語源不詳の語彙

　ローマによるイベリア半島支配を決定づけたのは、紀元前 218 年に始まる第二次ポエニ戦争である。それ以前のイベリア半島にはバスク人、ケルト＝イベリア人、リグール人、タルテソス人など多様な部族が定住し、それぞれ異なる言語を話していた。これらの中で唯一現代にまで伝わる言語がバスク語である。バスク人は早い段階でローマ人と和睦関係を築いており、基層言語であるバスク語と上層言語であるラテン語との共存関係が長らく続いていたものと考えられる。そのバスク語からスペイン語（つまりイベリア半島のラテン語）に借用された語彙の例として **izquierdo**「左の」や **pizarra**「石板」などがある。

　紀元前 1200 年頃に中部ヨーロッパに広がっていたケルト人は、紀元前 1000 年頃から紀元前 5 世紀頃までピレネーを越える移住の波が続いた。ケルト語起源とされる語彙のいくつかは、中部ヨーロッパでラテン語に借用され、ラテン語化した語が今日のスペイン語へと発展した。たとえば、**camino**「道」（＜俗ラ *cammīnus*）、**carro**「荷車」（＜ラ *carrus*）、**camisa**「シャツ」（＜後ラ *camisia*）、**cerveza**「ビール」（＜後ラ *cervesia*）、**carpintero**「大工」（＜後ラ *carpentārius*＜ラ *carpentum*「二輪馬車」）といった語の直接の語源はラテン語（または俗ラテン語）だが、そのラテン語に語彙をもたらしたのはケルト語だった。

　先ローマ期のイベリア半島の言語に起源があることは確実ながらも、その語の供給源となった言語を特定できない語彙は数多い。主なものを挙げると、**perro**「犬」、**zorro**「狐」、**galápago**「亀（の一種）」、**sapo**「ヒキガエル」、**vega**「沃野」、**barranco**「断崖」、**muñeca**「手首、人形」、**bruja**「魔女」、**zarza**「木イチゴ、茨」、**barro**「泥」（ケルト語源説が有力）、**zurdo**「左利きの」などである。

　最後に、現代スペイン語の枠組みの中では頻度が高い重要語と位置づ

けられるにもかかわらず、語源不詳の語彙を列挙しておこう。まず、基本動詞として **buscar**「探す」、**tomar**「取る、摂取する、乗る」、**tirar**「引く」、形容詞としては **listo**「利口な、準備ができた」、**terco**「頑固な」などがある。名詞であれば、**trozo**「一切れ、断片」、**taco**「間食、つまみ」、**ola**「波」、**bosque**「森」、**rata**「ネズミ」、**manteca**「脂身、ラード」、**gancho**「鉤、フック」（先ローマ期起源説が有力）、**tertulia**「常連の会合、同好のサークル」などがある。

付録：本書に出てきた主な語根、その語源となるラテン語の一覧
（本書掲載順）

主 主格　対 対格　不 不定詞　過 過去分詞　形 形容詞　単 単数　複 複数
男 男性形　女 女性形　中 中性形　IE：インド・ヨーロッパ祖語

1. 基本動作を表す自動詞に由来する語彙

語根	意味	語源のラテン語	IE 語根
-sta-/-sist-/ **-stit-/-stin-**	立つ、立ちはだかり	不 *stāre*; 過 *status* 「立つ」 不 *sistere*; 過 *status* 「立たせる」 不 *statuere*; 過 *statūtus* 「立てる、据える」	*stā- 「立っている」

⇒ estar estación estatura estable establecer constar obstáculo distancia restar arrestar prestar instante su(b)stancia circunstancia asistir resistir insistir existir sustituir constituir instituto destino obstinado

-se(d)-/-sid-/ **-sent-/-ses-**	座る、居座り	不 *sedēre*; 過 *sessus* 「座る」	*sed- 「座る」

⇒ ser sede sedentario sedimento presidir presidente subsidio residencia residuo asiduo sentar(se) asentar silla sesión obsesión posesión

-ven-/-vent-	来る、偶発	不 *venīre*; 過 *ventus* 「来る」	*gʷā- 「着く」

⇒ venir conveniente convenio avenida prevenir provenir evento eventual aventura subvención inventar

-i-/-it-	行く	不 *īre*; 過 *itus* 「行く」	*ei- 「行く」

⇒ ir subir éxito tránsito transeúnte inicio ambiente ámbito ambición

-and-/-ambul-	歩く、徘徊	不 *ambulāre*; 過 *ambulātus* 「歩き回る」	*al- 「歩く、彷徨う」

⇒ andar andante ambulancia ambulante preámbulo somnámbulo

-grad-/-gres-	歩く、進歩	主 *gradus*; 対 *gradum* 「歩み」 不 *gradī*; 過 *gressus* 「歩く」	*ghredh- 「歩く、進む」

⇒ grado graduar(se) graduación gradación progreso regreso ingreso congreso agresivo digresión

-corr-/-curr-/-curs-	走る、流れる	不 *currere*; 過 *cursus* 「走る、（物が容赦なく）速く進む」	*kers- 「走る」

⇒ **corr**er **corr**eo re**corr**er so**corr**er o**curr**ir in**curr**ir re**curr**ir trans**curr**ir **curs**o pre**curs**or con**curs**o re**curs**os dis**curs**o ex**curs**ión su**curs**al

-hu-/-fug-	逃げる	不 *fugere*; 過 *fugitus* 「逃げる」	*bheug-「逃げる」

⇒ **hu**ir re**fug**iar re**fug**iado **fug**az **fug**itivo

-sal(t)-/-sult-	跳ぶ	不 *salīre*; 過 *saltus* 「跳ぶ」	*sel-「跳ぶ」

⇒ **sal**ir **sal**ida **salt**ar a**salt**ar re**sult**ar re**sult**ado in**sult**ar

-scend-/-scens-	登る	不 *scandere*; 過 *scansus* 「登る」	*skand-「飛び跳ねる、よじ登る」

⇒ a**scend**er a**scens**o de**scend**er de**scend**iente tra**scend**er tra**scend**ente

-ca-/-cad-/-cas-/-cid-/-cis-	落ちる、偶然、切り捨て、決断	不 *cadere*; 過 *cāsus* 「落ちる」 不 *caedere*; 過 *caesus* 「切り落とす」	*kad-「落ちる」 *kaə-id-「切る」

⇒ **ca**er de**ca**er **cad**áver de**cad**encia **cas**o **cas**ual o**cas**ión oc**cid**ente ac**cid**ente in**cid**ente coin**cid**ir de**cid**ir sui**cid**io de**cis**ión pre**cis**o con**cis**o

-ced-/-ces-	進行、退去、譲歩	不 *cēdere*; 過 *cessus* 「行く、退く、譲る」	*ked-「譲る」

⇒ **ced**er **ces**ión con**ced**er ac**ced**er ac**ces**o ante**ced**er ex**ced**er ex**ces**o pro**ced**er pro**ces**o pre**ced**er su**ced**er su**ces**ión su**ces**o retro**ced**er

-viv-/-vid-/-vit-	生命	不 *vīvere*; 過 *victus* 「生きる」	*gʷei-「生きる」

⇒ **viv**ir **vív**ido **viv**encia **viv**ienda **víve**res **vi**anda **vid**a **vit**al **vit**amina

-mor-/-mort-	死	不 *morī*; 過 *mortuus* 「死ぬ」	*mer-「死ぬ」

⇒ **mor**ir **muert**e **mort**al **mort**alidad **mort**andad **mort**ificar **mori**bundo

-pend-/-pens-	宙吊り、不安定	不 *pendēre*; 過 *pensus* 「ぶら下がっている」	*(s)pen-「伸ばす、紡ぐ」

⇒ **pend**er **pend**iente **pens**ión sus**pend**er sus**pens**ión de**pend**er de**pend**iente **pénd**ulo a**pénd**ice

-lud-/-lus-	戯れ、愚弄	不 *lūdere*; 過 *lūsus* 「遊ぶ」	*leid-「遊ぶ」

⇒ **lud**ibrio **lúd**ico pre**lud**io e**lud**ir a**lud**ir a**lus**ión i**lus**ión i**lus**ionismo

2. 基本動作を表す他動詞に由来する語彙

語根	意味	語源のラテン語	IE 語根
-hac-/-hech-/ -fech-/-fac-/ -fec-/-fic-	作る、製造	不 *facere*; 過 *factus*「作る」	*dhē-「置く、据える」

⇒ **hac**er **hech**o satis**fech**o **fac**tor **fac**ultad **fác**il di**fíc**il a**fec**tar a**fec**ción a**fic**ión e**fec**to e**fic**az per**fec**to in**fec**tar edi**fic**io arte**fac**to arti**fic**io o**fic**io su**fic**iente bene**fic**io

-pon-/-pos-	置く、位置	不 *pōnere*; 過 *pos(i)tus*「置く」	*apo-「遠くに、外に」

⇒ **pon**er **pos**ición **pos**tura com**pon**er ex**pon**er re**pon**er im**pon**er pro**pon**er su**pon**er dis**pon**er o**pon**er trans**pon**er pro**pós**ito de**pós**ito

-hab-/-hib-	持つ、所有	不 *habēre*; 過 *habitus*「持つ」	*ghabh-「与える、受け取る」

⇒ **hab**er **háb**il **háb**ito **hab**itar **hab**itación ex**hib**ir pro**hib**ir de**b**er **deu**da

-ten-/-tin-	保持	不 *tenēre*; 過 *tentus*「つかむ、握る」	*ten-「伸ばす、広げる」

⇒ **ten**er **ten**edor con**ten**er con**tin**uo con**ten**to con**tin**ente abs**ten**erse sos**ten**er ob**ten**er re**ten**er de**ten**er per**ten**ecer entre**ten**er man**ten**er

-cab-/-cib-/ -cau-/-caz-/ -cob-/-cap-/ -cep-/-cip-/ -cup-	つかむ、収容、受容、把握、捕獲	不 *capere*; 過 *captus*「取る、つかむ」	*kap-「取る、つかむ」

⇒ **cab**er con**cib**ir re**cib**ir per**cib**ir **cau**tivo re**cau**dar re**cob**rar **caz**ar re**chaz**ar **caj**a **cap**az **cap**tar **cáp**sula a**cep**tar con**cep**to re**cep**ción de**cep**ción ex**cep**to pre**cep**to re**cup**erar parti**cip**ar anti**cip**ar prin**cip**io o**cup**ar preo**cup**ar

-sum-/-sunt-	取る	不 *sūmere*; 過 *sumptus*「取る」	*em-「取る、配る」

⇒ **sum**ir **sunt**uoso a**sum**ir a**sunt**o con**sum**ir re**sum**ir pre**sum**ir pre**sunt**o

-act-/-ag-/-ig-	行為	不 *agere*; 過 *actus*「進める、行う」	*ag-「導く」

⇒ **act**o **act**a **acc**ión **ag**encia **ag**itar **ág**il re**acc**ión **act**ivo **act**ividad **act**ual **act**itud inter**acc**ión ex**ig**ir ex**ig**ente ex**act**o red**act**ar cast**ig**ar

-puj-/-puls-	押す、推進	不 *pellere*; 過 *pulsus*「押す」 不 *pulsāre*; 過 *pulsātus*「打つ、押し出す」	*pel-「押す」
⇒ empujar pulsar pulso impulsar expulsar compulsar
-prim-/-pres-/ -pris-	押す、圧力、 圧迫	不 *premere*; 過 *pressus*「押す」	*per-「打つ、殴る」
⇒ imprimir oprimir reprimir suprimir impresión expresar presión prisa
-trae-/-trac-/ -tra(c)t-	引く、抽出、 痕跡、描写、 牽引	不 *trahere*; 過 *tractus*「引く、引っ張る」	*tragh-「引く、引きずる」
⇒ traer atraer contraer distraer extraer extracto sustraer contracción abstracto tratar trato contrato trecho tractor tren trazar retrato
-duc-/-duct-	導く	不 *dūcere*; 過 *ductus*「引っ張る、導く」	*deuk-「運ぶ、導く」
⇒ conducir aducir producir deducir introducir reducir seducir traducir reducción traducción producto acueducto ducha
-da-/-de-/ -di-/-don(a)-	与える、贈る	不 *dare*; 過 *datus*「与える」 不 *dōnāre*; 過 *dōnātus*「贈る」	*dō-「与える」
⇒ dar dato mandar perder vender rendir añadir edición tradición donar perdonar perdón
-met-/-mit-/ -mis-	伝達、派遣、 発射	不 *mittere*; 過 *missus*「発する、放つ、送る」	
⇒ meter prometer comprometer someter cometer acometer admitir permitir compromiso permiso comisión emitir remitir transmitir omitir misión misil
-f(e)r-/-lat-/ -for-	運ぶ	不 *ferre*; 過 *lātus*「運ぶ、もたらす、報告する」	*bher-「運ぶ」
⇒ fértil referir preferir diferir diferente conferir conferencia transferir interferir sufrir ofrecer relato relación fortuna afortunado
-ger-/-gest-	運ぶ、処置、 管理	不 *gerere*; 過 *gestus*「運ぶ、行動する、処理する」	
⇒ gerente sugerir digerir gesto gestión congestión digestión registro
-port-	運ぶ	不 *portāre*; 過 *portātus*「運ぶ」	*per-「運ぶ、導く」

⇒ **puert**o **puert**a **port**ero **port**ar(se) com**port**ar(se) im**port**ar im**port**ante ex**port**ar trans**port**ar de**port**e a**port**ar so**port**ar o**port**uno o**port**unidad			
-mov-/**-moc-**/ **-mot-**	作動、原動力	不 *movēre*; 過 *mōtus*「動かす」	*meuə-「離す」
⇒ **mov**er **mot**or **mot**ivo **mot**ivar pro**mov**er re**mov**er con**mov**er pro**moc**ión e**moc**ión **móv**il **mov**ilizar **mue**ble **mo**mento re**mot**o			
-par(a)-	準備	不 *parāre*; 過 *parātus*「用意する」	*perə-「生産する」
⇒ **par**ar pre**par**ar am**par**ar re**par**ar se**par**ar dis**par**ar dis**par**ate a**para**to com**prar**			
-segu-/**-sigu-**/ **-secu-**	追従、追跡、連続	不 *sequī*; 過 *secūtus*「追う、続く、従う」	*sekʷ-「後に続く」
⇒ **segu**ir **segu**ndo **segú**n con**segu**ir **sigu**iente pro**segu**ir **secu**encia **secu**ndario con**secu**tivo ob**sequ**io e**jecu**ción e**jecu**tar			

3. 状態変化に関する語彙

語根	意味	語源のラテン語	IE 語根
-mud-/**-mut-**	変化、移動	不 *mūtāre*; 過 *mūtātus*「変える、交換する、移す」	*mei-「変える、移動させる」
⇒ **mud**ar **mud**anza **mut**ar con**mut**ar per**mut**ar **mut**uo			
-otr-/**-alter-**	交代、交互	形男 *alter*; 女 *altera*; 中 *alterum*「二つのうち一方の」	*al-「向こう側に」
⇒ **otr**o **alter**ar **alter**nar **alter**nancia **alter**nativa			
-str(u)-	構築	不 *struere*; 過 *structus*「積み上げる」	*ster-「拡大する」
⇒ e**stru**ctura con**stru**ir con**stru**cción de**stru**ir in**stru**ir indu**str**ia indu**str**ioso			
-ot-/**-au(g)-**/ **-aut-**/**-aux-**	増大、権威	不 *augēre*; 過 *auctus*「増やす」	*aug-「増やす」
⇒ **ot**orgar **au**mentar **aut**or **aut**oridad **aut**orizar **ag**osto **aux**ilio **aux**iliar			
-pas-/**-pand-**/ **-pans-**	拡大、通過	不 *pandere*; 過 *passus*「広げる、開く」	*petə-「広げる」
⇒ **pas**o **pas**ar **pas**ear re**pas**ar ex**pand**ir ex**pans**ión			

-tend-/-tens-/ -tens-	伸長、緊張、(注意の)差し向け	不 *tendere*; 過 *tentus*/*tensus* 「伸ばす、広げる、向ける」	*ten-「伸ばす、広げる」

⇒ **tend**er **tend**encia ex**tend**er a**tend**er pre**tend**er en**tend**er **tens**ión **tens**o **ties**o ex**tens**ión ex**tens**o a**ten**ción a**ten**to in**tent**ar in**tent**o os**tent**ar

-men-/-min-	減少、刻み	不 *minuere*; 過 *minūtus* 「減らす、刻む」	*mei-「小さい」

⇒ **men**udo **men**os **men**guar **min**uto dis**min**uir **min**ucioso

-s(e)g-/-sec-	切断	不 *secāre*; 過 *sectus* 「切る」	*sek-「切る」

⇒ **seg**ar ras**g**ar ras**g**o **sec**ta **sec**tor **sec**ción in**sec**to **sex**o

-cern-/-cert-/ -cret-/-cri-	分別、峻別、明確化	不 *cernere*; 過 *crētus* (*certus*) 「識別する」	*skrībh-「切る、分ける」

⇒ con**cern**ir dis**cern**ir **cier**to **cert**eza a**cert**ar **cert**ificar con**cret**o dis**cret**o dis**cre**pancia se**cret**o **cri**men dis**cri**minar **cri**sis **cri**terio hipó**cri**ta

-vert-/-vers-	変転、転換	不 *vertere*; 過 *versus* 「回す、向きを変える」	*wer-「曲げる、ひっくり返す」

⇒ **vert**er **vert**iente con**vert**ir di**vert**ir ad**vert**ir in**vert**ir con**vers**ión di**vers**o per**vers**o re**vers**o con**vers**ar **vers**ión uni**vers**o uni**vers**al atra**ves**ar

-volv-/-vuelt-/ -volu-	回転、反転	不 *volvere*; 過 *volūtus* 「転がす」	*wel-「ひっくり返す、巻き取る」

⇒ **volv**er **vuelt**a de**volv**er re**volv**er re**volu**ción en**volv**er **volu**men

-rod-/-rot-	回転	不 *rotāre*; 過 *rotātus* 「回す、転がす」	*ret-「走る、回る、転がる」

⇒ **rod**ar **rue**da **rod**illa **rod**aje **rod**ear **rot**ar **rot**ación

-llev-/-lev-/ -liv-	持ち上げ、軽い	不 *levāre*; 過 *levātus* 「持ち上げる」	*legʷh-「軽い」

⇒ **llev**ar **lev**e **lev**antar **liv**iano a**liv**iar e**lev**ar su**blev**ar re**lev**ante

-tej-/-teg-/-tec-	覆い	不 *tegere*; 過 *tectus* 「覆う」	*(s)teg-「覆う」

⇒ **tej**ado pro**teg**er pro**tec**ción de**tec**tar de**tec**tive

-junt-/-yunt-	結合	不 *jungere*; 過 *junctus* 「軛をかける、結合させる」	*yeug-「結合させる」

⇒ **junt**o **junt**a **junt**ar con**junt**o ad**junt**o ad**junt**ar a**yunt**amiento

語根	意味	語源のラテン語	IE 語根
-li(g)-	結びつけ、同盟	不 *ligāre*; 過 *ligātus*「結びつける」	*leig-「結びつける」

⇒ **li**ar **lí**o a**li**ar a**li**anza **lig**ar **lig**a ob**lig**ar ob**lig**ación

| -punz-/-pung-/-punt- | 刺す | 不 *pungere*; 過 *punctus*「刺す」 | *peug-「刺す」 |

⇒ **punz**ar **pung**ir **punt**o **punt**a a**punt**ar

| -lleg-/-ple(g)-/-pli(c)- | 折り畳む | 不 *plicāre*; 過 *plicātus*「畳む、折り曲げる」 | *plek-「折り畳む」 |

⇒ **lleg**ar **pleg**ar a**plic**ar ex**plic**ar su**plic**ar su**plic**io im**plic**ar com**plic**ar re**plic**ar du**plic**ar múlti**ple** multi**plic**ar

| -ech-/-yac-/-jact-/-jet-/-yect- | 投げる | 不 *jactāre*; 過 *jactātus*「投げる」
不 *jacere*; 過 *jactus*「投げる」 | *yē-「投げる」 |

⇒ **ech**ar des**ech**ar **yac**er **jact**arse ob**jet**o su**jet**o pro**yect**o in**yect**ar tra**yect**o

| -romp-/-rot-/-rump-/-rupt- | 破壊、中断 | 不 *rumpere*; 過 *ruptus*「裂く、破る、中断する、壊す」 | *reup-「奪う」 |

⇒ **romp**er **rot**ura **rot**o cor**romp**er bancar**rot**a **rupt**ura cor**rup**ción inter**rump**ir

| -sting-/-stint- | 消す | 不 *stinguere*; 過 *stinctus*「消す、突き刺す」 | *steig-「突き刺す」 |

⇒ ex**sting**uir di**sting**uir ex**tin**ción ex**tint**o di**stin**ción di**stint**o in**stint**o

4. 発生・自然・状態に関する語彙

語根	意味	語源のラテン語	IE 語根
-ori-/-ort-	起源	不 *orīrī*; 過 *ortus*「(天体が)昇る、発する」 主 *orīgō*; 対 *orīginem*「始まり、起源」	*er-「動かす」

⇒ **ori**gen **ori**ginar **ori**ginal **ori**undo **ori**ente **ori**entación ab**ori**gen ab**ort**o

| -pare-/-pari- | 出現 | 不 *pārēre*; 過 *pāritus*「現れる、明らかである」 | |

⇒ **pare**cer a**pare**cer a**pari**encia a**pari**ción trans**pare**nte

| -par(i)- | 出産 | 不 *parere*; 過 *partus*「生む」 | *per(ə)-「産み出す」 |

⇒ **parir par**to **pari**ente **par**entesco			
-gen-/**-nat-**/**-nac-**	生まれ、自然、血縁	不 *nascī*; 過 *nātus*「生まれる」	*gen-「生む」
⇒ **gen**erar **gene**ración **gen**eral **gen**til **gen**io in**gen**io **gen**te **gén**ero **gen**eroso in**gen**uo in**díge**na **nac**er **nat**ural **na**(**ti**)**vi**dad **nat**ivo in**nat**o **nac**ión			
-qued-/**-quiet-**	落ち着き	主 *quiēs*; 対 *quiētem*「休憩」	
⇒ **qued**ar **quiet**o a**quiet**ar in**quiet**ar in**quiet**ud			
-her-	付着	不 *haerēre*; 過 *haesus*「付着している」	*ghais-「くっ付く」
⇒ **her**encia ad**her**ir in**her**ente co**her**ente			
-fin-	終わり	主 *fīnis*; 対 *fīnem*「境界線、限度、終わり」	
⇒ **fin** **fin**al a**fín** de**fin**ir **fin**ito con**fín** con**fin**ar **fin**o re**fin**ado			
-ord-	秩序	主 *ordō*; 対 *ordinem*「列、階級、順序、秩序」	*ar-「配置する」
⇒ **ord**en **ord**enar **ord**inario extra**ord**inario co**ord**inar sub**ord**inar			
-lu(c)-/**-lumbr-**/**-lum-**/**-lustr-**	光	主 *lux*; 対 *lūcem*「光」	*leuk-「光、輝き」
⇒ **luz** **luc**ir **lúc**ido **luc**iérnaga re**luc**ir e**luc**idar a**luc**inar **lumbr**e a**lumbr**ar **lum**inaria i**lum**inar i**lustr**ar i**lustr**e **lun**a **lun**ático			
-rai(g)-/**-rad-**	根	主 *rādix*; 対 *rādīcem*「根」	*wrād-「根、枝」
⇒ **raíz** ar**raig**ar desar**raig**ar **rad**ical er**rad**icar			
-greg-	群れ	主 *grex*; 対 *gregem*「群れ」	*ger-「集まる」
⇒ **grey** a**greg**ar con**greg**ar se**greg**ar			
-flu(c)-/**-flo-**	流れ、流動	不 *fluere*; 過 *fluxus*「流れる」	*bhleu-「膨らませる」
⇒ **flu**ir **flu**jo **flu**ido a**flu**ir con**flu**ir in**flu**ir in**flu**encia super**flu**o **flo**jo **fluc**tuar			
-ond-/**-und-**	波	主 *unda*; 対 *undam*「波」	*wed-「水」
⇒ **ond**a **ond**ear **ond**ular in**und**ar in**und**ación ab**und**ar ab**und**ancia			
-hund-/**-fund-**/**-fus-**	沈み、融合	不 *fundere*; 過 *fūsus*「注ぐ、溶かす」	
⇒ **hund**ir **fund**ir con**fund**ir di**fund**ir **fus**ión con**fus**ión di**fus**ión			

語根	意味	語源のラテン語	IE 語根
-igu-/-ecu-/-equi-	同じ、同等	形男 *aequus*; 女 *aequa*; 中 *aequum* 形男女 *aequālis*; 中 *aequāle* 「平らな、等しい」	

⇒ **igu**al **igu**aldad ade**cua**do **equi**librio **equi**noccio **equi**valer **equi**vocar **ecu**ador

-semej-/-simil-	類似	不 *similāre*; 過 *similātus*「似ている」	*sem-「1」

⇒ **semej**ar **semej**ante ase**mej**ar sem**bl**ante **simil**ar a**simil**ar **simul**ación

-llan-/-plan-	平ら、平面	形男 *plānus*; 女 *plāna*; 中 *plānum*「平らな」	*pelə-「平らな」

⇒ **llan**o **llan**ura a**llan**ar **plan**o **plan**icie a**plan**ar

-llen-/-plen-/-ple-/-pli-	いっぱいの、充満	形男 *plēnus*; 女 *plēna*; 中 *plēnum*「いっぱいの」	*pelə-「満たす」

⇒ **llen**o **llen**ar **plen**o com**ple**tar com**ple**to cum**pli**r su**pli**r su**ple**mento

-vac-/-van-/-vast-	空の、空虚	形男 *vacuus*; 女 *vacua*; 中 *vacuum*「空の」	*eu-「空の」

⇒ **vac**ío **vac**ar **vac**ación e**vac**uar **van**o **van**idad **vast**o de**vast**ar

-fort-/-forz-	強力、強制	形男女 *fortis*; 中 *forte*「強い」	*bhergh-「高い」

⇒ **fuert**e **fuerz**a **forz**ar **fort**ificar **fort**aleza es**forz**ar con**fort**able

-ferm-/-firm-	固い、堅固	形男 *firmus*; 女 *firma*; 中 *firmum*「強固な、健康な」	*dher-「支える、守る」

⇒ en**ferm**o en**ferm**edad **firm**e **firm**ar **firm**a a**firm**ar con**firm**ar

-(l)ej-/-laj-/-lax-	緩める、緩慢	不 *laxāre*; 過 *laxātus*「緩める」 形男 *laxus*; 女 *laxa*; 中 *laxum*「広い、緩い」	*slēg-「緩んだ」

⇒ **lej**os a**lej**ar re**laj**ar re**laj**ado **lax**ar **lax**o dejar

5. 人間集団・身体部位・人間心理に関する語彙

語根	意味	語源のラテン語	IE 語根
-padr-/-pat(e)r-	父、保護	主 *pater*; 対 *patrem*「父」	*pəter-「父」

⇒ **padr**e **pat**erno **patr**ón **patr**ia **patr**imonio com**patr**iota

-madr-/-mat(e)r-	母、発生源	主 *māter*; 対 *mātrem*「母」	*māter-「母」
⇒ **madr**e **mat**erno **mat**eria **mat**erial **matr**imonio **matr**ícula **matr**iz			
-pob-/-pop-	人民	主 *populus*; 対 *populum*「人民」	
⇒ **pueb**lo **pob**lar **pob**lado **pob**lación **pop**ular **pop**ularidad **pop**uloso			
-hombr-/ -hom(i)-/ -human-	人間	主 *homō*; 対 *hominem*「人間、男」	*[dh]ghom-on-「土地の住人」 <*dhghem-「土地」
⇒ **hombr**e **hom**icidio **hom**enaje **human**o **human**idad **human**ismo			
-am(a)-/-emi-	愛、友好	不 *amāre*, 過 *amātus*「愛する、好む」 主 *amicus*; 対 *amīcum*「友人」	*amma-「母」
⇒ **am**ar **am**igo **am**or en**am**orar(se) **am**able **am**istad en**emi**go en**emi**stad			
-hosp-	歓待、宿泊	主 *hospes*; 対 *hospitem*「客」	*ghos-pot-「異国人、客」
⇒ **hués**ped **hosp**edar **hosp**ital **hosp**italidad **hosp**italario **hos**tal **ho**tel			
-man(u)-/-mañ-	手	主 *manus*; 対 *manum*「手」	*man-「手」
⇒ **man**o **man**ual **man**era **man**ejar **man**uscrito **man**ufactura **man**iobra **man**tener **man**ipular **man**dar **man**ifiesto **man**tel **man**ga recomen**d**ar **mañ**oso			
-pe-/-ped-	足	主 *pēs*; 対 *pedem*「足」	*ped-「足」
⇒ **pie** **pe**atón **ped**al **ped**estre im**ped**ir ex**ped**ir ex**ped**ición ex**ped**iente			
-cab-/-cap-	頭、筆頭、端	主対単 *caput*; 主対複 *capitia*「頭」	*kaput-「頭」
⇒ **cab**eza **cab**o a**cab**ar **cab**ildo en**cab**ezar **cap**ital **cap**itán **cap**ítulo			
-vo(g)-/-voc-	声、召喚	主 *vox*; 対 *vōcem*「声」	*wekʷ-「話す」
⇒ **voz** a**bog**ado **voc**ear **voc**al **voc**ablo **voc**ación con**voc**ar con**voc**atoria pro**voc**ar e**voc**ar re**voc**ar equi**voc**ar equí**voc**o			
-spir-	息	不 *spīrāre*; 過 *spīrātus*「息をする」	
⇒ e**spír**itu re**spir**ar a**spir**ar a**spir**ante e**spir**ar e**xpir**ar su**spir**ar in**spir**ar in**spir**ación tran**spir**ar			

-cord-	心、見解、記憶	主対単 *cor*; 主対複 *cordia*「心」	*kerd-「心」
⇒ **cord**ar **acuerdo** re**cord**ar con**cord**ar con**cord**ia dis**cord**ia（上段：⇒ **cor**azón **cord**ial a**cord**ar）			
-grad-/-graci-/-grat-	喜び、感謝	形男 *grātus*; 女 *grāta*; 中 *grātum*「喜ばしい、ありがたい」	*gʷerə-「賞賛する」
⇒ **grad**o a**grad**ecer a**grad**ar **graci**a(s) **grat**is **grat**uito **grat**ificación			
-mira-/-mara-/-mila-	驚異、驚嘆	不 *mīrārī*; 過 *mīrātus*「驚く」	*smei-ro- < *smei-「笑う、微笑む」
⇒ **mira**r ad**mira**r ad**mira**ción **mara**villa **mara**villoso **mila**gro			
-cur-/-gur-	心配	主 *cūra*; 対 *cūram*「注意、世話、治療、心配」	
⇒ **cur**ar se**gur**o se**gur**idad ase**gur**ar pro**cur**ar **cur**ioso **cur**iosidad			
-quer-/-quir-/-quest-/-quist-	探求、追求、要求	不 *quaerere*; 過 *quaesītus*「探す」	
⇒ **quer**er ad**quir**ir re**quer**ir in**quir**ir **cuest**ión ad**quis**ición re**quis**ito con**quist**a			
-soñ-/-somn-	夢、睡眠	主 *somnus*; 対 *somnum*「睡眠」 主対 *somnium*「夢」	*swep-「眠る」
⇒ **soñ**ar **somn**ífero **somn**ámbulo **somn**ílocuo in**somn**io（上段：⇒ **sue**ño）			
-alm-/-anim-	生気、活気	主 *anima*; 対 *animam*「そよ風、息、活力」	*anə-「息をする」
⇒ **alm**a **ánim**o **anim**al **anim**ar **anim**oso un**ánim**e pusil**ánim**e			

6. 知覚・認知・発話・思惟・信仰に関する語彙

語根	意味	語源のラテン語	IE 語根
-ve-/-vid-/-vis(t)-/-visit-	見る、光景、視覚	不 *vidēre*; 過 *vīsus*「見る」	*weid-「見る」
⇒ **ve**r pre**ve**r pro**ve**er e**vid**encia e**vid**ente pro**vid**ente en**vid**ia en**vid**iar **vis**ión **vis**ible **vis**ta re**vis**ar re**vis**ta pro**vis**ión a**vis**ar super**vis**ión **visit**ar			
-spej-/-pech-/-spec-/-spe(c)to-/-spic-	注視、外観	不 *specere*; 過 *spectus*「見る」 不 *spectāre*; 過 *spectātus*「見る、注視する」	*spek-「観察する」

⇒ **espej**o so**spech**ar e**specie** e**spéc**imen a**spect**o in**specc**ión per**spic**az per**spect**iva ex**spect**ativa e**spect**ro e**spect**áculo re**spet**ar re**spect**ivo au**spic**io

-serv-	保存、観察	不 *servāre*; 過 *servātus*「番をする、観察する、保つ」	*ser-「保護する」

⇒ ob**serv**ar ob**serv**ación ob**serv**ancia re**serv**ar con**serv**ar con**serv**a pre**serv**ar

-o-/-aud-	聞く、聴覚	不 *audīre*; 過 *audītum*「聞く」	*au-「知覚する」

⇒ **o**ír **o**ído **aud**ición **aud**itivo **aud**iencia **aud**itorio in**aud**ito **aud**iovisual

-habl-/-fab-/ -fam-	話す、名声	主 *fābula*; 対 *fābulam*「話、寓話」 主 *fāma*; 対 *fāmam*「名声」	*bhā-「話す」

⇒ **habl**ar **fáb**ula a**fab**le **fam**a **fam**oso **fat**al

-dec-/-dich-/ -dic-	言う、公言する	不 *dīcere*; 過 *dictus*「言う」 不 *dicāre*; 過 *dicātus*「捧げる」	*deik-「見せる、厳かに知らせる」

⇒ **dec**ir **dich**a ben**dec**ir mal**dec**ir contra**dec**ir pre**dec**ir **dic**cionario contra**dic**ción pre**dic**ción **dic**tado **dic**tadura de**dic**ar in**dic**ar ín**dic**e pre**dic**ar reivin**dic**ar

-llam-/-clam-	叫ぶ、要求	不 *clāmāre*; 過 *clāmātus*「叫ぶ」	*kelə-「叫ぶ」

⇒ **llam**ar **llam**ada **llam**ativo **clam**ar **clam**or de**clam**ar de**clam**ación re**clam**ar re**clam**ación pro**clam**ar pro**clam**ación ex**clam**ar ex**clam**ación

-doc(t)-	教える	不 *docēre*; 過 *doctus*「教える、告げる」	*dek-「取る、受け取る」

⇒ **doc**tor **doc**to **doc**trina **doc**ente **doc**encia **dóc**il **doc**umento

-noc-/-nos-/ -gnos-/-not-	知っている、認識、気づき	不 *noscere*; 過 *nōtus*「知る」 不 *notāre*; 過 *notātus*「印をつける」	*gnō-「知っている」

⇒ **cono**cer reco**noc**er pro**nós**tico **noc**ión **no**ble igno**r**ar diag**nós**tico **not**ar **not**a **not**able **not**orio **not**icia a**not**ar

-fall-/-fals-/ -falt-	欠陥、偽り	不 *fallere*; 過 *falsus*「騙す」	

⇒ **falt**ar **falt**a **fals**o **fall**o **fall**a **fall**ecer

-sent-/-sens-	感覚、感性	不 *sentīre*; 過 *sensus*「感じる」	*sent-「向かう」

⇒ **sent**ir **sens**itivo **sens**ible **sens**ato con**sent**ir pre**sent**ir **sens**ación **sent**encia

語根	意味	語源のラテン語	IE 語根
-tañ-/-treg-/ -ter-/-tang-/ -tact-/-tag-/ -tegr-	触覚、接触	不 tangere; 過 tactus「触れる」	*tag-「触れる」

⇒ **tañ**er a**tañ**er en**treg**ar en**ter**ar en**ter**o **tang**ible **tac**to con**tac**to con**tact**ar con**tag**iar in**tegr**ar in**tegr**al

| -ment-/-memo- | 精神、意向、記憶 | 主 mens; 対 mentem「知性、精神」
不 meminisse「覚えている」 | *men-「考える」 |

⇒ **ment**e -**ment**e〔副詞語尾〕**ment**al **ment**ar co**ment**ar co**ment**ario **ment**ir **memo**ria **memo**rizar con**memo**rar

| -cre-/-cred- | 信用、信念 | 不 crēdere; 過 crēditus「信じる」 | *kerd-「心」 |

⇒ **cre**er **cre**encia **cre**yente in**cre**íble **créd**ito a**cred**itar **créd**ulo **cred**encial

| -fe-/-fi-/
-fide-/-fede- | 信用、信仰 | 主 fidēs; 対 fidem「信用」 | *bheidh-「説得する」 |

⇒ **fe** **fi**ar **fi**el con**fi**ar **fide**lidad con**fide**ncia **fide**digno **fede**ración con**fede**ración

| -sagr-/
-sac(e)r-/
-sant-/-sanc- | 神聖 | 形男 sacer; 女 sacra; 中 sacrum「神聖な」
不 sancīre; 過 sanctus「批准する、是認する」 | *sak-「聖化する」 |

⇒ **sagr**ado **sac**rificio **sac**ramento **sac**erdote **sant**o **sant**uario **sant**iguar **sanc**ión

7. 法・権利・義務・誓約に関する語彙

語根	意味	語源のラテン語	IE 語根
-le-/-lec(t)-/ -leg-/-lig-	集める、読む、法律	不 legere; 過 lectus「集める、読む」 主 lex; 対 lēgem「法律」	*leg-「拾う、集める」

⇒ **le**er **le**y **le**yenda **le**al **li**ndo **le**ño **le**ña **lec**tura **lec**ción co**lec**ción e**leg**ir se**lec**ción **leg**al di**lig**ente inte**lig**ente **leg**ítimo **leg**umbre co**ger** co**sech**a

| -re-/-rec(t)-/
-reg-/-rig- | 支配する、正す、王 | 不 regere; 過 rectus「導く、支配する、矯正する」
主 rex; 対 rēgem「王」 | *reg-「まっすぐ動かす、導く」 |

⇒ **rey re**al **re**inar **re**ino de**rech**o **rect**o di**rect**o di**rec**ción co**rrect**o **reg**ir **rég**imen **reg**ión **reg**la arre**gl**ar di**rig**ir co**rreg**ir e**rig**ir

-**ju(i)**-/-**juzg**-/ -**jur**-/-**ju(d)**-/ -**just**-	法、司法、正義	主 *jūs*; 対 *jūrem*「法律、司法権」	*yewes「法」

⇒ **jui**cio pre**jui**cio **juzg**ar **jud**icial **jur**ídico **jur**ar **just**o **just**icia a**just**ar per**jud**icar

-**mun**-	義務、市民	主対 *mūnus*「義務、賦役、公職」	*mei-「 変える、動かす」

⇒ co**mún** co**mun**idad co**mun**icar **mun**icipio **mun**icipal re**mun**erar

-**cos**-/-**caus**-/ -**cus**-	原因、訴訟	主 *causa*; 対 *causam*「原因、訴訟」	

⇒ **cos**a **caus**a a**cus**ar ex**cus**ar

-**test**-	証言	主 *testis*; 対 *testem*「証人」	*tri-st-i「第三者」< trei-「3」

⇒ **test**igo **test**amento **test**imonio **test**ificar a**test**iguar con**test**ar pro**test**ar

-**dañ**-/-**damn**-/ -**de(m)n**-	害、有罪判決	主対 *damnum*「損害」	*dā-「分割する」)

⇒ **dañ**o **dañ**ar **damn**ificar con**den**ar in**demn**e in**demn**izar

-**spos**-/-**spond**-/ -**spo(n)s**-	対応、約束、請負	不 *spondēre*; 過 *sponsus*「誓約する、保証する」	

⇒ e**spos**o e**spos**a co**rrespond**er re**spond**er re**spons**able re**spons**abilidad

-**paz**-/-**pag**-/ -**pac(t)**-/-**pag**-	和平、協定	不 *paciscī*; 過 *pactus*「協定を結ぶ」 不 *pācāre*; 過 *pācātus*「平和にする」 主 *pax*; 対 *pācem*「平和」	*pak-「固定する、結ぶ、保証する」

⇒ **paz pag**ar a**pag**ar a**pac**iguar im**pac**to com**pac**to **pág**ina pro**pag**anda

-**trev**-/-**tribu**-	分配、貢ぎ	不 *tribuere*; 過 *tribūtus*「割り当てる、貢ぐ」	*trei-「3」

⇒ a**trev**erse a**trev**ido **tribu**to con**trib**uir dis**trib**uir re**trib**uir a**trib**uir

-**ped**-/-**pet**-	要求、追求	不 *petere*; 過 *petītus*「攻撃する、追求する、頼む」	*pet-「飛び込む」

⇒ **ped**ir despe**d**ir **pet**ición com**pet**ir re**pet**ir a**pet**ecer a**pet**ito per**pet**uo ím**pet**u

8. 社会制度・道具・生活習慣に関する語彙

語根	意味	語源のラテン語	IE 語根
-llav-/-clav-/ -clu-	鍵、閉じ込め	主 *clavis*; 対 *clavem*「鍵」 不 *claudere*; 過 *clausus*「閉める」	*kleu-「鉤、栓」
⇒ **llav**e **clav**e in**clu**ir ex**clu**ir con**clu**ir re**clu**ir			
-hil-/-fil-	糸	主 対 *fīlum*「糸」	*gʷhi-「糸」
⇒ **hil**o **fil**o **fil**a a**fil**ar			
-tej-/-tex(t)-	織物、組織、文体	不 *texere*; 過 *textus*「織る、編む」	*teks-「織る」
⇒ **tej**er **text**o con**text**o pre**text**o **text**il **text**ura			
-nav-/-nau-	船	主 *nāvis*; 対 *nāvem*「船」	*nāu-「船」
⇒ **nav**e **nav**al **nav**egar **nau**fragio astro**nau**ta **náu**sea			
-mer(c)-	商品、利益	主 *merx*; 対 *mercem*「商品」	
⇒ **mer**cado **merc**ed **mer**ecer **mér**ito **miérc**oles **merc**urio co**merc**io			
-herr-/-ferr-	鉄	主 対 *ferrum*「鉄」	
⇒ **hierr**o **herr**amienta **herr**adura **férr**eo **ferr**ocarril **ferr**oviario a**ferr**ar			
-fog-/-hog-/ -foc-	火	主 *focus*; 対 *focum*「炉」	
⇒ **fueg**o **fog**ata **fog**ón **hog**ar **foc**o en**foc**ar			
-doñ-/-don-/ -dom-	家、主人、支配	主 *domus*; 対 *domum*「家」 主 *dominus*; 対 *dominum*「主人」	*demə-「家」
⇒ **dueñ**o **doñ**a **duen**de **dom**inio **dom**ingo **dom**inar **dom**éstico **dom**icilio			
-labr-/-labor-	労働、苦労	主 *labor*; 対 *labōrem*「労働、苦労」	*leb-「吊るす」
⇒ **labor** **labr**ar **labor**ar e**labor**ar co**labor**ar **labor**atorio			
-obr-/-oper-	仕事、作業	主 対 単 *opus*; 主 対 複 *opera*「仕事、作業、努力、作品」	*op-「働く、大量生産する」
⇒ **obr**a **obr**ar **óper**a **oper**ar co**oper**ar			
-nombr-/-nom-	名前	主 対 *nōmen*「名前」	*nō-men-「名前」
⇒ **nombr**e **nombr**ar **nom**inar de**nom**inar **nom**enclatura			

-ar-/-art-	配置、調整、関節、技術	主対複 *arma*「武器」 主 *ars*; 対 *artem*「技術」 主 *artus*; 対 *artum*「関節」	*ar-「配置する、調整する」
⇒ **ar**ma **ar**mario **art**e **art**ejo al**ar**ma **art**ificio **art**efacto **art**esano **art**ículo			
-al-	養分、育成	不 *alere*; 過 *al(i)tus*「育てる」	*al-「成長する、養分を与える」
⇒ **al**umno **al**imentar **al**imento **al**to			
-l(u)g-/-loc-	場所	主 *locus*; 対 *locum*「場所」	
⇒ **lug**ar **lue**go col**g**ar **loc**al co**loc**ar dis**loc**ar			
-terr-	土地	主 *terra*; 対 *terram*「土地」	*ters-「乾かす」
⇒ **tierr**a **terr**itorio **terr**estre en**terr**ar des**terr**ar a**terr**izar sub**terr**áneo **terr**emoto			
-cult-/-colon-	耕作、開拓	不 *colere*; 過 *cultus*「耕す」	*kʷel-「かき混ぜる、動き回る」
⇒ **cult**ivar **cult**ivo **cult**o **cult**ura **colon**o **colon**ia			
-agr-/-egr-	耕地、領地	主 *ager*; 対 *agrum*「地所、耕地」	*agro-「畑」
⇒ **agr**ario **agr**icultura **agr**ícola per**egr**ino			
-vi(a)-/-ve-	道	主 *via*; 対 *viam*「道」	*wegh-「乗り物で移動する」
⇒ **ví**a en**vi**ar des**vi**ar extra**vi**ar **vi**aje pre**vi**o ob**vi**o **ve**hículo			

9. 数・分量・価値・抽象概念に関する語彙

語根	意味	語源のラテン語	IE 語根
-un(i)-	1、まとまり	主男 *ūnus*; 女 *ūna*; 中 *ūnum*「1」 対男 *ūnum*; 女 *ūnam*; 中 *ūnum*	*oi-no-「1」
⇒ **un**o **un**ir **un**ión **un**idad **ún**ico re**un**ir **un**ificar **un**iverso **un**iversal **un**iversidad a**un**ar **un**iforme **un**ánime			
-do-/-du-	2、（二択での）迷い	主男 *duo*; 女 *duae*; 中 *duo*「2」 対男 *duōs* (*duo*); 女 *duās*; 中 *duo*	*dwo-「2」

⇒ **dos** **doce** **do**cena **dob**le **du**al **du**plicar **du**dar **du**da			
-tre- / **-ter-** / **-tri-**	3	主 対 男 女 *trēs*; 甲 *tria*「3」	*trei-「3」
⇒ **tres** **ter**cero **ter**cio **tri**ple **tri**llizo **tri**mestre **tri**ángulo **tri**lingüe **tri**nidad **trí**pode **tri**color **tri**ciclo **tri**vial **tré**bol **tren**za **tra**bajo **tra**bajar			
-cuatr- / **-cuart-** / **-cuadr-**	4	男 女 甲 *quattuor*「4」	*kʷetwer-「4」
⇒ **cuatro** **cuart**o **cuádr**uple **cuart**eto **cuart**el **cuart**illa **cuatr**illizo **cuadr**o **cuadr**ado **cuadr**ícula **cuadr**úpedo			
-cinc- / **-quin(t)-**	5	男 女 甲 *quinque*「5」	*penkʷe-「5」
⇒ **cinc**o **quint**o **quínt**uplo **quint**uplicar **quint**a **quint**ar **quint**illizo			
-se(s)-	6	男 女 甲 *sex*「6」	*s(w)eks「6」
⇒ **se**is **se**mestre **sex**to **séx**tuplo **sies**ta			
-se(p)(t)-	7	男 女 甲 *septem*「7」	*septm「7」
⇒ **siet**e **se**mana **sépt**imo **sept**iembre **sept**entrional			
-och- / **-oct-**	8	男 女 甲 *octō*「8」	*oktō(u)-「8」
⇒ **och**o **oct**avo **oct**ava **oct**ágono **oct**osílabo **oct**ubre			
-nov- / **-non-**	9	男 女 甲 *novem*「9」	*newn-「9」
⇒ **nuev**e **nov**eno **nov**iembre **non**o			
-dec-	10	男 女 甲 *decem*「10」	*dekm-「10」
⇒ **diez** **déc**imo **dec**imal **dec**ena **déc**ada **dic**iembre **dec**ano **di**nero			
-much- / **-mult-**	多	形 男 *multus*; 女 *multa*; 甲 *multum*「多くの」	*mel-「強い、大きい」
⇒ **much**o **muy** **much**edumbre **mult**itud **múlt**iple **mult**iplicar **mult**imedia **mult**icolor **mult**inacional **mult**icultural **mult**iétnico **mult**ilateral			
-med-	真ん中、仲介	形 男 *medius*; 女 *media*; 甲 *medium*「中央の、真ん中の」	*medhyo-「甲 間の」
⇒ **medi**o **medi**as **medi**ar **medi**ante **medi**ano **medi**ocre pro**medi**o multi**medi**a **medi**odía **medi**anoche **medi**eval in**medi**ato			
-medi- / **-me(n)s-**	測る、寸法	不 *metīrī*; 過 *mensus*「測る」	*mē-「測る」
⇒ **medi**r **medi**da contra**medi**da **mes**ura **mes**urar di**mens**ión in**mens**o			

-pes-/-pens-	量る、思考	不 *pensāre*; 過 *pensātus* 「量る、償う、熟考する」	*(s)pen-「伸ばす、紡ぐ」

⇒ **pes**ar **pes**o **pes**ado **pens**ar com**pens**ar dis**pens**ar indis**pens**able

-prec-	価値、評価	主 対 *pretium* 「価値、価格」	*per-「売る、取引する」

⇒ **prec**io **prec**ioso **prec**iar a**prec**iar menos**prec**iar des**prec**iar

-val-	価値	不 *varēre*; 過 *valitus* 「健康である、力がある」	*wal-「強い」

⇒ **val**er **val**or **val**ioso **val**orar **vál**ido con**val**idar e**val**uar pre**val**ecer

-prob-	試す、吟味	不 *probāre*; 過 *probātus* 「試す、吟味する、判断する、是認する」	*pro-bhw-o「よく育つ」

⇒ **prob**ar **prueb**a **prob**able a**prob**ar com**prob**ar re**prob**ar

-peri-/-peli-	経験、実験、危険	不 *experīrī*; 過 *expertus* 「試す」	*per-「試みる、危険に晒す」

⇒ **peri**cia ex**per**to ex**peri**encia ex**peri**mentar ex**peri**mento **peli**gro

-mod-	方法、抑制	主 *modus*; 対 *modum*「方法、尺度、限度、抑制」	*med-「測る、措置をとる」

⇒ **mod**o **mod**a **mod**elo **mod**ificar **mod**erar **mod**esto có**mod**o aco**mod**ar

-medi-	治療、改善	不 *medērī*; 過 *meditus*「治療する」	*med-「測る、措置をとる」

⇒ **médi**co **medi**cina **medi**camento re**medi**o

-form-/-horm-/-herm-	形	主 *forma*; 対 *formam* 「形」	

⇒ **form**a **form**ar **form**al **fórm**ula con**form**ar con**form**e de**form**e in**form**ar in**form**ación re**form**ar trans**form**ar uni**form**e plata**form**a **horm**a **herm**oso

-most-/-monst-/-mon-	示す、提示	不 *monstrāre*; 過 *monstrātus* 「示す」 不 *monēre*; 過 *monitus* 「思い出させる、警告する」	*mon-eyo- < *men-「思う」

⇒ **most**rar **mues**tra de**most**rar **monst**ruo a**mon**estar **mon**umento

-señ-/-sig(n)-/-sell-	印	主 対 *signum* 「印、封印、前兆、痕跡、合図」	*sekʷ-no-「従うもの」

⇒ seña señal señalar enseñar diseñar reseñar significar designar asignar asignatura resignar consigna insignia insigne sino sigilo sello sellar			
-cerc-/-circ-	周辺、包囲	主 *circus*; 対 *circum*「円、円形劇場」	*sker-「曲げる」
⇒ **cerc**a a**cerc**ar **cerc**ar **cerc**o **círc**ulo **circ**ular **circ**uito **circ**unstancia			
-fond-/-fund-/-hond-	土台、基礎	主 *fundus*; 対 *fundum*「底、基礎」	*bhudhu-「底、基礎」
⇒ **fond**o **fund**ar **fund**amento pro**fund**o **hond**o **hond**ura			

参考文献

アンジェラ、A.（2010）『古代ローマの 24 時間　よみがえる帝都ローマ
　の民衆生活』関口英子［訳］、河出書房新社
梅田修（1990）『英語の語源事典　英語の語彙の歴史と文化』大修館書店
太田強正（2012）『スペイン語語源辞典』春風社
岡本信照（2018）『スペイン語の世界』慶應義塾大学出版会
國原吉之助（2005）『古典ラテン語辞典』大学書林
───（2007）『新版　中世ラテン語入門』大学書林
グリマル、P.（2005）『古代ローマの日常生活』北野徹［訳］、文庫クセ
　ジュ、白水社
高垣敏博［監修］（2007）『西和中辞典』第 2 版、小学館
田澤耕（2013）『カタルーニャ語小辞典』大学書林
千種眞一［編著］（1997）『ゴート語辞典』大学書林
寺﨑英樹（2011）『スペイン語史』大学書林
寺澤芳雄［編］（1997）『英語語源辞典』研究社
秦隆昌（1999）『ロマンス諸語対照　スペイン語語源小辞典素案』信山社
バンヴェニスト、E.（1987）『インド＝ヨーロッパ諸制度語彙集』I-II、
　前田耕作［監修］蔵持不三也ほか［訳］、言叢社
古川晴風（1989）『ギリシャ語辞典』大学書林
水谷智洋（2009）『羅和辞典』改訂版、研究社
───（2013）『ラテン語図解辞典－古代ローマの文化と風俗－』研究社
三好準之助（2020）『南北アメリカ・スペイン語辞典』大学書林
モムゼン、T（2005）『ローマの歴史 I』長谷川博隆［訳］、名古屋大学出
　版会
ラペサ、R.（2004）『スペイン語の歴史』山田善郎［監修］中岡省治／三
　好準之助［訳］、昭和堂
山田善郎ほか［監修］（2015）『スペイン語大辞典』白水社
Alonso, Martín (1986): *Diccionario medieval español*, Universidad Pontificia
　de Salamanca, Salamanca
Buitrago, A y J. Agustín Torijano (2011): *Diccionario del origen de las*

palabras, Espasa, Madrid

Corominas, Joan (2012): *Breve diccionario etimológico de la lengua española*, 4ª ed., Gredos, Madrid

Corominas, Joan y J. A. Pascual (1980-1991): *Diccionario crítico etimológico castellano e hispánico*, I-VI, Gredos, Madrid

Corriente Córdoba, Federico (2004) "El elemento árabe en la historia lingüística peninsular: actuación directa e indirecta. Los arabismos en los romances peninsulares (en especial, en castellano)", Rafael Cano (coord.) *Historia de la lengua española*, Ariel, Barcelona, pp. 185-206

Dworkin, Steven N. (2012): *A History of the Spanish Lexicon: A Linguistic Perspective*, Oxford University Press, Oxford-New York

García-Borrón, Juan Pablo (2019): *Breve historia de la lengua española. Avatares del tiempo y rasgos lingüísticos*, Universitat de Barcelona, Barcelona

Kremer, Dieter (2004): "El elemento germánico y su influencia en la historia lingüística peninsular", Rafael Cano (coord.) *Historia de la lengua española*, Ariel, Barcelona, pp.133-148

Martínez Calvo, Pascual (2009): *Diccionario latino-castellano etimológico*, Cometa S.A., Zaragoza

Pons Rodríguez, Lola (2016): *Una lengua muy larga. Cien historias curiosas sobre el español*, Arpa Editores, Barcelona

RAE (2014): *Diccionario de la lengua española*, 23ª ed., Espasa, Barcelona

Roberts, Edward A. y Bárbara Pastor (1996): *Diccionario etimológico indoeuropeo de la lengua española*, Alianza, Madrid

著者略歴

岡本信照（おかもと しんしょう）
京都外国語大学大学院修士課程修了。
現在、京都外国語大学外国語学部教授。
専門はスペイン語史、言語思想史。
［主要著書］
『スペイン語のしくみ』（白水社、初版 2005 年／新版 2014 年）
『スペイン語学小辞典』（共著、同学社、2007 年）
『スペイン文化事典』（共著、丸善出版、2011 年）
『「俗語」から「国家語」へ——スペイン黄金世紀の言語思想史』（春風社、2011 年）
『ことばと国家のインターフェイス』（共著、行路社、2012 年）
『マドリードとカスティーリャを知るための 60 章』（共著、明石書店、2014 年）
『スペイン語の世界』（慶應義塾大学出版会、2018 年）
『ハプスブルク事典』（共著、丸善出版、2023 年）

スペイン語の語源

2021 年 8 月 30 日 第 1 刷発行
2024 年 2 月 15 日 第 3 刷発行

著　者 © 岡　本　信　照
発行者　　岩　堀　雅　己
印刷所　　株式会社三秀舎

101-0052 東京都千代田区神田小川町 3 の 24
電話 03-3291-7811（営業部）, 7821（編集部）
発行所　www.hakusuisha.co.jp　　株式会社　白水社

乱丁・落丁本は送料小社負担にてお取り替えいたします。

振替 00190-5-33228　　　Printed in Japan　　　加瀬製本

ISBN978-4-560-08913-2